A ARTE DA PEREGRINAÇÃO

Para o Viajante em Busca do que lhe é Sagrado

Dados Internacionais de Catalogação na Publicação (CIP)
(Câmara Brasileira do Livro, SP, Brasil)

Cousineau, Phil.
 A arte da peregrinação : para o viajante em busca do que lhe é sagrado / Phil Cousineau ; [tradução Luiz Carlos Lisboa]. — São Paulo : Ágora, 1999.

 Título original: The art of pilgrimage.
 Bibliografia.
 ISBN 85-7183-654-X

 1. Cousineau, Phil 2. Peregrinos e peregrinações 3. Viagens — Aspectos religiosos I. Título.

99-2517   CDD-291.446

Índice para catálogo sistemático:

1. Peregrinações : Prática religiosa : Religião comparada 291.446

A ARTE DA PEREGRINAÇÃO

PARA O VIAJANTE EM BUSCA DO QUE LHE É SAGRADO

PHIL COUSINEAU

ÁGORA

Do original em língua inglesa
The art of pilgrimage: The seeker's guide to making travel sacred
Copyright © 1998 by Phil Cousineau

Tradução:
Luiz Carlos Lisboa

Capa:
BVDA — Brasil Verde

Editoração eletrônica e fotolitos:
JOIN Editoração Eletrônica

Proibida a reprodução total ou parcial
deste livro, por qualquer meio e sistema,
sem o prévio consentimento da Editora.

EDITORA AFILIADA

Todos os direitos reservados pela
 Editora Ágora Ltda.
Rua Itapicuru, 613 – cj. 82
05006-000 – São Paulo, SP
Telefone: (011) 3871-4569
http://www.editoraagora.com.br
e-mail: editora@editoraagora.com.br

*Para Richard Beban,
companheiro peregrino*

A arte é usada aqui na acepção de conhecimento adquirido na ação.
René Daumal

PEREGRINO, s. Viajante que é tomado a sério.
Ambrose Bierce

*Não se pode adivinhar nem prever as condições
que produzem a felicidade; apenas
tropeçamos nelas por acaso, num momento
de sorte, em algum lugar, no fim do mundo,
e nos agarramos a elas para sempre...*
Willa Cather

Sumário

Apresentação à edição brasileira 9
Prefácio 11
Introdução 15

I   O anseio 31
II   O chamado 59
III A partida 89
IV O caminho do peregrino 115
V   O labirinto 151
VI A chegada 179
VII Renovando a bênção 225

Agradecimentos 249
Autorizações 251
Leituras recomendadas 253
Índice das ilustrações 257

Apresentação à
edição brasileira

A história cultural e religiosa dos diferentes povos do mundo — isso que chamam de história da humanidade — parece feita mais de travessias, perambulações e andanças de diversos tipos do que de qualquer outra coisa. Viagens longas e curtas, curtidas na realidade ou sonhadas, em busca de um tesouro ou, talvez, somente da esperada volta ao lar, fizeram em todos os tempos parte inseparável da existência daquele homem que, apesar de tudo o que experimentou e teve vida afora, nunca matou de fato sua fome interior.

"Qual é o verdadeiro viajante?", perguntava o persa Shabestari. "É aquele que viaja por si mesmo, esteja em casa repousando ou caminhando no deserto. O que suas pernas fazem pode ser maravilhoso", prosseguia ele, "mas fundamental, de fato, é para onde sua alma está voltada". A grande viagem da mitologia humana foi sempre a efetuada após a morte, registrada há milênios nas crônicas dos Livros dos Mortos egípcio e tibetano, assim como na história do dilúvio contada por Utnapistim e recolhida pelo Antigo Testamento.

Não somente a vida humana está compreendida nessa imortal e paciente metáfora da viagem, mas também o sentido do universo e a explicação do Ser. Na nossa existência comum no "aqui e agora", que se esconde do nosso entendimento num labirinto de sinais, ameaças e promessas, queremos sem mesmo saber o quanto desejamos aquele fio dourado de Ariadne, que pode nos levar de volta a um Paraíso que muitas tradições também nos asseguram que perdemos.

A ilusão de que existe um abismo entre a viagem de evasão e uma outra em busca de conhecimento transcendente é bem moderna e típica da desesperança e do negativismo do agora. Pode-se começar com a primeira e terminar na segunda, tudo depende daquela fome que somente o coração conhece. Embora tenha os pés firmemente plantados no mundo, Phil Cousineau é um faminto desse gênero, a quem foi ensinado que uma peregrinação se faz, não nasce feita. É disso que trata o seu livro. E o que recebeu nesse aprendizado do mundo, ele redistribui aos que agora o lêem.

O segredo da peregrinação, portanto, não consiste em saber onde encontrá-la pronta, mas em fazê-la com as mãos e com a alma, modelando o peregrino. Como na alquimia tradicional, onde a matéria-prima é o alquimista e não o que ele manipula no crisol, aqui também o que menos importa é o roteiro e o que se leva na bagagem, mas em lugar disso o que o viajante faz da própria jornada, transfigurada na máquina desdobrável e misteriosa de uma vasta mutação.

Luiz Carlos Lisboa
Jornalista e escritor

Prefácio

O objetivo da peregrinação não é o descanso e a recreação — para descansar de tudo o mais. Empreender uma peregrinação é aceitar o desafio de deixar de lado a vida cotidiana. Nada mais interessa, então, a não ser essa aventura. Os viajantes se acotovelam no trem onde farão a jornada que pode durar vários dias. Depois dela, há uma estrada pedregosa a ser vencida a pé — um áspero e duro caminho numa paisagem em que tudo é novo. O brilho nu da montanha sagrada excita a imaginação; a aventura da autoconquista apenas começou. As condições podem variar, mas a essência é sempre a mesma.

Viajar traz consigo um tipo especial de sabedoria, se estamos abertos para isso. Em casa ou fora dela, as coisas do mundo nos empurram com tamanha força gravitacional que, se não estivermos alertas nossa vida inteira, poderemos ser tragados por sua força centrípeta. A viagem atenta nos permite perceber isso, porque o cenário constantemente mutável dessa força nos ajuda a ver por intermédio das pretensões do mundo. Com as suas características fantasmagóricas e caleidoscópicas reveladas, podemos vê-la como de fato é — *maya* se esvaecendo perpetuamente —, o que faz o mundo perder sua sedução. Compreendemos como a perambulação constante pode ser uma vocação espiritual para certos peregrinos dedicados e *sannyasins*.

Como Phil Cousineau publicou recentemente um livro sobre sincronicidade, ele não fará objeção se eu fizer meu Prefácio em torno desse assunto.

Quando seu convite para contribuir com o prefácio chegou até mim e eu me perguntava sobre o que poderia dizer, a resposta saltou das páginas fechadas do livro que eu estava lendo, *Stones from the river* (Pedras do rio), de Ursula Hegi. O cenário é a Alemanha nazista, durante a Segunda Guerra; a história é sobre uma anã de aparência desagradável chamada Trudi, cuja vida inteira se resume no desejo ardente de ser aceita. Criança ainda, ela se pendurava na moldura das portas na esperança de alongar seu corpo. Quando se tornou aparente que sua cabeça havia crescido desproporcionalmente em relação ao seu corpo, ela a envolveu com fortes ataduras, que a torturavam noites inteiras, sem qualquer resultado.

Quando um circo com uma anã chamada Pia apareceu na cidade, Trudi ficou fascinada. Não estava mais sozinha! Havia mais alguém no mundo que era como ela. Durante os dias em que o circo ficou ali ela viu Pia em todas as oportunidades, e Pia correspondeu. Contou-lhe a história de uma terra onde todo mundo era pequenino. Quando o circo foi embora, Trudi pediu a Pia que a levasse consigo, mas Pia lhe disse que ela deveria ficar na sua cidade.

Os anos passaram. Trudi arriscou sua vida para ajudar fugitivos dos nazistas e (como alguém cuja diferença dos outros a havia tornado excepcionalmente compreensiva) ela acabou se tornando os ouvidos da cidade, na medida em que o povo lhe contava seus problemas.

Uma noite, já quase no final de sua vida, em vez de preparar sua refeição, Trudi subiu em sua bicicleta e pedalou até um moinho em ruínas, que nunca fora consertado. Ali, o sonho de noites anteriores com seu amado e carinhoso pai, que havia morrido há pouco, voltou à sua lembrança.

> E aquilo a pegou com tanta força, que ela se agachou onde estava e enlaçou o corpo com os braços. O perfume da camomila a envolveu. Enquanto ela olhava para baixo, via as florzinhas bem diante de si, com seu centro amarelo enfeitado de pétalas brancas. Quanto mais de perto ela olhava, mais coisas via e mais se esquecia de si mesma e de sua dor, e se tornava parte de alguma coisa que ela não conseguia definir, como se, por chegar mais perto de um mundo menor, ela tivesse encontrado um mundo maior. Quantas vezes havia esperado conhecer um mundo a que pertencesse? Com que freqüência tinha imaginado viver

numa ilha de gente pequenina? E, no entanto, tudo de que precisava estava ali. Pia tinha razão — era a isso que ela pertencia. Apesar do seu horror à guerra. Por causa do seu horror. Ter trabalhado com a resistência e com fugitivos havia lhe ensinado a integrar-se a alguma coisa. A iniciar, a construir, a ser.

Com essa introspecção, Trudi alcançou seu destino, a meta de sua vida. Embora a peregrinação seja sempre uma jornada interior — no caso de Trudi foi totalmente interior, uma vez que viajar tornara-se impossível para ela —, ela auxilia na sua objetivação, mantendo-a a uma distância ao alcance das mãos, por assim dizer. Assim, visualize uma meta distante — sua Meca, sua Jerusalém, seu Monte Meru — e parta para lá. Você não precisa trajar-se de penitente, uma vez que um número suficiente de obstáculos surgirão em seu caminho. Mas prestando-lhes atenção, agora — abertura, objetividade e sensibilidade são a essência da peregrinação —, você estará apto a superá-los sem resistir a eles, como a vida sempre nos ensina a fazer. E aprenda a ministrar essa flexibilidade com os que o precederam, porque os peregrinos são pessoas persistentes. Eles percorrem estradas difíceis, ao longo de dias intermináveis, e se alimentam de migalhas. Mas a fome transforma essas migalhas em pratos deliciosos, e os peregrinos dormem bem graças ao seu cansaço, mesmo quando suas camas são o chão duro e as pedras são seu travesseiro. Nas noites claras, as estrelas que os orientam também os cobrem com seu manto, e lhes falam sobre a eternidade.

O que podemos aprender com eles, com esses peregrinos que nos precederam? Muito, mas quero me contentar com uma ou duas coisas.

Eles nos aconselham a estar preparados para descobrir que, do ponto de vista espiritual, uma jornada é sempre um pouco uma espada de dois gumes, devido à dispersão que resulta do contato com tanta coisa nova. Não podemos simplesmente nos fechar a essas novidades, ou seria melhor ficar em casa — se vamos viajar, vamos naturalmente aprender alguma coisa. Mas se as novidades ameaçam nos dominar, elas podem às vezes endurecer nosso ego, como se numa reação ao medo de perder a nós mesmos, em meio à dispersão, achássemos necessário reforçar nossa identidade. A pequenez dessa identidade, sem dúvida, traz sofrimento, que começa com sentimentos de impaciência e contrariedade. A arte consiste em aprender a dominar a situação hoje, inevitável, com tanta equanimidade quanta pudermos contar, preparando-nos para enfrentar suas conseqüências amanhã.

Ao longo desse treinamento veremos muito claramente como é essencial adquirir um conhecimento da nossa vizinhança pela concentração em nós mesmos, não em algum lugar do mundo exterior. A pessoa que sempre espera consolo de fora é como o bambu, que o vento balança, ou como o barco numa tempestade. É como se, de modo estranho, o mundo em torno, o *maya* cósmico, sentisse isso e gostasse de brincar conosco — sem maldade, é claro, ainda que com um toque de zombaria. Perceber esse artifício é uma das marcas de santidade.

Mas basta. Lembre-se desses conselhos, dados por aqueles que estiveram aqui antes de nós, e bem-vindo à *A arte da peregrinação*. Com sua exuberância, comunicabilidade e discernimento típicos, Phil Cousineau capta tudo o que foi dito acima e muito mais, nas páginas que se seguem.

A madrugada está raiando. É hora de partir.

Huston Smith
Professor de história da religião
Berkeley, Califórnia.

Introdução

Tenho mantido um pé na estrada toda a minha vida. Quando tinha só duas semanas de existência, meus pais me puseram no seu Hudson 1949 e rodaram trinta horas sem parar, do hospital do exército onde nasci, em Fort Jackson, na Colúmbia, Carolina do Sul, até Detroit, onde cresci. Essa primeira jornada marcou o ritmo peripatético das minhas andanças.

Como família, viajávamos sempre que possível. Meu pai se convencera de que viajar era bom para a mente, enquanto minha mãe acreditava que era bom para a alma. Nossas aventuras abrangiam uma larga escala, indo de visitas nostálgicas à fazenda ancestral da família, no norte de Ontário, a passeios de fim de semana a museus, casas de inventores e túmulos de autores famosos. Eram grandes escapadas, mas, dentre todas, a viagem que mais me marcou foi a que meu pai planejou especialmente em minha homenagem, à Galeria da Fama em Cooperstown, Nova York. Aquela visita ao meu panteão de heróis foi tão poderosa quanto as mais recentes viagens que fiz a Delfi, a Éfeso ou a Jerusalém. Foi um passeio de sonho, no chão abençoado onde, de acordo com a lenda, meu jogo favorito foi jogado pela primeira vez. Entre maravilhado e temeroso, fui até lá ver o bastão de beisebol de Babe Ruth, as chuteiras de Ty Cobb e a luva de Shoeless Joe Jackson.

Depois de diplomado na universidade, em 1974, submeti-me ao rito de passagem de milhares da minha geração fazendo a Grande Excursão à Europa. Perambulando sobre velhas pedras e seguindo os caminhos do Velho Mundo, durante seis gloriosos meses, acendi uma chama em minha alma. Deixei-me escravizar de tal maneira com as maravilhas da história antiga, que enviei um telegrama à minha família explicando que não voltaria tão cedo para casa. Dizia, então, que nunca me sentira tão vivo e queria tentar viver em algum lugar, por um bom período, antes de voltar e me engajar numa carreira. Na verdade, eu odiava a idéia de voltar para casa.

Encontrei um pequeno quarto numa pensão em Kilburn, ao norte de Londres, e me ocupei com uma série de tarefas de ocasião, por seis meses, até ter economizado o bastante para começar a fazer o que queria. Parafraseando Henry David Thoreau, eu queria poder viajar deliberadamente, ao encontro das "coisas essenciais" da história; ventura de certo modo estranha e desconhecida, antiga e fundamental.

O jovem beduíno condutor de camelos oferece um animado passeio a um viajante indeciso. Ao fundo, o perfil da grande pirâmide de Quéops, perto de Guisa, no Egito.

Um dia, passei por um pôster de viagem numa vitrine da companhia aérea de um escritório perto de Marble Arch, e meu pulso disparou com a emoção da descoberta. Havia fantasiado uma exploração ao mundo dos faraós desde a infância. Sentia-me convocado agora.

Esmagado pela imensidão da história antiga, que se abria diante de mim, preparei-me com dedicação, procurando as velhas salas de egiptologia do Museu Britânico e lendo livros arcanos de arqueologia e mitologia descobertos nos antigos sebos da Charing Cross Road. Mas à medida que o dia da minha partida para o Cairo pareceu próximo, fui me sentindo oprimido pela ansiedade. Na noite que antecedeu a partida, Ahmet, um jovem egípcio que também morava na pensão, aproximou-se para me desejar felicidades na viagem. Ele quis saber por que eu havia me decidido a viajar para a sua terra, e que propósitos me levavam. Fazendo um retrospecto, parei um momento e, então, disse-lhe que tinha visto uma exposição, "A Arte dos Reis do Sol do Egito", no Instituto de Artes de Detroit, no tempo em que estava no colégio, e aquilo nunca mais me abandonara. Agora queria ver com meus próprios olhos "onde tudo começara", querendo me referir à civilização. Lembrava-me de alguma coisa mais, de uma fotografia da exposição que se escondera em minha memória, uma fotografia em preto-e-branco do arqueologista Howard Carter, no momento em que abria a tumba de Tutancâmon, em 1923. Naquela foto que ainda tenho pendurada na parede diante da minha mesa, a expressão de Carter não era de ambição diante dos tesouros descobertos, mas, sim, de alegria incontida pela revelação de um mistério sagrado. Instantaneamente, soube o que estava procurando: não somente a embriaguez de muitas impressões, a descontração da viagem moderna, mas um relance de olhos no mistério antigo.

Ahmet balançou a cabeça de leve e tirou um pedacinho de papel do seu maço de cigarros Gauloise. Nele escreveu algumas palavras em árabe que mais pareciam pássaros voando.

Esteja Seguro e Bem
Paz, Amor, Coragem.

"Essa é a despedida tradicional de meu povo, para aqueles que partem em peregrinação", ele explicou. Primeiro, fiquei espantado com a sua descrição da minha viagem que ainda ia começar. A palavra *peregrinação* soava antiga, até mesmo piedosa, lembrando uma velha lição de catecismo. Por estranho que pareça, enquanto ele falava sobre seus sítios arqueológicos favoritos ao longo do Nilo, a reverência com que ele usava o termo fazia com que a idéia pairasse na minha imaginação. Lembro-me dele dizendo que fazer uma peregrinação era um modo de provar nossa fé e de encontrar respostas para nossas perguntas mais profundas. Aquilo me inibia e me forçava a me interrogar sobre o que *eu* acreditava tão fortemente. Mas enquanto Ahmet anotava alguns nomes de amigos e de remotos sítios arqueológicos que me dariam um sentido da "alma da terra", eu entendia que a palavra *peregrino* abrangia o que eu secretamente esperava encontrar em minhas viagens.

Enquanto ficamos ali, no corredor escuro, eu sentia o perfume do chá fervido lá embaixo, que chegava até nós, e podia ouvir o som dos trens rangendo na estação de metrô mais próxima. Lentamente, o fio de ligação aparecia claro entre minhas viagens de infância com minha família e minhas recentes perambulações por lugares sagrados como a Catedral de Chartres, as pedras megalíticas da Cornualha, a casa onde James Joyce nasceu, as águas milagrosas de Lourdes e as trincheiras de Flandres onde milhões morreram na carnificina da Primeira Guerra Mundial. Meus pais haviam instilado em mim um interesse pelas coisas significativas da vida — os sublimes mistérios do mundo — e essa fascinação ainda ardia em mim.

Nas poucas semanas que se seguiram, enquanto eu escalava a pirâmide de Quéops à meia-noite, explorava o empolgante caos das monumentais esculturas dos museus do Cairo ou navegava Nilo abaixo num falucho azul, as palavras de Ahmet a todo instante me voltavam à memória. Uma tarde, depois de explorar os túmulos no Vale dos Reis, além do rio, vindo das grandes ruínas de Carnac, vaguei durante horas nas areias do deserto naquelas proximidades, com um grande lenço colorido na cabeça para me proteger do sol ardente. Sozinho, errei entre as ruínas desmoronadas de templos sem nome, até que me aproximei de um grupo de beduínos sentados à sombra de umas tamareiras. Com graça infinita, eles me convidaram a sentar ao seu lado. Serviram em seguida um chá de hortelã, que eu sempre desejara provar. Pacientemente, eles indicaram alguns hieróglifos nas colunas tombadas e me explicaram os símbolos relativos ao coração, aos olhos e à alma. O mais velho dentre eles tirou uma fotografia amassada de sua *djellaba* para me mostrar. Apontava um jovem trabalhando numa escavação arqueológica e, em seguida, a si próprio e às redondezas. Estava querendo me dizer que muitos anos antes ele havia participado de escavações no solo do templo. Um sorriso se espalhava no seu rosto moreno, enquanto fazia gestos com as mãos como se estivesse cavando. A gentil coreografia animara as páginas dos livros de estudo que ainda pairavam na minha imaginação, e me trouxeram de volta as discussões que tinha com meu próprio pai sobre os antigos viajantes Heródoto e Pausânio. A velha menção a respeito das voltas que a história dá surgiu de repente, mas havia mais do que isso ali.

Por mais de quarenta séculos, a esfinge de Giza mostra seu rosto enigmático voltado para o deserto, enquanto as pirâmides de Quéfren (à esquerda) e Quéops (à direita) simbolizam a misteriosa tendência humana para as construções monumentais.

Alguma coisa arcana e sagrada parecia me envolver. Era o que o peregrino-poeta sem destino Bashô costumava chamar de "o relance de um quase vislumbre", uma experiência do profundamente real que espreita em toda parte entre séculos de estereótipos e de falsas imagens, que nos impedem de ver realmente outras pessoas, outros lugares, outros tempos. Uma imensa gratidão brotou em mim, pois a generosidade do ritual incorporou o forasteiro. Eu mesmo. Durante aquelas horas não fui mais um estrangeiro e, curiosamente, também não me senti em casa. Aquele encontro foi o primeiro de muitos em minha vida, que me fizeram entender o vago mas inescapável fato de que somos todos estrangeiros neste mundo e que parte da indefinível maravilha de viajar está em que durante aqueles momentos, longe de tudo o que é familiar, somos forçados a encarar a verdade, isto é, a sagrada verdade da *jornada de nossa alma* aqui na Terra. Essa é a razão pela qual o estrangeiro tem sido sempre visto com temor e por que o viajante é perpetuamente uma alma que se maravilha.

Na hora do crepúsculo, um certo silêncio desceu sobre os beduínos. O sol estava se pondo atrás da longa linha vermelha do horizonte do deserto. Silenciosos, esperamos, enquanto o chá fervia e o perfume da canela se espalhava pelo ar. Essa tranqüilidade já estava ali antes das pirâmides, uma intemporalidade que eu não tinha conhecido até então, e pela qual tinha esperado muito.

Sentia-me completamente feliz.

Aquela tarde de simples prazeres de viagem me transformou. Bem mais adiante na estrada, nas viagens do ano seguinte, que me levaram do Egito pelas Ilhas Gregas até Israel, o tom respeitoso da voz de Ahmet ressoava em mim como uma bênção. Tendo chamado minha viagem de peregrinação, ele lhe deu uma espécie de dignidade, que alterou o caminho que eu havia de trilhar dali em diante. E me fez perceber que eu estava numa encruzilhada de minha vida, à procura de respostas. Com essa espécie de intenção e de intensidade, minhas viagens eram pontos de interrogação que mudavam, como as jornadas rumo aos antigos oráculos. Cada estágio do meu caminho pelo Mediterrâneo, no ano seguinte, foi imbuído do *espírito* da peregrinação para o qual eu estava atento como nunca antes, viajando também para trás no tempo em busca do *sagrado*, para lugares onde os deuses cintilavam, para algum chão sacrossanto que palpitava de significado. Encontrei isso onde menos esperava, a uns poucos quilômetros de distância das tumbas de Tutancâmon e Ramsés IV, na penumbra intemporal de um acampamento beduíno.

Nos vinte e tantos anos que se seguiram àquela viagem, dei a volta ao mundo me maravilhando com duas coisas: as sete vezes sete mil maravilhas e a frustração de companheiros de viagem que via nesses mesmos cenários, cujos rostos, quando não suas vozes, se lamentavam: "Então, isso é tudo?".

Sou assombrado pela lembrança de um velho amigo, que passou três dias em Stonehenge, apoiado nos megalitos, sonhando com os druidas e com o rei Artur e, mesmo assim, nada sentia. Lembro-me de ter encontrado um viajante australiano no percurso de 12 quilômetros do Passo de Samaria, em Creta, que estava na estrada há cinco anos. Ele se orgulhava de ter se decepcionado, como dizia, com a maior parte dos monumentos do mundo e, em seguida, suspirava como os desiludidos. Não havia se impressionado, confessava, com coisa alguma que tivesse visto. "A História foi superestimada", concluía, com ar apático, enquanto chegávamos ao fim de nossa caminhada. Sendo assim, decidiu viver numa caverna, junto à praia, por mais alguns anos. Lembro-me, também, dos cruzeiros de navios onde fiz palestras e dos passageiros que nunca desembarcavam em Bali, Istambul, Creta ou na Ilha de Komodo, preferindo ficar a bordo jogando baralho ou assistindo a velhos filmes de vídeo. Além de ter ouvido, ao longo dos anos, milhares de queixas de viajantes enfadados e desapontados, tomei também conhecimento da torrente de palavras de narradores de viagens, para os quais saímos de um mundo de ruínas clássicas para lugares que foram simplesmente arruinados por muitos (outros) turistas.

O que me choca em todos esses incidentes não é o cinismo nem o tédio de meus colegas viajantes, mas o jeito como seus rostos, vozes e palavras traem a nostalgia de alguma coisa mais, além das viagens que lhes deram. Observando seu desapontamento coletivo, lembro-me da declaração que li há alguns anos, no *Irish Times*, feita por um homem de Connemara, em seguida à sua prisão, após um acidente de carro. "Há muitos espectadores, mas nenhuma testemunha." Em outras palavras, podemos somar uma impressionante quilometragem às nossas viagens, e nada termos visto; podemos seguir todas as sugestões das revistas de viagens e, ainda assim, termos pouco interesse pelo mundo.

Claro, a distância entre o êxtase e a ironia no reino das viagens é uma reflexão sobre o abismo da experiência da vida moderna. O fenômeno é mostrado por inteiro neste livro. Não creio que o problema esteja nos locais, na sua percepção e no modo como os vemos. A questão não está somente nas imagens que nos seduzem e nos prostram, mas na energia que gastamos em sua concepção. Nem a culpa está na fé que inspira as multidões a visitar os monumentos religiosos, artísticos e culturais, mas na perda de nossa fé na crença de que poderemos experimentar alguma coisa autêntica em algum lugar.

Com as rodas voltadas na direção dos lugares sagrados que queremos encontrar sempre, mais visitados do que nunca, procuramos mais e mais, porém vemos cada vez menos. Mas não precisamos mais de truques e de dispositivos; tudo o que precisamos fazer é *reinventar* o modo como viajamos. Se queremos de fato conhecer o segredo da nobre viagem, precisamos acreditar que existe alguma coisa sagrada esperando para ser descoberta em, virtualmente, cada viagem.

Há muitas formas de viagem, assim como há estradas proverbiais para Roma. O ramo do turismo oferece conforto, previsibilidade e distração; as viagens de negócios fazem o mundo do comércio dar voltas. Há campo para o erudito e o cientista ainda ávidos por encontrar o desconhecido e aumentar o legado humano de conhecimentos. A tradição antiga, de séculos, de viajar para aumentar a importância social continua existindo como sempre, assim como também viajar para antigos lugares a fim de saborear o "prazer estético das ruínas", como Rose Macaulay descreve. No século XVII surgiu o costume do Grande Itinerário, que recomendava viajar como o último estágio da educação de um cavalheiro. Mais recente é o fenômeno do *globe-trotter*, que corre o mundo pelo gosto de viajar e, finalmente, o homem de negócios que é levado a todos os quadrantes da Terra por dever profissional.

Para cada um desses tipos de viagem há mais recursos hoje do que nunca. As prateleiras das livrarias vergam sob o peso dos guias de viagens que sugerem excursões em mais de duzentos países pelo mundo afora, guias regionais de restaurantes, cruzeiros, arquitetura, jardins, estádios, casas de artistas e autores famosos, guias para viagens seguras e até um guia para "os lugares mais perigosos do mundo".

Todas essas estradas para Roma são legítimas para diferentes viajantes, em diferentes estágios da vida. Mas o que fazer se estamos na encruzilhada, como dizem os lamentos das cantoras de *blues*, esperando alguma outra coisa que não seja diversão nem distração, fuga ou mero passatempo? O que fazer se, afinal, estamos cansados dos paladinos do progresso que prometem viagens sem preocupações e esperamos uma forma de viagem que responda ao nosso genuíno *cri du coeur*, à espera de um sabor de mistério e de um toque de sagrado? Durante milênios, esse apelo do coração para embarcar numa jornada significativa foi respondido pela peregrinação, *uma viagem transformadora até um centro sagrado*. Isso invoca um lugar sagrado que se associa a deuses, santos ou heróis; ou a um lugar natural saturado pelo poder do espírito; ou a um templo venerável onde se busca conselho. Para as pessoas do mundo todo, a peregrinação é um exercício espiritual, um ato de devoção que visa encontrar uma via para a regeneração ou cumprir uma penitência. É sempre uma jornada de risco e de renovação. Porque uma jornada sem desafio não tem significado; e uma sem propósito não tem alma.

Ao longo dos anos, participei de muitas formas tradicionais de peregrinação religiosa, assim como das formas modernas e seculares, e segui as trilhas de uma série de viajantes através da história. Estou convencido de que a peregrinação é ainda um autêntico rito de renovação espiritual. Mas também acredito na peregrinação como uma poderosa metáfora de *qualquer* jornada feita com o propósito de encontrar alguma coisa de profunda importância para o viajante. Com um aprofundamento de foco, cuidadosa preparação, atenção voltada para a trilha sob nossos pés e respeito pelo destino da caminhada, é possível transformar até a viagem mais comum numa via sagrada, numa peregrinação. De acordo com o poeta John Berryman, que era um crítico severo da escrita "descuidada", não acredito que o turismo seja problema; a dificuldade, no fundo, é o viajante sem imaginação. O que os viajantes lendários nos ensinaram desde Pausânio e Marco Polo é que a arte da viagem é a arte de ver o que é sagrado.

Peregrinação é o tipo de jornada que estabelece a diferença entre o atento e o negligente, entre o banal e o inspirado. Essa diferença pode ser sutil ou dramática; por definição, ela é fundamental. Significa estar alerta para a ocasião, em que tudo o que se faz necessário numa viagem a um lugar remoto é tão-somente deixar-se *perder* a si próprio, e estar atento à ocasião, em que tudo o que é preciso é uma jornada a um lugar sagrado, com todos os seus aspectos gloriosos e temíveis para o encontro consigo mesmo. Desde o mais remoto peregrino humano, a pergunta mais desafiadora tem sido: *como* viajar de modo mais sábio, mais frutífero e mais nobre? Como podemos mobilizar a imaginação e animar nosso coração de forma que possamos, em nossas jornadas especiais, "ver em toda a parte do mundo a inevitável expressão do conceito de infinito", nas palavras de Louis Pasteur; ou perceber, com Thoreau, "a divina energia em toda a parte"? Ou lembrando, como Evan Connell, de advertir os viajantes medievais: "Passe ao largo daquilo que não ama".

A mais remota peregrinação registrada é atribuída a Abraão, que deixou Ur há quatro mil anos, buscando a insondável presença de Deus no vasto deserto. Seus descendentes — Moisés, Paulo e Maomé — incorporaram a noção das viagens sagradas. A Bíblia, a Torá e o Corão, os textos santos do hinduísmo e do budismo — todos incentivavam seus seguidores a caminhar até os locais de nascimento e as tumbas dos profetas, aos locais onde ocorreram milagres ou às trilhas que eles seguiram em busca da iluminação.

Sabemos de povos que, em épocas tão antigas quanto nos séculos IV e V, saíam de seus vilarejos para seguir a "via gloriosa" até a Terra Santa, de forma a que pudessem acompanhar as pegadas de Cristo. Por volta do século VIII os primeiros viajantes que fizeram o *haji* a Medina e a Meca buscaram os lugares tornados santos pelo profeta Maomé. Entre os séculos V e VI os irlandeses fizeram as *turas*, o circuito dos relicários dos santos e dos antigos heróis celtas. Além desses peregrinos religiosos, temos ampla evidência de amantes da filosofia e da poesia que visitaram os santuários dos escritores clássicos de Atenas, de Éfeso, de Alexandria, e os túmulos de Dante, Virgílio e dos trovadores.

Durante a Idade Média, ir em peregrinação a um lugar sagrado tornou-se prática imensamente popular, e essa foi, a seu modo, o antepassado do turismo moderno. Para ajudá-los na longa e freqüentemente perigosa estrada para Jerusalém, Roma, Meca ou Canterbury, os peregrinos levavam muitas vezes um livro inspirador: uma pequena Bíblia, um Livro de Horas, um clássico literário como a *Ilíada* ou, ainda, uma obra de Dante. Finalmente, uma espécie de guia começou a aparecer, no gênero de *As maravilhas de Roma*, que era imensamente popular e que conduzia o viajante e o peregrino até os lugares antigos da cidade.

Para a antiga peregrinação ao túmulo de São Tiago, em Santiago de Compostela, no noroeste da Espanha, que atraía centenas de milhares de peregrinos a cada ano, entre os séculos XI e XVIII, os viajantes consultavam um livrinho indispensável que humildemente se chamava *O guia do peregrino*. Atribuído por alguns ao papa Calixto, enquanto outros acreditam que foi feito por um francês do século XIII chamado Aimery Picaud, *O guia do peregrino* combina inspiração e referências úteis, e hoje é visto como o protótipo dos modernos guias de viagem. Nas suas páginas encadernadas em couro estão descrições de "vistas, santuários e pessoas", que o viajante encontrará na "estrada do peregrino", juntamente com orações para jornadas seguras, listas de relíquias, maravilhas arquitetônicas, comentários delicados ou cáusticos sobre aqueles que podem ser encontrados no caminho, e uma lista de estalagens que aceitavam peregrinos com refeições extras incluídas na diária.

Em tempos modernos, o *Childe Harold's pilgrimage*, de Lord Byron, foi o texto "sagrado" dos poetas românticos que viajaram para a Grécia, enquanto o *Inoccents abroad*, de Mark Twain, foi um guia exótico da primeira geração de americanos que viajou para a Europa e para a Terra Santa. O sagrado pode também ser explorado. De maneira abominável, foi o que fez o *Book of buried pearls* (Livro das pérolas enterradas) e do *Precious mystery* (Precioso mistério), com *Giving indications regarding the hiding places of finds and treasures* (Indicações sobre locais ocultos de achados e tesouros), um manual de ajuda aos saqueadores, que contribuíram para a pilhagem das tumbas egípcias.

No nosso tempo, *Out of Africa* (Fazenda Africana), de Isak Dinesen, e *On the road* (Pé na estrada), de Jack Kerouac, aumentaram o volume das mochilas de milhares de viajantes que concordam com Umberto Eco, de que é "eletrizante" ler a respeito de um lugar que se sonhou visitar, estando lá de fato. *A arte da peregrinação* segue nas pegadas do venerável *O guia dos peregrinos*. Destina-se a "viajantes de encruzilhadas" — aqueles que têm o desejo profundo de fazer uma significativa ou simbólica jornada e precisam de alguma inspiração e de umas poucas ferramentas espirituais para tomarem a estrada. É também para aqueles que, com freqüência, viajam a negócios ou nos feriados, que aproveitariam umas dicas para fazer suas viagens mais inesquecíveis. No âmago deste livro está a crença de que, virtualmente, cada viajante pode transformar qualquer jornada em peregrinação com o desejo de encontrar pessoalmente alguma coisa sagrada ao longo do caminho.

Hoje, a prática da peregrinação está passando por uma vigorosa renovação, talvez mais popular agora do que em qualquer outro tempo, desde seu ponto mais alto, durante a Idade Média, quando milhões de pessoas seguiam anualmente a trilha do peregrino até milhares de santuários espalhados por toda a Europa. Como parte das celebrações pela passagem do milênio, o Vaticano declarou o ano 2000 o "Ano do Peregrino". Num bom ano turístico, entre três e quatro milhões de pessoas visitam Roma; agora, cinqüenta milhões de pessoas são esperadas em Roma no ano 2000, para tocar as relíquias e pisar o chão sagrado.

Da Irlanda até a Romênia, da Groenlândia à Patagônia, antigas igrejas há muito tempo em ruínas, lares de notáveis autores e cientistas, mesmo câmaras de tortura em São Petersburgo e em Phnom Pehn estão sendo restauradas ou abertas para atrair turistas. Guias industriosos estão conduzindo massas de peregrinos literatos atrás das pegadas dos Beats em Greenwich Village, da multidão de Bloomsbury, em Londres, e da Geração Perdida em Paris, de modo a que elas possam sentir a emoção da proximidade do gênio. Reservas naturais para tigres na Índia, e para elefantes, na África, estão sendo organizadas para os amantes dos últimos restos de vida selvagem. Em Los Angeles, antigos coches fúnebres conduzem visitantes a hotéis e bares onde gente famosa e mal-afamada morreu.

De fato, o fenômeno da peregrinação está prosperando, embora, de fato, nunca tenha desaparecido. Desdobre o pergaminho de imagens brilhantes do turismo e você encontrará idéias antigas. Lá estava a pergunta que, por séculos, foi vital, quando peregrinos se voltavam para seus padres, rabinos, xeques, mentores ou veteranos de antiqüíssimas trilhas: Como fazer uma peregrinação? Como tornar uma viagem comum numa viagem sagrada? Como usar aquela sabedoria para ver mais espiritualmente, ouvir mais atentamente e imaginar mais penetrantemente em nossas jornadas? Ir ao Monte Kailas, a Meca ou a Mênfis? Explorar uma paisagem distante, um museu famoso ou um parque na nossa cidade natal? Há lições a serem aprendidas dos grandes viajantes, tarefas a cumprir à maneira dos peregrinos que podem tornar sagradas nossas viagens?

Há dois mil e quinhentos anos, Lao Tsé disse: "A jornada mais longa começa com um simples passo". Para nós, fascinados com a questão espiritual, o aprofundamento de nossas jornadas tem início no instante em que começamos a nos perguntar o que é sagrado: arquitetura, história, música, livros, natureza, comida, tradição religiosa, história familiar, vidas dos santos, intelectuais, heróis, artistas?

Contudo, uma advertência. "O importante da peregrinação", dizia um monge budista ao escritor viajante Oliver Starler, em sua jornada pela Ilha Shikoku, no Japão, "é aperfeiçoar a si mesmo enfrentando as dificuldades que surgem". Em outras palavras, se a jornada que você escolheu é, de fato, uma peregrinação, uma jornada espiritualizada, ela será áspera. A sabedoria antiga sugere que se você não está tremendo quando se aproxima do sagrado, então não é a coisa real. O sagrado, nos seus vários aspectos como terra santa, arte ou conhecimento, evoca emoção *e* comoção.

A arte da peregrinação destina-se àqueles que desejam embarcar em alguma jornada com uma profunda finalidade em vista, mas estão inseguros sobre como se preparar ou fazê-la durar. Como o título sugere, o livro dá ênfase à *arte* da peregrinação, que para mim não é mais do que a habilidade para criar pessoalmente sua própria jornada, e a prática cotidiana de apreciar, degustar e absorver cada um dos seus estágios. Este é um livro de lembranças e de criatividade, que se destina expressamente a encorajar o que os budistas chamam de plenitude, e o que Ray Charles chama de sensibilidade — a capacidade de reagir a partir do mais profundo em nós mesmos.

Os sete capítulos do livro seguem a "rodada" universal da jornada sacra, explorando os caminhos nos quais os ritos comuns da peregrinação podem inspirar os equivalentes modernos dos viajantes de hoje. Como o peregrino famoso de John Bunyan, o livro progride de *O anseio* para *O chamado*, que acena para que avancemos, e daí vai para o drama de *A partida*, *O caminho do peregrino* e, depois, para *O labirinto* e *A chegada*, fazendo antes o círculo completo do desafio de *Trazendo de volta a bênção*.

Nesses capítulos há histórias, casos, citações e vinhetas intercalados com sugestões práticas de viajantes, artistas e peregrinos através da história. Ligando essas vozes há uma série de meditações ou contemplações que sugerem diferentes caminhos para a prática do que peregrinos, poetas e viajantes perspicazes fizeram por séculos, para ver com "os olhos do coração", como dizem os sufis, e transformar as inevitáveis provações da nossa jornada em oportunidades de aprender algo sobre nós mesmos e o imenso mundo à nossa volta. Há também exercícios de imaginação que eu mesmo usei em minhas viagens e que encorajam aqueles que fizeram meus roteiros de arte e literatura por países como a Irlanda, a Inglaterra, a França, a Grécia e a Turquia. Eles se destinam a mudar sua dependência das imagens alheias do mundo, *imaginando* como você pode trilhar seu próprio caminho para o chão sagrado do gosto do seu coração.

Como o místico sufi Mevlana Rumi escreveu há sete séculos: "Não se satisfaça com as histórias que chegam até você; crie seus próprios mitos". Seu irmão poeta no Ocidente, Walt Whitman, disse isso de outro modo: "Nem eu nem ninguém pode viajar essa estrada por você. Você deve atravessá-la sozinho".

Juntos, esses pensamentos aspiram à idéia que ecoa no trabalho dos que buscam por toda parte, esses que não podem encontrar significado profundo na sua jornada até que encontram o que é realmente sagrado. É sagrado o que é digno de nossa reverência, o que evoca respeito e maravilha no coração humano, e aquilo que contemplado nos transforma completamente.

É certo, segredava a voz uma noite em meu ouvido, nas ruínas de um antigo castelo em Donegal, na Irlanda, *é certo que existe um caminho secreto.*

A lua brilhava como um espelho no céu, sobre as colinas ondulantes. O mar batia nas pedras de basalto que acompanhavam a costa. O vento uivava como as gaitas de fole de Gales. De uma fazenda distante vinha o cheiro doce da turfa queimando.

Permaneci trêmulo sob a arcada de pedra de uma antiga capela. Quando me virei, vi um entalhe, castigado pelo tempo, da imagem de um Nó da Eternidade. Cada fio da corda voava para longe do centro e, em seguida, retornava em espiral. Os antigos celtas acreditavam que esse era um símbolo forte da jornada da vida e do impulso de retornar à fonte interior que alimenta a alma.

Lentamente, segui a antiga reentrância na pedra com o meu dedo. Minha mão percorria as antigas trilhas do formão, a abrasão provocada pelo vento, a chuva, o sol, e o lento desgaste do tempo. Pensei em todos os viajantes que estiveram ali, passo a passo, prece a prece, perguntando a si mesmos se haviam descoberto o que estavam buscando, se sua fé havia sido restaurada.

Lentamente, a lua iluminou a antiga pedra. O ar da noite feriu meus olhos. Minha mão seguiu tateando o eterno nó, procurando a ordem oculta nas espirais da pedra.

Naquele momento sublime, senti uma presença antiga crescer no meu coração, e da ponta dos meus dedos desprendeu-se uma espiral de alegria.

Essa é a trilha que *A arte da peregrinação* segue, feita da beleza simples de um punhado de práticas, tarefas e exercícios de peregrinos, passantes e exploradores de todos os tipos ao longo dos milênios. Em cada um de nós mora um vagabundo, um cigano, um peregrino. Nosso propósito aqui é invocar esse espírito. O que mais importa na jornada é quão profundamente você pode ver, quão inteiramente pode ouvir, quão proveitosamente podem ser travadas essas pelejas em seu coração e em sua alma.

Kabir escreveu uma vez: "Se você não experimentou alguma coisa, para você ela não é real". É assim com a peregrinação, que é a arte do movimento, a poesia da mutação, a música da experiência pessoal do sagrado, nesses lugares onde se sabe que elas brilharam intensamente. Se não nos maravilharmos com essa possibilidade, não poderemos nunca sondar a profundidade das nossas próprias almas, ou da alma do mundo.

Ouvindo isso, deixemos a viagem começar, lembrando-nos das palavras do poeta espanhol Antonio Machado:

> Viajante, o caminho não existe.
> Os caminhos são feitos passo a passo pelo andarilho.

Phil Cousineau
São Francisco, Califórnia

1
O Anseio

Porque nos seus corações a Natureza assim se agita,
As pessoas anseiam partir em peregrinação,
Para vagar em busca de praias distantes,
De remotos e famosos santuários em terras diversas.

Geofrey Chaucer,
The Canterbury tales

Em fevereiro de 1996, meu irmão Paul e eu fizemos o longo percurso de barco subindo o rio Mekong, no Camboja, para ver um dos grandes mistérios do Velho Mundo, a verdadeira malha de templos e palácios sagrados que um viajante do século XII chamou de "maravilhas da arte de morar".

Na nossa primeira manhã, na cidade murada de Angkor Wat, presenciamos um glorioso nascer do sol acima das torres coroadas de lótus da cidade e, em seguida, começamos a caminhada ritual pela longa estrada das pontes que leva ao santuário. Nossos braços iam trançados, um sobre os ombros do outro. Nossas cabeças balançavam diante da visão de beleza quase impossível do "estonteante enigma" que, no passado, comentaristas europeus viam como uma das Maravilhas do Mundo e, mais tarde, os colonialistas descreveram como capazes de rivalizar com a arquitetura divinamente inspirada de Salomão.

Andávamos como que ardendo em febre. A meio caminho da estrada, paramos para contemplar a beleza da luz tremeluzente. Tiramos umas poucas fotografias das *nagas*, as serpentes de pedra de cinco cabeças, que ondulavam ao longo do poço e da passamanaria esculpida no imenso portal que assomava diante de nós e, aí, sorrimos um para o outro, respirando fundo o ar da manhã. Nesse momento, vimos uma monja budista num traje cinzento, mancando um pouco, perto de nós, no caminho para o templo. Sua cabeça estava raspada e era cor de bronze. Quando ela se aproximou de nós, fiz-lhe uma oferenda que ela calmamente aceitou com os tocos onde antes estiveram suas mãos. Espantado, percebi então que ela tivera seus pés arrancados, sustentando-se no que restava dos seus tornozelos. Ainda me horrorizava com as imagens que vira das mutilações feitas pelos homens do demoníaco Khmer Vermelho, mas, em seguida, me lembrei dos 11 milhões de minas enterradas por eles nas florestas, campos e estradas do Camboja.

Seus olhos encontraram os meus, e eles pareciam ter uma serenidade sobrenatural. Muito emocionados, oferecemos a ela alguns dólares, para algum santuário do templo. Ela tranqüilamente aceitou a doação que recolheu a uma peque na bolsa tecida, dobrada, e se afastou, como uma garça de pernas finas que se movesse com solenidade na lama de um lago próximo.

O encontro com a monja cambojana foi um modo terrível de começar nossa visita, um presente disfarçado na forma de uma perturbação. Seu sorriso enigmático antecipou de forma misteriosa a expressão esculpida nos rostos dos 55 bodisatvas gigantescos, que assomaram no Santo dos Santos sobre os templos em forma de pirâmides de Bayon, ali próximos. Cada vez que encontro aquele olhar intemporal, meu coração sobressalta. Como os lagos e tanques de lótus daquele conjunto foram criados para refletir cada uma daquelas obras de arte religiosa, os rostos dos bodisatvas e o da monja se pareciam uns com os outros. Comecei a pensar na monja como a encarnação do bodisatva Avolatesvara, o deus da inextinguível compaixão, que veio a simbolizar o milagre de Angkor para milhões de peregrinos.

"Até onde chega o seu perdão?", perguntam os rostos esculpidos em pedra de milhões de estátuas.

"Até onde as preces permitem", os olhos da monja pareciam responder.

Monja budista sentada próxima aos relevos de passamanaria do templo de Bayon em Angkor Thom, vendendo incenso e velas aos peregrinos que chegam para orar.

Vaguei pelas ruínas com meu irmão por várias horas que se seguiram, ainda espantado com a boa sorte de estarmos ali. O conjunto de Angkor foi destruído no século XV, depois esquecido por quatrocentos anos, coberto pela vegetação da floresta. Maravilhado com a beleza mesclada de terror das histórias do nosso jovem guia cambodjano (que nos contou que os moradores da região acreditavam que Angkor fora construída por anjos e gigantes), o tempo parecia haver parado naquele ponto morto do mundo. Aquilo era mais do que uma curiosidade arquitetônica, uma parábola religiosa de passageira glória; era, sim, o microcosmo do próprio Universo. De acordo com os estudiosos, as muralhas, os poços e os terraços elevados representam os diferentes níveis da própria existência. As cinco torres de Angkor simbolizam os cinco picos do Monte Meru, o centro do mundo na cosmologia hindu. Essa era a montanha do mundo em pedra, uma monumental mandala rodeada de fossos evocando oceanos. Uma visita deve cumprir o ritual de subir rigorosamente uma alta escada íngreme, feita desse modo, não de forma gratuita.

"É claro", escreveu o vice-almirante Bonard, um antigo oficial colonialista: "do adorador, que entra no templo, espera-se que tenha o entendimento de estar subindo diferentes níveis de iniciação". Nossos três dias se alongaram. As horas pareciam conter dias, os dias pareciam semanas, como em todas as aventuras de sonho. Éramos agraciados com estranhos e comoventes encontros, uns após os outros. Silenciosamente, andávamos ombro a ombro com monges em trajes de cor de açafrão, que haviam caminhado milhares de quilômetros nas pegadas dos seus ancestrais do Cambodja, da Tailândia, da Índia e do Japão para orar no santuário de um lugar que se acreditara, durante milhares de anos, ser o centro do mundo. Era agradável encontrar viajantes que tinham vindo da Birmânia, do Vietnã e da China. À noite, líamos as narrativas dos viajantes companheiros de peregrinação, que haviam feito árduos percursos a pé até ali, da China e do Japão em velhos tempos e, mais tarde, de carro, da França e da Inglaterra, bem como de navio, vindos da América.

Embora não fosse budista ou hinduísta, vagando pelo local, eu me sentia comovido com aquelas antigas pedras. Do modo misterioso como nos sentimos espiritualmente magnetizados nos centros de peregrinação, era tomado por uma calma maravilhosa ao explorar os pavilhões vazios, as bibliotecas abandonadas e os mosteiros saqueados. Minha imaginação era animada pelo estranho e fascinante desafio de reviver o que o tempo havia destruído, tremendo ao pensar que tigres, panteras e elefantes ainda rugiam nas ruínas desses relicários quando Angkor foi redescoberta, depois de 1860.

Mas durante nossa visita, algumas preocupações teciam seu fio.

A cada passo na glória fantasmagórica dos degraus do velho templo, era impossível esquecer da ameaça de Pol Pot, do perigo sempre vivo das minas enterradas e da fragilidade do lugar onde durante mil anos reinou o caos da história. As crianças mutiladas e os soldados ferozes que encontramos por toda parte eram horrível evidência da guerra inacabada. No passado, os estrangeiros eram poupados dos horrores de revoluções alheias, mas não mais agora. Num jornal local, de língua inglesa, lemos que Pol Pot havia ordenado a execução de três turistas australianos, dizendo somente: "Esmaguem-nos".

Agravando a situação, havia ainda as pontadas de culpa que eu sentia por ter empreendido a viagem — Jo, minha companheira lá em São Francisco, estava no sétimo mês de gravidez, esperando um filho nosso. Embora ela me tivesse dado todo o apoio para viajar, eu não estava à vontade. Por que fazer uma viagem arriscada, a essa altura?

Para cumprir um voto.

Duas vezes nos 15 anos anteriores, meus planos para fazer o longo percurso até as ruínas de Angkor foram interrompidos na fronteira da Tailândia e do Cambodja. Temendo que aquela guerra pudesse irromper de novo e as fronteiras fossem fechadas por outros vinte anos, acreditava que a viagem de estudo que meu irmão e eu fizéramos às venturosas Filipinas oferecera uma última oportunidade de cumprir uma promessa feita a meu pai.

Nos meus 11 anos, ele me presenteou com um livro, não um *western* de Zane Grey nem a biografia do herói de beisebol da minha cidade, Al Kaline, que eu já havia pedido, mas com um livro de capa cor de bronze representando esculturas de fabulosas criaturas de um mundo distante. Essas criaturas não vinham de um planeta fantasmagórico criado pela ficção científica, mas do mundo há muito esquecido dos Khmers, a antiga civilização que construiu Angkor.

Daquele momento em diante, o livro passou a simbolizar para mim a beleza oculta do mundo. Com a capacidade mágica de transportar o leitor, que só tem alguns livros, aquele me ofereceu a visão de um vasto mundo, além da minha cidade natal, em Michigan. E acendeu em meu coração uma chama que, durante anos, me inspirou o desejo de peregrinar e de ver esse maravilhoso lugar por mim mesmo.

Quando meu pai adoeceu no outono de 1984, atravessei o país de lado a lado, indo de São Francisco a Detroit para vê-lo e, num esforço para animá-lo, prometi que quando ele se recuperasse viajaríamos juntos. Tentei convencê-lo de que, após anos de planos não-realizados para ver a Europa, viajaríamos juntos para Amsterdã e procuraríamos o sobrinho de Van Gogh, que ele uma vez guiou numa excursão pessoal no complexo do Rio Vermelho da Ford, em Dearborn. Depois da Holanda, sugeri, poderíamos tomar o trem para Périgueux, no sul da França, e investigar a história do nosso antepassado que ficou por lá em 1678. Dali, disse-lhe eu ainda, poderíamos seguir num vôo direto para Phnom Penh, para visitar Angkor. Meu pai pareceu encantado com a primeira viagem e intrigado com a última.

"Não se lembra do livro que me deu quando eu era menino?", perguntei, desapontado com a sua resposta à minha sugestão. "Aquele das escavações de Angkor..." Ele percorreu na memória uma vida inteira de livros que ele aos poucos deu para familiares e amigos. Então, seu rosto se iluminou e ele exclamou: "Ah! Sim, Angkor, o livro de Malcolm MacDonald, aquele das esculturas do Templo do Rei Leproso na capa". Parou um instante para considerar as possibilidades da nossa viagem juntos e, então, com sacrifício, ajustou seu corpo na velha cadeira de couro.

"Bem que eu gostaria de estar tão confiante quanto você na minha recuperação", disse-me ele, num tom de desencanto que, pela primeira vez na vida, ouvi dele. "Claro, quero muito ver esses lugares com você. Seria *maravilhoso.*" Então, sua voz cedeu: "Mas não sei, filho, se vou fazer isso".

Ninguém jamais pronunciou a palavra "maravilhoso" como meu pai. Ele dava ênfase à primeira sílaba "ma", como se quisesse, de fato, falar de espanto e deleite. Tão raramente ele dava força às palavras que usava, que quando fazia isso era para valer. Ouvindo isso na ocasião e, depois, observando aquele homem que um dia fora feroz e formidável, agora prostrado numa cadeira, incapaz de mover as mãos e os pés, estropiado por uma doença nervosa, eu estava abalado. Ainda assim fingi confiança e coragem, prometendo que ganharíamos a estrada assim que ele tivesse melhorado.

Escultura e muros recentemente restaurados do Terraço do Rei Leproso, construído por Yasovarman, fundador de Angkor Wat.

Isso não aconteceu. Quatro meses depois, exatamente nos idos de março, que ele anunciava todos os anos em nossa casa como a data mais estranha do calendário, meu pai morreu enquanto dormia.

Pouco tempo depois do enterro, enquanto empacotava os livros no seu silencioso apartamento, fiz um dos poucos votos de minha vida. Prometi a mim mesmo que faria a viagem que nós dois havíamos planejado, a peregrinação a um lugar que se tornou sagrado pelo jogo da luz nas pedras, e pela devoção dos peregrinos que andavam distâncias espantosas de modo a que pudessem tocar a escultura sagrada e oferecer suas preces nas asas do incenso.

E fazendo isso talvez eu restaurasse minha fé na própria vida.

A ARTE DA PEREGRINAÇÃO

Viajamos ao longo dos dias, como as ondas passam sobre as pedras.

Paul Valéry

Todas as nossas jornadas são rapsódias sob o mesmo tema da descoberta. Viajamos como quem busca respostas que não podem ser encontradas em casa; e logo descobrimos que uma mudança de clima é mais acessível do que uma mudança de coração. A verdade agridoce sobre o verbo viajar está contida na derivação da mais antiga palavra *viandar*, peregrinar. Em inglês, *travel* vem de *travail*, originada do latim *tripalium*, uma roda medieval de tortura. Como os viajantes de longos percursos e estranhos lugares sabem, às vezes, as viagens são "muito penosas". Para os beduínos errantes, "viajar é penar". Os gregos antigos ensinavam que os obstáculos eram formas de os deuses nos testarem. Na Idade Média, no Japão, acreditava-se que as dificuldades de uma viagem eram desafios que se transformavam em poesia e canção. Se estivermos em férias, viajando a negócios ou numa excursão prolongada, poderemos associar os momentos de provação que surgem como sofrimento ou como oportunidades para nos pôr à prova.

Mas o que faremos se sentirmos necessidade de algo mais em nossas viagens, além dos desafios encontrados e dos prazeres conhecidos? O que acontece quando a busca do novo já não nos basta? O que ocorre quando nosso coração quer algo de uma viagem que desafia uma explicação?

Séculos de sabedoria a respeito de viagens sugerem que quando já não sabemos mais para onde nos voltar, nossa jornada verdadeira mal está começando. Nesse momento, nessa encruzilhada, uma voz apela para a nossa alma de peregrino. É chegado o tempo de nos prepararmos para pisar o chão sagrado — a montanha, o templo, o lar ancestral —, que vai agitar nosso coração e restaurar nossa capacidade de nos maravilhar. É na trilha para o profundamente real que o tempo pára e somos surpreendidos pelos mistérios. Essa é a viagem que não podemos deixar de fazer.

Nessa tortuosa e longa estrada, é fácil perder-se no caminho. Ouça. O velho eremita na beira da estrada sussurra: "Estranho, passe indiferente pelo que você não ama".

❋ ❋ ❋

"Deixei Tânger, terra onde nasci, no dia 13 de junho de 1325", escreveu Ibn Battua, um dos mais notáveis pensadores espirituais que já se aventuraram nas tortuosas e longas estradas do mundo, "tendo então 22 anos de idade, com a intenção de fazer a peregrinação à Casa Santa (em Meca) e ao Túmulo do Profeta (em Medina). Comecei sozinho, não encontrando companheiros para animar a viagem com uma comunicação amigável, nem grupo de viajantes ao qual me juntar. Conduzido por um impulso poderoso em meu íntimo, e por um desejo há muito acalentado de visitar todos aqueles gloriosos santuários, resolvi deixar todos os meus amigos, homens e mulheres, e abandonar a casa, assim como os pássaros deixam seus ninhos".

Por vinte anos, Battua fez peregrinações da Espanha à China, perambulando cerca de 120 mil quilômetros, três vezes a distância percorrida por Marco Polo. Quando ele finalmente retornou ao Marrocos, escreveu no seu espantoso *ribla*, ou livro de viagem, que sua terra natal era "o melhor dos países, porque suas frutas eram abundantes, a água era fresca e a comida saudável era inesgotável".

Se é verdade que a terra de alguém é sempre "o melhor dos países", por que milhões de pessoas, a cada ano, desde tempos imemoriais, confiam o próprio destino ao acaso e seguem as antigas trilhas das estradas dos peregrinos do mundo? Qual "impulso poderoso" nos faz viajar até lugares distantes, com grandes sacrifícios e, às vezes, com grandes riscos?

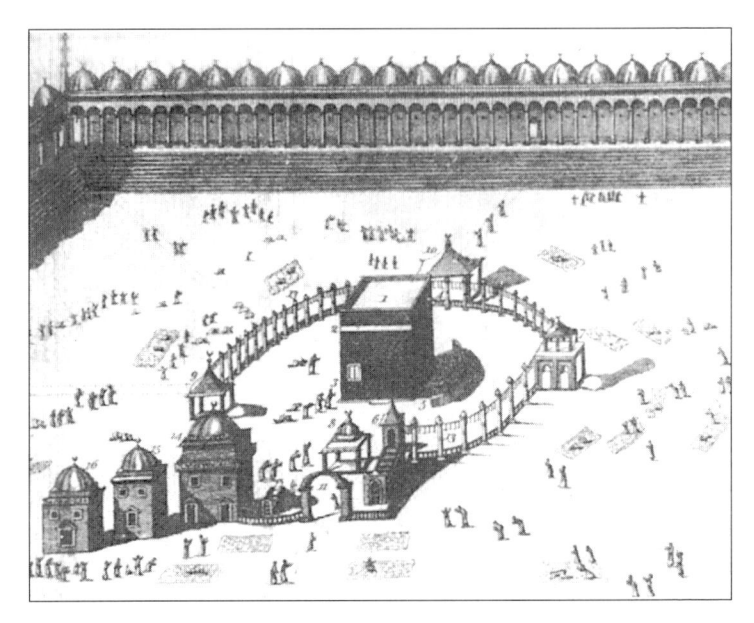

Desenho do século XIX da mesquita de Meca, mostrando o *haji*, e peregrinos prostrados circunvagando a Caaba.

Para Ibn Battua, a espera era um coro de chamados: religioso, científico, poético, político e mercenário. Ele era um peregrino requintado, espiritualmente sólido, nobremente inspirado, reativo ao que Goethe chamou de "a sagrada espera", o desejo de se envolver numa grande busca.

Enquanto isso, de acordo com o especialista alemão de viagens, Winfried Löschburg, "a espera para vencer a distância, a espera pelo desconhecido torna-se cada vez mais forte em alguns lugares da Europa. É o desejo de fugir do castelo baronial ou da escola conventual, e andar pelo vasto mundo, além das portas da cidade...". Anatole France escreveu que, durante a Idade da Exploração, esse desejo era descrito como *un long desire*, a perseguição apaixonada do oculto ou do proibido, do novo ou do lendário, impossível de satisfazer mas também impossível de ignorar.

O impulso para viajar é tão antigo quanto as rochas, tão intemporal quanto a aurora e o poente no céu. Zora Neale Hurston achava que "viajar é a alma da civilização". Para alguns, viaja-se pelo amor à viagem, como Robert Louis Stevenson, que escreveu: "De minha parte, não viajo para ir a algum lugar, mas para ir. Viajo pelo gosto de viajar". A própria palavra *viajante* contém imagens de uma história de movimento. Henry David Thoreau escreveu: "Um viajante. Gosto desse título. Um viajante deve ser reverenciado como tal. Sua profissão é o melhor símbolo de nossa vida. Vindo de um lugar, indo para outro; é a história de cada um de nós".

Para outros, como a romancista francesa Colette, viagem sugeria possibilidades sensuais: "Estou indo com ele para um país desconhecido onde não terei passado nem nome, e onde nascerei outra vez com um novo rosto e um coração renovado". Para o vagabundo sem destino Mark Twain, longas viagens contêm em si a possibilidade de autodesenvolvimento: "A viagem é fatal para o preconceito, a intolerância e a estreiteza mental". O nômade Bruce Chatwin contou como um vagabundo uma vez descreveu sua própria compulsão de perambular: "É como se marés puxassem você estrada afora". Na sua notável antologia *Maiden voyages*, Mary Morris cita a esplêndida descrição que Lawrence Durrell fez de Freya Stark, a exemplo do modo como as mulheres "viajam de maneira diferente pelo mundo". Durrell escreve: "Uma grande viajante [...] é alguém que se volta para dentro de si mesma. À medida que cobre as distâncias externamente, ela avança sempre em novas interpretações de si mesma, internamente".

Há uma tradição de viagem como uma espécie de universidade perambulante. Em seu livro clássico *Abroad*, Paul Fussell escreve: "Antes do desenvolvimento do turismo, viajar era concebido como estudar e seus frutos eram considerados o adorno da mente e da formação de julgamento. O viajante era um estudioso do que ia encontrando...". Mas, pressupunha Fussell, a aura romântica e as associações aristocráticas em torno das viagens mudaram de modo irrevogável com os humilhantes horrores da Primeira Grande Guerra. Agora não há mais a verdadeira exploração, nem a viagem séria, mas somente "viagem a jato até as ruínas".

A simples visão dos selos de um passaporte exótico é suficiente para despertar maravilhamento no coração do verdadeiro viajante.

Assim, o paradoxo: Quanto mais fácil se torna viajar extensamente, nas asas dos jatos supersônicos e via Internet, mais difícil se torna viajar *sabiamente*. Ficamos com muitos quilômetros voados e diferentes carimbos no passaporte, mas cresce em nós a suspeita de que nossas viagens perderam alguma coisa fundamental. T. S. Eliot perguntava, sobre os tempos modernos:

Onde está a sabedoria que perdemos com os conhecimentos?
Onde estão os conhecimentos que perdemos com as informações?

❀ ❀ ❀

Imagine sua primeira viagem inesquecível. Que imagens emergem de sua alma? Podem ser de uma visita ao cemitério, na infância, para ver o túmulo da família; a palestra que um tio fez sobre uma famosa batalha ou a viagem de mãos dadas com sua mãe a um local religioso. Que sentimentos suas memórias evocam dessas viagens?

Eles têm alguma coisa a ver com sua vida hoje? Você fez algum dia a promessa de ir a um lugar que é sagrado para você, para sua família ou para seu grupo? Alguma vez você *imaginou* a si mesmo num lugar que agita sua alma como o arrulho dos pombos de madrugada? Se não se trata de você, então de quem? Se não é agora, quando? Se não é aqui, onde? Paris? Benares? Mênfis?

Descubra aquilo com o que sonha, e você descobrirá quem é.

O VIAJANTE QUE É LEVADO A SÉRIO

Peregrinos são poetas que criam
empreendendo viagens.

Richard R. Niebuhr

De acordo com o dicionário, a palavra *peregrinação* deriva do latim *peligrinus*, forasteiro ou caminhante, a jornada de uma pessoa que viaja para um santuário ou para um lugar sagrado. Outra derivação mais antiga, mais poética, revela que *peregrino* tem sua raiz no latim *per agrum*, "através do campo". Essa velha imagem sugere uma alma curiosa, que vai além dos limites conhecidos, atravessa campos, toca o chão com um destino em mente e um propósito no coração. Esse peregrino é o viajante que espera enfrentar uma jornada difícil para alcançar o centro sagrado do seu mundo, o lugar tornado santo por um santo, um herói, um deus. Uma vez lá, o desejo é tocar a relíquia, ter uma visão, ouvir um oráculo e experimentar o que o psicólogo Stephen Larsen chama de "irrupção do divino num lugar tridimensional". Ou na elegante descrição de Richard R. Niebuhr:

> Os peregrinos são pessoas em movimento — passando pelo território alheio — buscando alguma coisa que podemos chamar de inteireza ou, talvez, fosse melhor chamar de clareza um destino para o qual somente o espírito pode apontar o caminho.

Peregrinos tradicionais como Abraão, Bashô, São Jerônimo, Santa Egeria, Chaucer, Dante — e sua contrapartida moderna como William Least Heat Moon, Freya Stark, Isabelle Eberhardt, Sir Richard Burton,

Um cartão-postal do século XIX encontrado num antigo sebo da margem do Sena, em Paris, mostrando um "Andarilho na Boêmia", como o vendedor descreveu.

Thomas Merton, o jovem peregrino de Paulo Coelho em seu livro sobre o *Velho Caminho de Santiago de Compostela*, Ray Kinsella no filme sobre beisebol *Field of dreams* (Campos dos sonhos), ou Isak Dinesen em *Out of Africa* — todos deixaram depoimentos sobre suas jornadas. Neles podemos destacar umas poucas características reveladoras.

A motivação dos peregrinos foi sempre múltipla: prestar homenagem, pagar uma promessa, fazer uma purificação, cumprir uma pena ou rejuvenescer espiritualmente. A jornada começa em estado de desassossego, de profunda perturbação. Alguma coisa vital está faltando à vida: a própria vitalidade pode estar à espreita no caminho ou no coração de um santuário distante.

A arte ritual da peregrinação tenta preencher esse vazio. Pode acontecer no meio do caminho, de volta ao mundo, como ocorreu com um sacerdote muito bondoso que conheci — o padre Theodore Walters, de Toledo, Ohio, que começou dirigindo grupos ao santuário mariano de Medjugorje, na antiga Iugoslávia, porque acreditava que as pessoas hoje necessitavam desesperadamente de "uma visão curativa da Mãe de Deus". Ele confessava sua crença de que um país batido pela guerra precisava da presença de gente bondosa das peregrinações, para trazer a suavidade aos seus corações.

A peregrinação pode ocorrer, também, em meio à estrada, como se deu com um casal que conheci de passagem, e que havia chegado a um impasse nos seus empreendimentos criativos. Diziam que tinham perdido sua voz e precisavam "ouvir de novo a voz do compromisso com as palavras". Decidiram, então, revigorar seu amor pela literatura viajando até a casa de pedra do poeta Robinson Jeffers, em Carmel, na Califórnia. Meu velho amigo Michael Jajuga estava sob grande tensão devida a seus estudos médicos, de modo que quis rejuvenescer-se, o que chamou de "peregrinações naturais". Teria de dirigir uma noite inteira o seu Challenger 1970 em meio a bosques, no norte de Michigan, para pescar trutas por algumas horas, antes de voltar para casa. Esse contato breve com seu "tempo dourado", como costumava dizer, era o seu templo sagrado.

A participação pode ser comunitária, como se deu com a marcha do intelectual China Galland com um milhão de outros peregrinos até o Santuário de Nossa Senhora de Czestochowa no mosteiro Jasna Gora, na Polônia. Ou pode ser solitária, como foi a do piloto da Segunda Guerra Mundial que encontrei em Tóquio na metade dos anos 80, que tinha acabado de voltar de uma visita dolorosa ao centro de Hiroshima, onde explodiu a bomba.

"O Peregrino Espiritual". O astrônomo francês Camille Flammarion adaptou essa imagem de uma gravura alemã do século XVI.

O que une as diferentes formas de peregrinação é a intensidade da intenção, o desejo da alma de responder ao chamado de retorno ao seu âmago, não importa se isso pressupõe êxtase ou agonia. O que faz uma peregrinação sagrada é o anseio por trás da jornada, da qual nos lembra a famosa gravura do século XVI do

45

Peregrino Astrônomo, que enfiou sua cabeça por uma fenda na abóbada do céu de modo a ver a mecânica que movia o Sol, as estrelas e a Lua, revelando assim o mistério da criação.

O QUE FALTA ESPERA SER PREENCHIDO

Mal começamos e já temos sede.
Emily Dickinson

Emily Dickinson conhecia bem a força das marés do desejo criativo. Ela fazia peregrinações diárias a lugares sagrados da sua imaginação, renovando-se a cada identificação de suas necessidades criativas. Sede, fome e carência de contato — as metáforas são incontáveis. Thoreau sugere que o anseio pode ser um estimulante do remorso por não estarmos aproveitando todo o nosso potencial: "Em geral, não vivemos plenamente, não enchemos nossas veias de sangue, não inspiramos nem expiramos o suficiente... Vivemos apenas uma fração da nossa vida. Por que não deixamos a maré subir, abrimos as comportas e navegamos a todo o vapor?".

Os peregrinos chegaram a essa encruzilhada. De repente, é fundamental para que eles sigam por si próprios, pondo-se de pé, tocando e ouvindo o sagrado, seja ele representado pela Mesquita Azul de Istambul ou pela livraria Shakespeare and Company de Paris. O contato com o chão e com as relíquias, ao fim da jornada, significa estar em contato com o chão sacrossanto que dá alento à nossa fé.

Para sermos tocados precisamos, por nossa vez, tocar. Quando a vida perdeu seu sentido, um peregrino arrisca tudo para voltar a *ter contato* com a vida. Por isso, relíquias como um dente de Buda, o sangue seco de Cristo ou um original de Shakespeare tornam-se objetos que precisam ser tocados como parte fundamental de uma peregrinação. Essa é a função do risco, a *confirmação* de que o mistério existe, de fato, num mundo moderno que parece decidido a denunciar o sagrado como mera superstição. Todos os dias lemos artigos "explicando" antigos mistérios — a alma não é mais do que "as fagulhas elétricas das sinapses do cérebro", o amor é apenas a atração cega de duas personalidades ignorantes de si mesmas. Ainda pior: agora é

O legendário bibliófilo George Whitman (à esquerda) e a fachada de sua Livraria Shakespeare and Company, em Paris. À direita, fotografia da livraria nos anos 50.

comum tratar o próprio milagre da vida como produto do acaso, uma espécie de soluço universal.

O ânimo do peregrino é estimulado. A idéia de um bosque de sequóias, do olhar agudo da águia, de uma formação de coral, do aperto dos dedos de um bebê, das suítes de Bach, do eco de Deus na poesia de Safo e de Pablo Neruda, tudo são soluços da evolução que fazem a alma se recolher e aspirar por uma jornada que será a confirmação da *presença* atrás desses mistérios sagrados.

A busca do profundamente real nos lugares sagrados, em redor do mundo, é o que faz algumas almas intrépidas seguir viagem para Roma, Jerusalém, Meca, Ayers Rock, Medicine Wheel, Glastonbury, Croagh Patrick, Thingvellir, Machu Pichu, Canterbury, Stratford-on-Avon, Walden e aos mais seculares Campos dos Sonhos em Iowa, ou a casa das irmãs Bronte em Yorkshire.

Para William Melczer, uma autoridade na peregrinação a Santiago de Compostela, o "efeito profundo" de trilhar a velha senda é a "regeneração" e a "autopurificação". Em *The songlines*, Bruce Chatwin escreve:

Ruínas da Abadia de Glastonbury, em Glastonbury, Inglaterra, ponto de peregrinação sagrada de visita ao Poço do Cálice. Sob essa magnífica arcada está o lendário túmulo do rei Artur e lady Guinevere.

"Havia uma idéia na Idade Média, segundo a qual, indo em peregrinação, como fazem os peregrinos muçulmanos, você reconquista a condição original do homem. O ato de andar por caminhos difíceis tinha por fim pô-lo à prova, para trazê-lo de volta a Deus". Seguindo essa mesma idéia, Löschgurg escreve: "Para o povo, na Idade Média, a jornada mais importante era a peregrinação. Milhares de religiosos e de leigos, homens e mulheres, ricos e pobres de todos os países da Europa iam a Jerusalém, a Roma, a Loreto, no centro da Itália, ou a Santiago de Compostela no noroeste da Espanha, num imenso e constante movimento de pessoas. Logo a Igreja passou a falar numa epidemia de peregrinações, um mal que precisava ser contido. As peregrinações, em geral, impunham penitências para afastar os que eram levados somente pelo desejo de viajar, pela aventura ou pela curiosidade de conhecer o fabuloso Oriente. De certo modo, aquilo era uma forma de turismo medieval".

Essas eram tensões que uma alma sofria uma ou duas vezes ao longo da vida. Quando interrogado sobre questões de destino, Laurens van der Post descrevia como os bosquímanos da África do Sul distinguiam dois tipos de fome nos seres humanos. A primeira era a do corpo e se satisfazia com comida. A segunda, e a mais importante, era a fome do espírito, que se satisfazia com significado.

"O significado transfigura tudo", concluía Van der Post no final de sua vida.

OS CAMINHOS DO ANSEIO

Se está de pé, fique de pé.
Se está sentado, fique sentado.
Mas não fique vacilando!
mestre Zen, Ummon

Na Ilha Shikoku, no Japão, há uma tradição milenar de fazer uma via sacra por 88 oratórios. Diz Oliver Statler em seu livro *Japanese pilgrimage*: "Tendo criado a figura carismática de Daishi, um salvador que vem de Koya para caminhar como um peregrino, é natural que os homens santos incentivem as pessoas a seguir os passos dele. Primeiro, promovem uma peregrinação a Koya, onde ele jaz. Em seguida, propõem uma peregrinação a Shikoku, local em que nasceu e para onde voltou muitas vezes como jovem monge à procura do caminho certo, e onde acabou alcançando a iluminação. Finalmente eles organizam uma peregrinação que dá a volta à ilha".

A descrição concisa delineia, digamos assim, o sentido da peregrinação. Mas o que, de fato, dá ao livro o poder que tem é a revelação do que Ralph Waldo Emerson chamava de "o subentendido", a corrente emocional que passa ao longo da própria vida no nosso mundo interior. "De uma coisa estou certo", escreve Statler ao completar sua peregrinação. "A transformação pela qual anseio é incompleta. Não sei se estou mais perto da iluminação — não espero, realmente, conquistá-la — mas sei que a tentativa vale o esforço." Seu anseio é o começo e o fim da história, o impulso e a força de tração de sua jornada.

Descrevendo um dos estímulos da grande viagem obrigatória dos cavalheiros ingleses do século XVIII, Anthony Burgess escreve que a ânsia de ir ao continente nascia da "suspeita de que se estava perdendo a oportunidade de fazer alguma coisa corajosa e diferente...". Richard Ford descreve no seu romance *Independence Day* (Dia da Independência) um corretor de imóveis vivendo uma crise na qual "sua vida sofreu uma reviravolta para pior". Ele leva seu filho para visitar as várias galerias da fama espalhadas pela América, terminando numa de beisebol em Cooperstown, Nova York. O plano desesperado é mais que um mero programa de férias: ele espera normalizar sua vida e reaproximar-se de sua família. "Paul e eu", escreve Ford, "ficamos em harmonia com o sentimento do peregrino com as coisas temporais — sem adoração nem pieguismo, sem máquinas fotográficas de papais, filhinhos e filhinhas, endomingados, excitados e levemente embaraçados a caminho da Galeria da Fama (como se isso tivesse alguma coisa de vergonhoso)".

Por 17 anos, o autor russo-americano Joseph Brodsky voltou a Veneza, sua "versão do Paraíso". Todas as vezes ele repetiu a viagem percorrendo os caminhos de sua primeira visita quando ele foi introduzido nos mistérios da cidade por uma enigmática "Ariadne" e sua "trança perfumada". Ele também queria se entregar a uma longa "meditação no laço que há entre água e terra, luz e treva, presente e passado, pedra e carne, desejo e preenchimento".

Em seu diáfano livro *Watermarks*, Brodsky escreve: "Deixe-me repetir: a água é igual ao tempo e produz beleza com a sua duplicação... Polindo sua água, essa cidade melhora as formas do tempo e embeleza o futuro. Esse é o papel dessa cidade no universo. Porque a cidade é estática, enquanto ela se move. A lágrima é prova disso. Porque nós vamos e a beleza fica. Porque estamos voltados para o futuro, enquanto a beleza é o eterno presente".

Nas meditações de Brodsky, encontro um modelo de resposta simples mas elegante para um dos nossos mais profundos anseios, a necessidade de beleza sagrada. Seu desejo de olhar sob a beleza superficial de Veneza, até que pudesse afinal e realmente *vê-la*, me comove profundamente. Mas Brodsky nos adverte de que interrogar muito seriamente é um erro; a beleza é "um subproduto das coisas simples".

Só podemos, de fato, descobrir as coisas simples por meio de profunda observação, pela lenta justaposição dos detalhes.

❊ ❊ ❊

Imagine levar 17 anos para ver um lugar, até que, finalmente, você o *vê*. Alguma vez você levou tanto tempo para explorar um lugar tão profundamente? Alguma vez você quis encontrar o que está oculto num local com o qual sonhou, estivesse ele a meio caminho de uma volta ao mundo ou no quarteirão vizinho?

Lembro-me de que o poeta Rainer Maria Rilke, nascido em Praga, foi secretário do escultor Auguste Rodin e que, temporariamente, perdeu a faculdade de escrever. Para Rodin, isso quis dizer que Rilke deixou de *ver*. Sugeriu que o poeta fosse ao zoológico de Paris todos os dias, e olhasse para um animal até que o *visse*. Setenta e dois poemas depois, a respeito de uma pantera, Rilke pôde dizer, como mais tarde diria do pintor Paul Cézanne: "De repente, a gente vê da maneira certa".

Inseparável da arte de viajar está o anseio de romper com os hábitos tolos da nossa vida comum em casa, e se afastar pelo tempo necessário até *ver* realmente o mundo ao seu redor. Por isso, "a imaginação é mais importante do que o conhecimento", no dizer de Albert Einstein e, também por isso, a arte da peregrinação é a arte de reimaginar como caminhamos, falamos, escutamos, vemos, ouvimos, escrevemos e nos preparamos para a jornada que nossa alma tão profundamente deseja.

Experimente ver sua próxima viagem como algo mais do que um itinerário, vendo-a antes como uma "lenta justaposição de detalhes". A verdade sobre uma jornada está nas suas estranhas vozes novas, nos tentadores temperos de um mercado que você jamais imaginou que existisse, no momento emocionante pelo qual tanto esperou e que afinal se realiza.

A LANTERNA DO VIAJANTE

Sede vós próprios vossas lamparinas.
Gautama Buda

Durante séculos, os peregrinos devotos, que lentamente circundaram a Ilha Shikoku em homenagem ao santo japonês Kobo Daishi, dormiam em humildes hospedarias ao longo do caminho. Além de alimento e hospedagem, os peregrinos recebiam uma lanterna. Os caminhos em torno dos vilarejos nas montanhas eram perigosamente lamacentos e irregulares. A pequena lanterna iluminava a estrada na escuridão, a caminho do calor da hospedaria.

Pensei nessa imagem simples, da iluminação das trevas, por muitos anos. As lanternas estão entre minhas mais queridas lembranças de viagem. Os lampiões de acampamento eram comuns nas viagens que fiz com amigos no nordeste de Michigan. Meu amigo George Whitman, dono da Livraria Shakespeare and Company, em Paris (que foi instalada entre as paredes de um antigo mosteiro), contou-me que as lanternas eram uma venerável tradição que lá existiu por séculos, cabendo a honra de conduzi-la ao "mais especial dos monges". "As pessoas esperam pela luz", dizia meu amigo, "e isso é o que fazem os livros da minha loja. Espalham a luz num tempo de trevas. Por isso, uma livraria é o lugar onde o céu e a terra se encontram".

A mais forte imagem em minha mente é a de uma lanterna de latão empunhada por freiras numa remota hospedaria numa vila de Sagada, ao norte de Luzon, nas Filipinas. Ao tempo de minha primeira visita, lá não havia eletricidade; a noite era absolutamente escura. Aventurar-se a algum lugar na hospedaria ou fora dela exigia que se levasse uma brilhante e clara luz. Eu me achava tomado pela idéia ousada de explorar o grande vale durante a noite com o auxílio de uma lanterna. Na minha mão, ela parecia a lâmpada maravilhosa de *As mil e uma noites*.

A lanterna dos viajantes é também uma metáfora luminosa para a luz que brilha intensamente a partir da sabedoria dos viajantes que percorreram aquela trilha antes de nós.

❊ ❊ ❊

Imagine a claridade de uma velha lanterna de latão. Visualize o reflexo da luz na estrada à sua frente. Imagine-se perguntando, como Isak Dinesen fez na sua casa africana: "É aqui onde devo estar?". Já sentiu o desejo de estar em algum outro lugar?

Penso nas diversas maneiras que as perguntas podem iluminar o mundo ao nosso redor. As perguntas dão sintonia à alma. O propósito oculto das perguntas é o início da investigação.

Lembro-me das palavras de Alan Jones, deão da Catedral da Graça, em São Francisco: "Somos desprovidos dos nossos desejos e despojados da imaginação quando eles nos chegam vindos de outros... Precisamos nos aproximar desses desejos, uma vez que eles guardam nosso mistério".

Pergunte a si mesmo que mistério se esconde em sua aspiração. Você está dedicando tempo para descobrir isso? O tempo para isso nunca aparece, ele é descoberto.

AQUILO QUE VOCÊ ESTÁ PROCURANDO PODE ESTAR CLAMANDO PELA PROCURA.

Procure pacientemente e você encontrará.
Conselho tradicional das musas

Ler antigos livros de viagens por lugares longínquos, fazer girar globos, desdobrar mapas, tocar música folclórica, comer pratos típicos de outros países, encontrar amigos em cafés cujas paredes falam do passado — todas essas coisas são parte da interminável arte de viajar, não muito diferentes de dedilhar escalas num piano, praticar tiro ao alvo ou meditar. São exercícios que levam a revelar aquilo a que a alma aspira e que ajudam a delinear idéias relacionadas a viagens.

Mas a prática mais antiga é ainda a melhor. Leve a sua alma para um passeio. Longas andanças, caminhadas curtas, passeios matutinos, voltas noturnas, qualquer modalidade ou distância. Andar é a melhor forma de sair da mente. Lembre-se da invocação de Søren Kierkegaard: "Acima de tudo, não perca o seu desejo de andar. Todos os dias eu caminho para um estado de bem-estar, escapando das doenças; ando sempre para ir ao encontro dos meus melhores pensamentos". Seguindo seus passos, Friedrich Nietzsche também concluía: "Jamais confie num pensamento que não tenha surgido durante uma caminhada".

A TAREFA DAS TAREFAS

*O desejo que você expressa já é um
pouco o seu atendimento.*
Mevlana Rumi

Carl Jung escreveu em suas memórias sobre a crise de meia-idade que atravessou. Na obra ele se perguntava a que mito estava dando vida. Para seu horror, descobriu que não sabia. "Então, para descobrir, fiz dessa busca a tarefa das tarefas em minha vida." Jung fez isso de um modo fascinante, voltando a uma fascinação infantil de construir castelos de areia. Intuitivamente, ele sabia que regressando às suas origens, à primitiva expressão do gosto de brincar e da imaginação, isso poderia levá-lo a reconstruir sua vida encontrando o padrão que a modelou.

Quando o poeta Donald Hall conheceu o escultor Henry Moore, ousou perguntar-lhe se acreditava na existência de um segredo para viver. A resposta o surpreendeu: "O segredo de viver", Moore respondeu sem pestanejar, "consiste em ter uma tarefa, alguma coisa a que você devote sua vida inteira, à qual se dedique por inteiro, a cada minuto do dia, por toda a sua vida. E o mais importante de tudo é que *deve ser alguma coisa que você possivelmente não possa realizar*".

❂ ❂ ❂

Imagine a coragem que essas tarefas exigem. Que história mantém acesa a chama de sua vida? Que tarefa você impôs a si mesmo? Você pode contar a história de sua existência, completando sua tarefa a partir do ponto em que está?

Se você não tem certeza, pense um pouco na reflexão do filósofo Alfred North Whitehead, segundo a qual "religião é alguma coisa que se faz com a própria solidão".

Onde seu coração vagar, durante aqueles momentos ocultos, mostrará a você a direção dos seus próprios desejos. Falamos de Deus, de gênios, de heróis e de lugares sagrados, mas esses são apenas nomes de mistérios inefáveis atrás dos quais alguma coisa em nossa alma deseja estar em contato. Nenhuma filosofia prática explica essa ânsia. É uma força do misterioso mundo das sombras que pode, por seu lado, estar ansiando por nós.

"Já não é tempo", pergunta Alan Jones, "de sua busca se concentrar numa peregrinação? Você tem uma missão. Você é necessário. A estrada que a nada leva deve ser abandonada... É uma estrada de peregrinos alegres que só são levados pela paixão".

Mas podemos, de fato, saber qual é a nossa missão? Não há uma resposta só para todo mundo, mas por quatro mil anos pareceu útil meditar um pouco no que dizia o *Bribaduranyaha Upanishad*: "Você é aquilo que seu desejo mais profundo deseja ser".

Em matéria de arte, religião e poesia, a experiência e o caminho do sagrado são similares porque, como Octavio Paz uma vez escreveu, "elas jorram da mesma fonte. Essa fonte é *desejo*. Desejo profundo de ser outra coisa, diferente daquilo que se parece ser".

Isso é, por outro lado, como uma luta com a sorte e com o destino.

O FIM, O COMEÇO

A coisa necessária é a grande, a profunda solidão.
O que acontece intimamente é merecedor do seu amor.

Rainer Maria Rilke

Buscar em seu íntimo, como Walker Percy escreveu, "é o que todo mundo deveria fazer se não estivesse afundando no dia-a-dia da própria vida. Tornar-se consciente da possibilidade da procura é já estar no rumo de alguma coisa. Não estar no rumo de alguma coisa é estar em desespero".

O que eu percebo nesse tipo de advertência é o lado melancólico do espírito indagador. O leve desânimo que nos envolve é sinal de que chegamos a um impasse. Como reagir a isso adequadamente? O primeiro passo é tratar a melancolia como algo a ser acompanhado em toda a sua profundidade.

Em alguns casos, o sonho pode ser o de uma comunidade inteira. Em fevereiro de 1998, a Igreja de São Francisco, nas proximidades de North Beach, na cidade de São Francisco, construída por mineiros durante a Corrida do Ouro de 1849, reabriu depois de ter estado fechada por quatro anos. Como o arcebispo se convenceu de que era chegado o momento de reabrir? De acordo com o reverendo Stephen Gross, a idéia da reabertura da igreja como um santuário de peregrinação foi o ponto decisivo. "Pessoas vindas da Europa vinham até a igreja e nos perguntavam: 'Os americanos não têm santuários? Não fazem peregrinações?'. Percebemos que muitas pessoas queriam alguma coisa a *mais* em suas viagens e até na sua devoção cotidiana. Parecia haver uma aspiração mundial por rituais que levassem as pessoas a procurar a cura. Não eram milagres o que elas queriam, era somente a paz que a parada de peregrino pode oferecer. E, então, você só precisava rezar."

Quando interrogado sobre como era ver o ritual de desvendamento da relíquia do santo padroeiro dos animais e da paz, o padre Stephen ficou evidentemente comovido. "Meus olhos ficaram cheios d'água naquele instante. Como franciscano, imaginei como São Francisco havia pensado em consagrar sua vida a alguma coisa significativa e quando achou o que seria descobriu também uma oferenda para outros por todos os séculos à sua frente. Era a oportunidade de ser uma luz para os outros. Então, aqui no novo santuário, desejamos incorporar o espírito de paz de São Francisco. Esperamos que este seja um lugar de peregrinação para todos os que sonham com a paz no mundo."

Para o ambientalista John Borton, o sonho de peregrinação não se relacionava a local religioso, mas a um lugar fundamental, onde encontrasse resposta para as indecifráveis questões contidas na história de sua família. Seu interesse não era passageiro, mas um desejo profundo de claridade sobre sua origem. Ele era assombrado pela incerteza a respeito de onde teriam vindo seus ancestrais, o que fizeram para sobreviver no Novo Mundo, que influência, se é que aquelas vidas tiveram alguma. Ele estava convencido de que era impossível seguir vivendo sua própria vida antes de ter respondidas essas perguntas de forma satisfatória.

"*Continuidade* é a palavra que me ocorre", ele explica. "Uma necessidade imensa de juntar todas as imagens fragmentadas que minhas irmãs e eu fomos capazes de obter, baseados nas histórias conflitantes da família e dos parentes que encontramos, integradas àquilo que sabíamos ser e queríamos ser, baseados em nossas percepções e valores. Sentíamo-nos 'sem contato' com as nossas próprias vidas desde a mais tenra infância. Pensamos, então, que a busca de informações sobre a história da família talvez pudesse ajudar a peneirar nossos sonhos, esperanças e dores, bem como os papéis desempenhados por outros no passado, para conhecer nossa essência, de tal forma que pudéssemos ver quem éramos mais claramente, escolhendo e não apenas reagindo ao lidar com o futuro."

Em seu livro *The mythic image* (A imagem mítica), o mitólogo Joseph Campbell escreve sobre "a idéia de um lugar sagrado onde as muralhas e as leis do mundo temporal podem ceder para revelar uma maravilha aparentemente tão antiga quanto a raça humana". A crença em certo lugar como um templo sagrado, um planalto isolado ou um arquivo de conhecimento sobrenatural instila esperança na alma do peregrino; um encontro lá pode transfigurá-la. A perspectiva agita a alma, pede um salto da fé e desperta alegria nas encruzilhadas. Se feita com esse espírito, a peregrinação é poesia em movimento, é uma curva da estrada para o significado.

"Quando seu barco, há muito ancorado num porto, lhe dá a ilusão de ser uma casa... é chegada a hora de navegar!", escreve o arcebispo brasileiro Dom Helder Câmara, que conclui: "Preserve sua jornada no barco da alma e sua própria alma peregrina, custe o que custar".

Descrevendo esse lânguido momento que nosso mundo atravessa, em meio a inesperadas possibilidades, o poeta francês Jules Supervielle diz em seu poema "O apelo":

> E foi então que alguém, das profundezas do sono,
> Sussurrou no meu ouvido: "Você sozinho consegue,
> Venha imediatamente".

II
O Chamado

Mas o Senhor insiste com vocês: Perguntem onde fica a boa estrada, a trilha divina que vocês já palmilharam, em dias que vão bem longe. Sigam por ela que encontrarão descanso para as suas almas.

Jeremias 6:16

Há muito, muito tempo, na vila medieval de Cracóvia, que hoje é a Polônia, vivia um pobre, piedoso e velho rabino de nome Eisik, filho de Jekel. Uma noite Eisik teve um sonho. No sonho ele era mandado em viagem a Praga, distante dali muitos dias de difícil percurso. Lá, debaixo da ponte que levava até o castelo real, ele encontraria um tesouro que mudaria para sempre sua vida.

De início, ele pouco se importou com a idéia, alegando não acreditar em sonhos. Mas quando teve o mesmo sonho na noite seguinte, e novamente na terceira noite, Eisik decidiu que seria melhor empreender viagem.

Muitas noites depois, ele chegou a Praga e descobriu a ponte, mas desanimou quando percebeu que ela estava guardada por soldados. O rabino sentiu, contrariado, que não poderia começar a cavar sob a ponte, em busca da sua fortuna, e ficou por ali, hesitante. Uma chuva forte começou a cair. Quando ele vagava para cima e para baixo pela margem do rio, foi interpelado pelo capitão da guarda, que lhe perguntou se havia perdido alguma coisa. Então, ele lhe revelou seu sonho, a respeito do esconderijo do ouro sob a ponte.

"Ouro!", o capitão deixou escapar. Ele não podia evitar o riso, enquanto advertia o rabino para que não acreditasse em sonhos. "Que homem de juízo levaria isso a sério?", perguntou, dizendo depois de uma pausa: "De fato, eu ouvi uma voz mandando, durante um sonho absurdo que tive algumas noites passadas, que eu fizesse uma longa viagem a Cracóvia e visitasse um certo rabino Eisik, filho de Jekel. A voz me disse que bem atrás do fogão da casa dele eu encontraria um grande tesouro".

Balançando a cabeça com descrença, o capitão admoestou o rabino sobre o pecado da ingenuidade e voltou para o seu posto. O rabino Eisik correu depressa para casa e, uma vez lá, procurou atrás do seu fogão e encontrou ali o tesouro que acabou com a sua pobreza e, de fato, mudou sua vida para sempre.

A história, recontada por Martin Buber em *Contos do Hassidim*, ilumina um dos supremos paradoxos: se o tesouro — a verdade de

Barcos de madeira flutuando no rio Viltava, perto da ponte Carlos, em Praga, República Checa.

nossa vida — está tão ao nosso alcance, por que é tão difícil despertarmos, abrir os olhos e estender o corpo para tê-lo em nossos braços? Por que gastar tempo e dinheiro, e arriscar nossos pescoços indo tão longe, a lugares tão remotos? O grande estudioso do hinduísmo, Heinrich Zimmer, viu na história uma parábola que abarca um dos dilemas centrais da existência humana.

A cantora de ópera Cathy Devor, de Vermont, experimenta a mundialmente famosa acústica do Grande Teatro em Éfeso, Turquia, onde Heródoto escreveu, São Paulo pregou, a Virgem Maria morreu e o Templo de Artemis espantou o mundo antigo.

"E, assim, o verdadeiro tesouro", reflete Zimmer, "o tesouro que põe fim aos nossos sofrimentos, nunca está muito longe. Não devemos jamais procurá-lo em terras distantes, porque ele jaz enterrado no mais secreto recesso da nossa própria casa; em outras palavras, do nosso próprio ser. É atrás do fogão, que aquece e dá vida ao centro que governa nossa existência, o coração do forno, é ali que vamos encontrá-lo, se realmente soubermos procurá-lo. Mas, ainda, há o estranho e permanente fato de que somente após uma piedosa jornada a uma região distante, numa terra estranha, num novo país, o significado da profunda voz que guia nossa busca pode nos ser revelada. E somado a esse fato estranho e permanente há um outro, segundo o qual a pessoa que revela o significado da nossa misteriosa viagem rumo a nós mesmos deve ser um estranho, alguém de outra fé e de outra raça".

"O fato estranho e permanente" a que Zimmer se refere está no âmago do misterioso poder de decifrar da peregrinação. As respostas estão todas dentro de nós, mas é tão grande nossa tendência a esquecer que algumas vezes precisamos nos aventurar a uma terra distante para despertar nossa memória. Nosso eu intuitivo se fechou; nossa luz para a transcendência se apagou.

"A imagem arcaica da alma parece estar profundamente oculta em nosso corpo", escreveu o respeitado professor de história das religiões Mircea Eliade.

O desejo incontido de olhar profundamente no nosso íntimo e na essência do mundo evoca o que os hindus chamam de *dyana*, "o longo e puro olhar". O desejo está também no fundo da nossa atração por ruínas antigas. Olhar as pedras vetustas do Coliseu de Roma, os trabalhos de terra da Babilônia, as fortificações de Tróia ou as ondulações do Morro da Serpente em Ohio é para muitos viajantes como olhar para imagens da alma de uma cultura ou era gasta pelo tempo. Uma imaginação rica preenche os vazios da arquitetura, restaura os tetos dos edifícios e projeta o passado de glória de cidades e civilizações inteiras.

Há muitas maneiras de os indivíduos e as culturas perderem suas almas. Para nosso risco, esquecemo-nos de que o ouro está à mão; esquecemo-nos de que há uma porta oculta, uma sala secreta em nossas vidas. A força atrás dos mitos, dos contos de fada, das parábolas e das belas histórias de viagens revela os infinitos modos como o sagrado rompe a resistência e brilha em nosso mundo. A peregrinação sustenta a promessa do contato pessoal com aquela força sagrada.

Muitas peregrinações começam com um sonho como o do rabino Eisik. Alguns vêm à noite, outros durante o dia. Em vez de acompanhar seus amigos num cruzeiro ao redor do mundo, um casal idoso que conheço, Bob e June, decidiu passar sua vida economizando para o que chamaram de sua viagem de sonho — uma ida a Jerusalém para percorrer a *Via Dolorosa*, para seguir os passos de Cristo. "Temos sido fúteis", eles disseram a seus filhos. "Agora é o momento, para nós, de renovar nossa fé." Em seu livro *American places*, William Zinsser conta como se sentiu chamado a redescobrir a América. Uma das histórias mais tocantes que ele ouviu em sua peregrinação lhe foi contada por uma guia na casa de Mark Twain em Hannibal, Missouri. Ela contou-lhe que o escritor argentino cego Jorge Luis Borges, quando visitou os Estados Unidos, quis satisfazer o sonho de uma vida inteira de visitar a casa de Twain. Pediu para ser levado até a margem do Grande Barrento — o Mississippi. Então ele se abaixou e tocou as águas onduladas, dizendo: "Agora minha peregrinação está completa".

Há outro apelo, aquele que chega quando o sonho já parecia esquecido.

Às vezes as pessoas precisam de um choque; às vezes de um alarma. Um homem é demitido de um emprego; uma criança foge de casa; úlceras tomam conta do corpo. Os velhos chamam a isso "a perda da alma". O equivalente disso hoje é a perda de significado, da vontade de viver. Há um vazio onde devia haver o que Gerard Manley Hopkins chama "gosto e prazer". O coração parece esfriar, a vida perde a vitalidade. Nossos compromissos parecem sem sentido.

Como Tolstoi diz, em *Confessions* (Confissões): "Nada há diante de mim, exceto ruínas. Parecemos estar no ponto mais denso de uma floresta sem estradas. O que, então, devemos fazer?".

A longa lista de mitos, lendas, poesias e histórias através do mundo conta-nos que é nesses momentos de escuridão que o chamado vem. Ele chega de várias formas — uma coceira, uma febre, um oferecimento, uma campainha, uma inspiração, uma idéia, uma voz, palavras num livro que parecem ter sido escritas só para nós — ou o som de uma batida na porta.

A BATIDA NA PORTA

A verdade bate à porta e você diz: "Vá embora. Estou procurando a verdade", e ela vai embora. Enigmático.

Robert Pirsig

Em seu magnífico trabalho *The great travelers* (Os grandes viajantes), Milton Rugoff diz que "uma perturbadora variedade de motivos move nosso viajante".

"Quando um momento bate à porta de sua vida", escreveu o romancista russo Boris Pasternak, "não soa mais alto do que a batida do seu coração, e é fácil não perceber". Em Mateus 7:7 encontramos: "Pergunte e ser-lhe-á respondido. Procure e encontrará; bata e a porta se abrirá".

O momento da batida, *a hora forte*, a hora da maturação foi personificada pelos gregos com o deus Kairos. Eles o representavam com asas nos pés e um cetro, equilibrado no fio de uma espada, a mão esquerda a alguns centímetros dos pratos da balança do Destino.

O deus também simboliza a oportunidade, a sorte e a sincronicidade, a qual é outra espécie de batida na porta. A invocação ao deus era "Agarre-o Depressa". A oportunidade é essa, diz o mito, o momento passa voando. A sorte não passa duas vezes, e aquele momento nunca mais se repete.

Para o escultor Max Ernst, o chamado foi ouvido vindo de uma pedra que ele deveria esfregar, "runas do nosso próprio mistério". O poeta Gary Snyder observa que o momento da inspiração é tão volátil que ele precisa estar preparado, levando sempre consigo um caderninho espiral e uma caneta. O que motivou o surgimento do personagem Marlowe e deu caráter à sua alma em *Heart of darkness* (O coração da treva), de Joseph Conrad, foi uma visão da infância:

Jovem monge budista toca um sino de bronze na torre do seu mosteiro na vila de Sukhothai, na Tailândia.

> Eu olhava por horas seguidas a América do Sul ou a Austrália, e me perdia em todas as glórias da exploração. Nesse tempo havia muitos espaços em branco na terra, e quando vi um que parecia particularmente convidativo no mapa (mas todos eles pareciam convidativos), pus meu dedo nele e disse: "Quando crescer vou até lá".

Para Djalal Rumi, místico muçulmano do século XII e fundador da ordem derviche Mevlevi, a fonte de tudo está mais próxima do homem do que a veia do seu pescoço. "Já vivi à beira da loucura, querendo saber a causa das coisas, batendo às portas da realidade. Elas se abriram. Eu estava batendo de dentro".

Enquanto trabalhava na Tailândia, fiquei impressionado com a beleza dos sinos que batiam a cada manhã, e durante o dia, no mosteiro da vila. Cada vez que os sinos soavam, os monges e os praticantes budistas paravam um momento o que estivessem fazendo — pedalando uma bicicleta, cultivando arroz — e prestavam plena atenção à própria respiração, ao estado de sua mente naquele preciso momento e, então, continuavam o que estavam fazendo, restaurados. Numa pequena cidade da Capadócia, na Turquia, parei para apreciar o canto rouco do muezim, que vinha dos alto-falantes do minarete. Cinco vezes ao dia, o chamado para a oração soava no vale, trazendo homens e mulheres para a mesquita. Durante a sua vigília reinava uma tranqüilidade que pairava na cidade durante algumas horas. No livro *Meditations* (Meditações), Thomas Morus nos dá uma adorável descrição do poder de concentração dos sinos do *angelus* todos os dias, quando ele estava num mosteiro.

Para ouvir a pancada na porta, temos de nos lembrar e de prestar atenção ao que perdemos e ao que está nos chamando. Nenhum dia se passa sem que o mundo não chore por nós, acenando-nos com sinais e sons, chamando-nos em casa. Ouvir atentamente é uma arte quase perdida, mas é uma arte recuperável. A alma floresce com ela.

Palavras ouvidas ao acaso podem mudar algumas vidas.

❂ ❂ ❂

Imagine, como fez o poeta Antonio Machado, como "o vento, num dia radioso, certa vez chamou". Pense nas maneiras que você foi chamado no passado, na direção do amor de sua vida. Como achou o trabalho que está fazendo agora? A cidade onde mora hoje? Sua alma gêmea? Quanto foi intencional? Mudança repentina da vontade? Quanto foi acaso, acidente, pressentimento ou boa sorte?

O chamado para a viagem sagrada que seu coração secretamente aguarda não chegará de maneira lógica. Se você espera que alguma coisa nesse sentido está para acontecer, tente praticar a tranqüilidade e o silêncio por alguns minutos, a cada dia. Fique imóvel e quieto e se surpreenderá com o que começará a ouvir. O outro componente desse abrir-se a tal chamado é a prática da solidão. Lembre-se das palavras de Rilke ao jovem poeta: "A coisa necessária não é senão isso: solidão, grande solidão interior... O que vai no seu ser mais profundo é enriquecido pelo seu amor total; você deve trabalhar nisso e não desperdiçar muito tempo nem coragem esclarecendo para os outros o que se passa no seu íntimo".

Pergunte a si mesmo o que é *absurdo* na sua vida agora mesmo. Lembre-se então que a raiz da palavra refere-se a "surdez". Se parou de ouvir, tente recomeçar, primeiro com o que você ama, e em seguida com o que é difícil para você.

Alguma coisa está querendo chegar até você — uma voz, um destino.

PROJETANDO PARA O FUTURO

Muita gente tem a fantasia de pegar o trem que apita noite adentro.
Willie Nelson

No período de 1970 até 1974, estudei na Universidade de Detroit durante o dia e trabalhei numa fábrica de aço à noite. Eu tinha uma bolsa de estudos para a Universidade, mas precisava sustentar minha família que acabara de se dividir como lenha rachada, por um divórcio. O primeiro ano foi suportável, enquanto eu trabalhava entre 20 e 25 horas por semana. Mas no último ano de faculdade fiz trabalho extra noturno e cheguei a acumular mais de sessenta horas por semana.

Durante o ano todo remoí meu destino. Recebi um convite de Joe Falls, meu redator predileto, para trabalhar no *Detroit Free Press* como repórter estagiário da editoria de esportes.

Apesar de minha glamourosa visão do futuro, eu sabia que continuar buscando uma carreira entre as salas de aula e a fábrica poderia criar em mim raiva e ressentimento.

Faltando seis meses para a formatura, meu chefe, um antigo boina-verde chamado Bob Schnekenburger, começou a me incentivar a seguir em frente, não desistindo do meu sonho de escrever e também de não ficar em Detroit. Ele me encorajou a cair fora enquanto isso ainda era possível, e a conhecer o mundo. Durante cada intervalo, enquanto a gigantesca e barulhenta prensa removia os parafusos dos carros que rolavam nas esteiras da Motor City, ele me contava histórias sobre os jardins de pedra de Kyoto, os bares de Cingapura, as plantações de arroz das Filipinas, os cafés de Paris.

No decorrer daquele último ano em Detroit, pela manhã, antes de carimbar meu cartão de ponto, sentindo-me menos humano do que os paquidermes que me cercavam, peguei minha caneta e escrevi na parte de dentro da porta do meu armário, em grandes letras, os nomes daqueles lugares que havia planejado visitar depois da minha formatura, após minha vida nas fábricas:

> Paris, Praga, Dublin, Moscou, Roma, Copenhagen, o Reno, Munique, Oktoberfest, Cairo, Carnac, Saigon, Bélgica, Londres, Stonehenge, Pamplona, Rio de Janeiro, o Círculo Ártico, os Sete Mares, Budapeste, Varsóvia, Edimburgo, Jerusalém, Atenas, Bangkok, Cingapura, Madri, Tóquio

Tinha uma visão romântica e desinibida dessas viagens, que despertava nos companheiros de fábrica comentários sarcásticos. Ainda assim, toda vez que abria a porta enferrujada do meu armário sentia o chamado do mundo exterior, ainda no futuro e distante da terra de minha morte. A prática de trazer até mim um mundo encantado, projetando mentalmente minhas aventuras, tornou-se um hábito para mim. Toquei rapsódias com esse tema vezes sem conta, acreditando implicitamente no poder de encantar que os nomes têm. Aprendi, então, que dar nome a alguma coisa é embebê-la de alma.

Para o menino francês René Caillié, a sedução tinha um único nome: *Tombuctu*. Ele ouviu esse nome um dia, numa cidade da Borgonha, e seu destino foi imediatamente impresso em sua alma. Daquele momento em diante, a única ambição de Caillié na vida foi a de ser o primeiro ocidental a ter um lugar na lendária cidade proibida do deserto norte-africano. Vinte anos depois, em 1865, depois de estudar as línguas do deserto, comprometido com o Corão até a alma e estudando os gestos dos comerciantes árabes e beduínos, Caillié entrou despercebido em Tombuctu.

Para a jovem francesa Isabelle Eberhardt, o chamado veio de suas leituras sobre viajantes que percorreram anonimamente o norte da África; eles a inspiraram a se estabelecer lá e viver o resto dos seus dias longe das algemas da sociedade européia tradicional. Para a escritora contemporânea Viviane Wayne, o chamado veio por intermédio de uma pálida fotografia de cem anos, de sua mãe ainda menina trajada para um banho turco. Wayne recebeu a foto de um primo distante durante uma rápida parada em Istambul, e a imagem fascinante criou sua história "Uma Peregrinação Sensual até um Banho Turco". Como sempre, o chamado nos conduz a nossa vida oculta.

O APELO SAGRADO

Respostas pessoais a perguntas essenciais. É isso o que buscamos.
Alexander Eliot

"As antigas peregrinações não somente celebram a identidade", escreve Simon Colman e John Elsner em seu livro *Pilgrimage* (Peregrinação), "mas fazem isso ligando-a a um lugar especial". A Grande Panatenéia era uma antiga procissão que homenageava ao mesmo tempo o sagrado e o secular enquanto seguia da Acrópolis até o Partenon, onde um novo traje era oferecido à estátua de ouro e marfim de Atenas. Se um espectador chegasse em qualquer outra ocasião, sua circunvolução do templo, de acordo com os autores, "constituía uma espécie de peregrinação delegada num evento sagrado marcado para outra data".

Steve Shrope, engenheiro e artista de Detroit, Michigan, alcançou o sonho de sua vida fazendo uma peregrinação à Grécia para ver seus esplendores arquitetônicos, principalmente o Partenon, em Atenas.

Os Jogos Olímpicos foram criados em 776 a.C. e ocorriam a cada quatro anos em Olímpia, Grécia, em honra a Zeus. Milhares de pessoas em torno do Mediterrâneo visitavam eventos e lugares como os Jogos de Pítia, os Jogos do Istmo, os Nemeanos e os Délficos, e tinham acesso seguro e garantido com a suspensão das guerras nesses períodos. Outros centros sagrados de peregrinação incluíam a Phocia, Dodona e Ammon, na Líbia.

Homens e mulheres vinham para esses lugares, atraídos pela fama das curas sobrenaturais, pelas respostas dos oráculos e pela necessidade de exibir solidariedade com os companheiros cidadãos em sua cidade natal.

Entre os aborígenes da Austrália, há um fenômeno que eles chamam de *walkabout* ou "visitação". O chamado para a longa caminhada para visitar o chão dos antepassados chega de repente. Nos andaimes das grandes obras em Sydney, nas usinas de gás de Darwin ou nas suas casas humildes, homens e mulheres sentem dentro de si que chegou o momento, e deixando seus almoços, seus compromissos e seus filhos, começam a caminhar. Como se estivessem num transe, caminham pelo chão sagrado os "caminhos invisíveis que fazem seus meandros através da Austrália", como Bruce Chatwin os descreve, "que são conhecidos pelos europeus como 'Trilhas do Sonho' ou 'Fileiras Cantantes'; para os aborígenes são as 'Pegadas dos Antepassados', ou o 'Caminho da Lei'".

Chatwin, um dos maiores cronistas do anseio nômade, escreve:

> Tenho uma visão das Fileiras Cantantes se alongando pelos continentes e pelos tempos; onde quer que homens tenham andado, eles deixaram uma trilha de canções (cujo eco ainda podemos ouvir); e que podem ser rastreadas no tempo e no espaço, até uma região isolada na savana africana, onde o Primeiro Homem abriu sua boca para desafiar os terrores que o cercavam gritando os primeiros versos da Canção do Mundo: "EU SOU!".

Para os membros da nação Comanche, o chamado para a jornada visionária acontece na adolescência. Vincent Parker, bisneto do grande chefe Quanah Parker, falou-me em 1988 sobre o instante do despertar do seu bisavô: "Ele saiu para as planícies não por si próprio, mas pelo seu povo. Ouviu o chamado da águia e foi, sem mais nem menos. Não fez qualquer pergunta. Sabia que seu povo precisava de regeneração, e assim ele foi. E se sentou lá fora por quatro dias e quatro noites. Na metade da quarta noite, teve a visão de Búfalo Branco, e este lhe disse que sua nação índia precisava de alguma coisa mais, algo para ajudá-la a atravessar um tempo de muitas mortes que estava prestes a chegar. Foi quando Quanah soube que teria de cavalgar durante a próxima Lua Comanche (outubro) até o México e pegar ele próprio um pouco de peiote, de modo que seu povo pudesse continuar tendo suas visões, mesmo depois de ter perdido suas terras, sua religião e sua língua".

O CHAMADO DA COLINA

*Quando tudo lhe parecer insuportável,
suba a Colina das Cruzes.*

Dalia Striagate, escritor lituano

No outono de 1996, meu amigo lituano Sarunas Marciulionis, o primeiro europeu a jogar na NBA e três vezes ganhador da medalha olímpica, me convidou para visitá-lo em sua terra. Senti-me profundamente emocionado com seu empenho em "partilhar a alma do meu país com você". Gostei muito daquilo, porque o oferecimento veio numa época em que eu estava perdendo a fé no mundo dos livros, dos filmes e até no da amizade.

Tarde da noite, no bar do hotel Sarunas em Vilna, nós discutimos o que ele chamava de "o alimento espiritual" de seu país — a música, a poesia e seu time de basquetebol. "Mas se você de fato quer conhecer meu país", disse-me ele tomando alguns goles de vodca, "precisa ver a Colina das Cruzes. Lá você encontrará o sentido disso — a alma do povo lituano. Em 1991, um homem carregou uma cruz de quase quatrocentos quilos nas costas, por toda a Europa até a sua pátria. Ele contou-me que ouviu uma voz dizendo que ele tinha de fazer alguma coisa para manter viva a cultura lituana".

Naquela noite li algo a respeito da curiosa história daquele local e, logo cedo, na manhã seguinte, dirigi durante três horas, partindo de Vilna, em meio à última floresta de pinheiros que a Europa conserva, passando por vilas medievais onde carroças ainda eram puxadas por burros. Estávamos a caminho de um dos mais estranhos e sagrados lugares do mundo: *Kryziu Kalnas*, a Floresta das Cruzes, a Colina das Preces, o Gólgota Lituano. Era a Colina das Cruzes.

Floresta de cruzes mostrada em constraste com o céu no começo da noite na Colina da Cruzes, Siauliai, na Lituânia. Local de peregrinação nacional.

Enquanto reza uma oração, a peregrina oferece crucifixos feitos à mão no local sagrado que se tornou um símbolo do povo da Lituânia.

Quando chegamos ao local, o estacionamento provisório tinha uns poucos carros, um ônibus escolar e outros ônibus em precárias condições, dos quais dezenas de peregrinos saíam para seguir seu caminho, estrada acima, pela colina de cerca de trinta metros de altura. Centenas de milhares de cruzes estavam espetadas ali no chão sagrado. Eu havia lido que essa colina era uma dentre as mais de seiscentas pequenas elevações na implacável paisagem plana do lugar. As antigas crônicas da Livônia sugerem que um castelo existira ali séculos antes. Mas a lenda e a fonte do poder da colina datam somente de 1850, como o lugar de uma batalha vitoriosa contra os suecos. A partir de então, patriotas e verdadeiros crentes fizeram longas peregrinações até ali para plantar cruzes de todos os tipos, tamanhos e formas naquele chão sagrado.

O dia estava nublado e triste. Ficamos em pé, à meia-luz, com o amigo de Saruna. Ele fez um sinal-da-cruz furtivo, enquanto nos aproximávamos da colina, que era um agulheiro de cruzes, uma floresta de crucifixos entrelaçados, um formigueiro de arte popular. Feitas de madeira, ferro, plástico e metal, as cruzes cintilavam na chuva; com o vento, elas tiniam. Algumas eram esmeradamente esculpidas — verdadeiras obras de arte representando Cristo na sua agonia, ou eram criações acabadas apressadamente e em grande escala, como um trabalho rápido de devoção. Cruzes estão ali empilhadas, jogadas, entortadas, aglomeradas, agrupadas; nuas ou adornadas com fotografias, pinturas, imagens da Virgem Maria ou de Cristo na cruz. As cruzes trazem imagens de membros da família que foram deportados para a Sibéria trancados como carga; alguns parecem chorar sob o peso de fotografias de lituanos que morreram sob a ocupação nazista. Eles foram levados nos ombros de peregrinos que vieram de todos os cantos da Lituânia, aqueles que ouviram um profundo apelo em suas almas para fazer seu registro, levar a oferenda votiva, pedir a Deus um favor ou agradecer-Lhe uma graça. Porém, mais do que isso, as cruzes servem para corajosamente manifestar o irreprimível desejo de liberdade dos lituanos.

No alto da colina, li uma espantosa descrição feita por um escritor local: "Fixamos nossos olhos tristes nessas cruzes. O sofrimento é parte inevitável da existência terrena. Isso confere um significado real às nossas vidas. Ponha aqui uma cruz quando você sofrer".

De 1917 a 1985, os soviéticos aplainaram a colina repetidamente, com seu desdém pela "ignorância e fanatismo" que aquilo representava para eles. Mas os tratores e as ameaças de deportação não conseguiam evitar que "peregrinos, patriotas e pietistas" voltassem ali à noite para recomeçar. Especialmente aqueles com suas cruzes em tamanho natural, esculpidas por eles próprios e que, ao longo da Via Dolorosa da Lituânia, mostravam sua resistência à ocupação. Como disse um recente peregrino, o local é "uma verdadeira relíquia viva do nosso passado (que) jaz numa pequena colina e nos lembra nossa cruel e gloriosa história — levantes, guerras, revoluções, ocupações...".

Do alto da colina vi dezenas de camponeses que vieram caminhando, pedalando suas bicicletas ou chegando de ônibus para rezar no local sagrado. O lugar se expandia para os campos vizinhos que cercavam a elevação, um deles terminando como a cauda de uma serpente, há pouco, desperta de um longo sono. A estranha sedução dos lugares de peregrinação do mundo inteiro pode ser encontrada resumida nessa pequena colina: seu caos é sedução, *kitsch* e alma.

Finalmente, as vítimas venceram. Gorbatchov um dia desistiu do demorado trabalho do trator soviético e, em 1985, anunciou tranqüilamente: "Deixem que tenham a sua colina". Dois anos depois, estudantes corajosos em Vilna começaram a lutar pela independência lituana. O chamado foi ouvido em toda parte no mundo.

Voltando a Vilna, bem tarde, naquela noite, Sarunas resumiu o poder simbólico da colina: "Apenas saber que ela estava lá tornou a luta pela independência muito mais fácil".

O CHAMADO DO DESTINO

A mais longa das jornadas
É a jornada interior
Daquele que escolheu seu destino.
Dag Hammarskjöld

Na década de 70, um jovem advogado americano chamado Eric Lawton viajou, mochila às costas, ao redor do mundo. Em seu terceiro ano de estrada, ele chegou a Paris e tomou uma difícil decisão. Dentro de alguns dias ele estaria de volta a Los Angeles e ao seu escritório de advocacia, uma idéia que gerava sentimentos contraditórios depois de tantas aventuras. Perdido em seus pensamentos, ele se encontrou vagando pelo Quartier Latin e, finalmente, sobre a Pont des Arts rumo à poderosa fortaleza da arte mundial — o Louvre. Durante horas ele perambulou pelas galerias cheias com as obras-primas ofuscadas pela multidão turbulenta.

Finalmente, ele se encontrou — e acho que ele concordaria com a expressão — parado diante de uma pintura de Rembrandt, *O filósofo*, a imagem de um homem idoso mergulhado em pensamentos, sentado diante de uma janela, uma escada em caracol descendo pela parede de pedra e uma velha acendendo o fogo na lareira. Três horas depois, ele ainda estava lá, perdido no *chiaroscuro*, na mistura mágica de luz dourada, sombra e mistério que revela a genialidade do mestre holandês. De um modo que assombra Lawton até hoje, ele ouviu uma voz, naquela tarde, que mudou sua vida. A voz disse-lhe que ele deveria seguir outro chamado, aquele que leva à arte. Para ele isso tinha um significado apenas: fotografia.

Quando Eric voltou para casa, juntou três anos de fotos de suas viagens e fez com elas uma nova vida. Fez um voto de continuar suas peregrinações aos lugares mais sagrados do planeta e a expressar em imagens o que lá encontrasse.

Em contraste com ele, o amante das sombras Ansel Adams, que acreditava que sua câmera era uma combinação de máquina e espírito, escreveu em sua autobiografia a respeito de uma tarde que também mudou seu destino. Era casado, estava nos seus vinte anos e ainda morava com sua mãe e um tio. Um dia ele teve de escolher entre suas grandes paixões — a fotografia e o piano. Sua mulher, Virgínia, disse-lhe que o apoiaria não importava qual fosse seu verdadeiro chamado, mas sua mãe argumentava, tomada de angústia: "Não abandone o piano! A câmera não pode expressar a alma humana!". Adams pensou um momento e depois respondeu com a confiança do momento: "Talvez a câmera não possa, mas o fotógrafo pode".

Brenda Knight é uma estudiosa de Chaucer e autora que se mudou para São Francisco vinda de Nova York no final dos anos 80. Logo depois que chegou ela fez a indispensável peregrinação à livraria City Lights. Sua visita acendeu nela uma paixão pelos poetas da Beat Generation. Uma noite ela consultou as cartas do seu tarô, e a primeira que tirou foi o Bobo, a carta do peregrino. Sentia que devia pegar a estrada, seguir o fio da meada daquela fascinação até Nova York. "Senti-me convocada a fazer a peregrinação até as origens de tudo", ela disse, "o lugar onde tudo começou para os Beats. Como é que podia entendê-los, a menos que fosse até lá?".

Os poetas Jeff Poniewaz e Antler fazem uma visita ritual à livraria City Lights, em São Francisco, antes de voltar para casa em Milwaukee, Wiscounsin, em 1986.

Em Nova York, ela foi ao refúgio de Allen Ginsberg, a Cedar Tavern, e a todos os lugares de que Pollock, Corso, Jannine Pommie Vega e Kerouac tinham falado. "No apartamento de Ginsberg, olhei sua porta e na moldura havia uma grande marca raspada na pintura, como se tivesse sido feita por alguma criatura desesperada. Havia um ar de angústia ali, mas eu me sentia como se tivesse feito um contato com aquela gente. Continuei minha pesquisa, principalmente quanto a Kerouac. Ele era de fato único. Acreditei que havia uma espécie de destino que nos unia. Seguindo seus passos por Greenwich Village era como ir ao mais sagrado dos lugares — você não precisa ir à igreja se for às fontes da grande literatura."

Perguntei-lhe como sua peregrinação havia influenciado sua autoria no livro *Women of the beat generation* (Mulheres da geração beat). "Quando as coisas ficavam difíceis", ela respondeu, "eu pensava assim: se Kerouac conseguiu, eu consigo. Que melhor modo senão seguir sua trilha para entender o segredo da criatividade de um escritor?".

Para o especialista em cultura e arqueologia maia Michael Guillén, o chamado chegou quando ele ainda era um menino, mas ele não sabia que só haveria de segui-lo anos mais tarde. "Quando eu era garoto, gostava de partir galhos das árvores por onde passava", ele se recorda. "Fazia homenzinhos de madeira com aquele material. Há pouco, estive fazendo uma peregrinação nas montanhas da Guatemala em busca do deus maia Maximon, uma divindade das montanhas guatemaltecas que é feita de galhos. De repente, compreendi que essa era a imagem espelhada das criações da minha infância! É por isso que gosto das memórias infantis; elas nos falam do que somos e do que nos tornaremos se nos desenvolvermos espiritualmente. Outra revelação me chegou há pouco quando um companheiro de viagem me falou, numa excursão que fizemos pelo México, que ele sempre soube onde eu estivera porque deixava espirais atrás de mim, na poeira das trilhas para os templos. Ele tinha razão. Examinei as marcas e compreendi que elas seguiam em direção contrária à dos ponteiros do relógio, o que, aprendi posteriormente, são mapas do esforço rumo ao espírito".

Joan Marler é dançarina e mitóloga. Ela considera a chamada para embarcar numa viagem sagrada como parte do apelo que sente não apenas na mente, mas em seu próprio corpo. Essa energia a tem impelido a buscas espirituais ao redor do mundo, para a Irlanda, Malta, Lituânia e Rússia, onde ela sente as antigas vibrações do mundo como vivas, as quais, por seu lado, fazem com que ela se sinta mais viva.

"Para muitas mulheres, fazer uma viagem sagrada significa retomar contato com o que há de sagrado na terra. É assim que sinto ter chegado o momento. Primeiro surge uma inquietação, o sentimento de não pertencer ao lugar em que você está; então vem a necessidade de sentir-se ligada mais profundamente à essência das coisas, um desejo de ser alguma outra coisa onde isso seja possível.

"Para mim é como se estivesse repassando a história na forma de imagens de um livro, fragmentos de poesia ou histórias (principalmente mitos) que de algum modo confirmam esse desejo em mim. Uma voz me diz: 'Talvez lá você encontre todo o seu potencial de realização'."

Mulher maia originária das montanhas da Guatemala passa uma tarde contemplando El Caracol, na forma desse molusco, antigo observatório maia em Chichen Itza, em Iucatã, no México.

Em 1990, Jo Beaton tinha um emprego que estava consumindo seu espírito criativo. Ela começou a sonhar com imagens saídas dos mitos sobre os quais estava lendo para um trabalho que ia fazer para uma editora, e decidiu agir. Fez contato com sua mãe e com uma tia, e as convenceu a fazer uma viagem com ela pelo Mediterrâneo, chegando mesmo a mandar-lhes livros sobre os locais dos santuários das deusas que queria visitar para melhor prepará-las para a viagem.

"Sonhar sobre as possibilidades num caso desses é um negócio de fazer estourar o coração", ela se recorda. "Era estimulante saber que houve um tempo em que o mundo era calmo, uma época em que as grandes deusas eram adoradas, as sociedades eram matriarcais, as guerras eram evitadas, a natureza era amada e mulheres e homens viviam em harmonia. Esse estudo e esse sonho me levaram a embarcar numa peregrinação muito pessoal até as ruínas de algumas daquelas antigas civilizações. Acreditar que, passados seis mil anos, com duração de um milênio, existiu um mundo viável, não patriarcal, com seus próprios mitos complexos e vibrantes, símbolos e rituais, deu-me uma esperança muito pessoal de que eu poderia juntar alguma coisa do legado daquilo que a eminente arqueologista Marija Gimbutas chamava de 'Velha Europa' e utilizá-la em minha existência aqui e agora, na vida 'moderna' deste final de século XX. O trio composto por minha mãe, minha tia e por mim mesma aventurou-se em aviões, trens, barcos e ônibus — primeiro até Creta, no local da deusa de Minos, no palácio-labirinto de Knossos, numa distante ilha grega, procurando verdades, visões e algumas inspirações para levar."

❊ ❊ ❊

Imagine a última vez que lhe faltou fé. Fé em si mesmo, em sua família, em seu Deus, em seu país, no amor, nas artes e até na própria fé. É claro, a fé tem duas faces, como a cabeça de Janus. Um rosto é cego e não questiona; o outro vê longe e profundamente, confiando naquilo que existe de latente em você, na vida. É preciso ter coragem para confiar nas vozes que podem ou não ser chamados genuínos. Com isso em mente, o que ou que lugar o tem chamado recentemente? O santuário espiritual de Lourdes? O paraíso de seu coração? Você tem curiosidade de ver onde Jane Austen morou ou onde Dante viu Beatriz pela primeira vez?

Pense na idéia de que há uma "cura" na prática da curiosidade, como o autor Greg Levoy revela em seu livro *Callings* (Chamamento). Talvez a curiosidade não tenha matado a gata da história; talvez a tenha *arrepiado* e a contemplação a trouxe de volta. Aonde a curiosidade o leva agora? Você já viu um filme como *Zorba, o Grego*, que lhe dá vontade de dançar numa praia de Creta, ou ler um livro como o *Post's venture to the interior* (Arrisque-se por dentro) de Laurens Van der Post que o assombra com imagens da África que ficam meses em seu espírito? Que "lembranças submersas" na frase maravilhosa de Van der Post emergem aqui e ali como ilhas no Pacífico, revelando a fonte oculta de sua linhagem?

A série de viagens que surge desses chamados confirma aos meus olhos como é estranha a oficina do destino. Num café em Budapeste, há muitos anos, uma mulher húngara inclinou-se sobre a mesa, na minha direção, e me perguntou se eu era americano. Confirmei com a cabeça. Ela murmurou que acabara de chegar da Califórnia e, após uma pausa melancólica, confessou que seu ponto favorito eram os degraus do Sproul Hall na Universidade de Berkeley, de onde Mario Savio deu início ao movimento pela liberdade da palavra na década de 60.

"Sou repórter aqui na Europa ocidental", explicou, com sua voz metálica. "Quando tenho oportunidade de ir à America, digo não às suas Disneylândias e ao Estúdio da Universal, e deixo meu grupo de excursão porque tenho de ver o local onde o povo fez parar uma guerra."

O sagrado leva a aberturas que nunca imaginamos possíveis, até que ouvimos a respeito delas na voz do povo, que fez grandes jornadas para testemunhá-las.

Quando ouço essas histórias de desconhecidos pelo mundo afora, penso em Emerson e no seu amor pelas histórias e pela conversação, e de como ele disse certa vez que seria capaz de andar cem quilômetros numa tempestade de neve para entabular uma boa conversa. Agora há um homem que ouviu o chamado e lhe deu retorno.

"Nossas vidas são entrelaçamentos de uma melodia feita de apelos que nos elevam e nos conduzem à definição de nós mesmos", escreveu David Spangler em seu livro *The call* (O chamado).

Você pode ver sua tapeçaria se revelando e ouvir sua canção?

❋ ❋ ❋

Se o mundo é de fato "selvagem no seu âmago e misterioso na sua superfície", como Barry Gifford nos faz acreditar, certamente haverá peregrinações nele. Um caso em questão: em 1990, o poeta, crítico social e comentarista da Emissora Pública de Rádio da Romênia, Andrei Codrescu, recebeu um telefonema de um produtor de televisão. O homem o convidava para fazer um filme sobre as estranhas atrações de beira de estrada na Flórida. Codrescu ficou interessado, mas havia um problema: ele não sabia dirigir. Perguntaram-lhe se queria aprender.

"Se quero aprender a dirigir?", perguntou retoricamente no seu engraçado e meio louco livro *Road Scholar*. "Será que um peixe gostaria de voar? Uma criança gostaria de crescer? Um elefante gostaria de ser um cisne? Seria uma questão de *querer* ou isso é mais um sonho de cruzamento impossível de espécies, uma transformação mágica?"

Finalmente, Codrescu aprendeu a dirigir acionando os pistões de uma máquina, num engraçado filme documentário sobre sua viagem pela América, num Cadillac 68 vermelho-vivo, conversível. Mas acreditando que estrangeiros estão sempre em busca de uma América que nunca existiu, ele saiu em busca dos mais *estranhos* aspectos do seu país de adoção. Embora ele previsse que havia "alguma coisa vasta e assustadora também em trilhões de músicas sentimentais que um motorista ouve" navegando no rádio do seu carro, ao longo de milhas e milhas, ele também vislumbrou uma oportunidade.

"Aqui estava uma oportunidade de me transformar outra vez, de começar de novo", escreveu. "Adoro nascer de novo e pratico isso sempre que posso. É minha paixão, meu *métier*, minha especialidade. Mudando nomes, locais de residência, formas do corpo, opiniões... um prazer interminável. E a América foi feita especialmente para esse tipo de coisa, é um vasto palco projetando imagens do eu, o que na Europa é impraticável."

Para Codrescu, a estrada pela frente sugere Al Capone, Henry Miller, Jack Kerouac e Huck Finn, esse conjunto de peregrinos malditos do folclore americano. Cético de que "a estrada" ainda continue existindo, e se sentindo às vezes como "uma enciclopédia de conhecimentos perigosos", ele sai para realizar seu sonho de uma vida inteira.

A TORRE

O mundo é a hospedaria do viajante.
Dito popular afegão

Estou "girando, girando" em torno de uma idéia antiga, como Rilke em torno de uma antiga torre, perguntando-se se ela é "um falcão, uma tempestade ou uma bela cantiga". Estou perambulando como William Butler Yeats em torno de sua torre próxima de Galway, interrogando-se sobre se seu eixo estaria firme. Estou pensando na torre de Michel de Montaigne nas terras de onde minha família veio, no sul da França, imaginando o gênio louco das peregrinações mentais.

O que é a urgência, o impulso, a noção, a idéia, que inspiram esse chamado que, a qualquer preço, nos motiva, esse centro de cada um dos nossos diferentes mundos, núcleo cósmico, fonte de tudo em que acreditamos? Essa é a pergunta que me assombra desde a infância, quando eu via no quadro de boletins da igreja a programação das excursões a Lourdes, a Fátima e a Guadalupe. Eu ficava duplamente intrigado ao ouvir histórias das freiras na escola sobre as penitências que às vezes eram necessárias para que a peregrinação fosse completa e o merecimento espiritual que se ganhava com elas. Na minha imaginação de jovem eu pintava a alma como um quadro negro onde Deus somava e subtraía pontos ao longo da vida do miserável pecador. Mas a peregrinação, disseram-me bem cedo, tinha o efeito milagroso de apagar pecados. Pelo sacrifício e pela oração, uma pessoa pode conquistar o perdão. Mais tarde aprenderia algo sobre a crença no "merecimento" adquirido na peregrinação das tradições budistas e hinduístas, assim como a noção de transformação implícita em peregrinações seculares, como a dos escritores a Paris e a dos pintores a Roma.

A jornada do peregrino para Deus é simbolizada na rampa espiralada do Minarete da Mesquita, construído no século XIX em Samarra, Iraque.

Estou propondo um modo de ver não apenas *a* estrada, mas *através* da estrada, dos momentos da viagem a dimensões passadas e futuras, para considerar cada encontro como um capítulo num longo romance, cada pessoa ao longo do caminho como um dos personagens em nossa nobre jornada pela vida.

O que estou buscando são "equivalentes", como o fotógrafo Alfred Stieglitz chamava suas fotografias, que evocavam alguma coisa estranhamente semelhante no observador. Estou evocando uma "correspondência das coisas", como Pitágoras, que observava o modo como as coisas do mundo refletem umas às outras.

Esses são modos de aprender a viver no "momento maravilhoso", nas palavras do monge vietnamita Thich Nhat Hanh, de ouvir os "chamados do Buda". O que é mais miraculoso do que o momento que passa?, ele perguntava. Sendo humanas e falíveis, ele delicadamente nos lembra, nossas mentes tendem a se distrair, e se isso acontece podemos perder de vista nosso verdadeiro chamado.

❂ ❂ ❂

Imagine-se adormecendo, tornando-se consciente das vozes em seus sonhos, nos seus encontros inesperados. A decisão de empreender uma jornada sempre redobra meu respeito pelo tempo. Literalmente, sempre "olho uma vez mais" o papel que ele desempenha em minha vida. Tenho pensado com freqüência naqueles inspirados peregrinos do Templo do Tempo em Roma, onde o primeiro relógio público foi exibido. Multidões esperavam durante horas em longas filas para observar o elaborado mecanismo, tomadas de admiração por sua notável precisão e desconfiadas, também, porque sabiam que o *seu* tempo igualmente já não lhes pertencia.

Recordar pode tornar mais claros os chamados que virão. Pratique a arte de ouvir — com seus amigos, suas crianças, ouvindo música ou o vento, com seus sonhos, com a sabedoria antiga dos textos sagrados. Escute como se sua vida dependesse disso.

Ela depende.

AS TAREFAS DO PEREGRINO

Temos de encontrar nossa pedra de toque onde for possível.
John Berryman

Durante séculos, uma misteriosa pedra muito dura chamada "pedra de toque" foi utilizada para verificar a pureza do ouro. Friccionando ou comprimindo o metal contra a pedra, os sinais deixados nela podiam determinar o valor real do ouro. Assim, qualquer coisa que nos ajude a ver se algo, mesmo um local ou um destino, é autêntico como se fosse puro ouro, é uma pedra de toque. Essa é uma brilhante metáfora para uma atitude ou um estado da mente, quando se quer avaliar uma dimensão sagrada.

Uma vez comprometido com a sua jornada, é tempo de pensar em algumas coisas. É hora de ouvir a voz do peregrino, se você quer, de fato, explorar o coração e a alma do lugar que está prestes a visitar. É o momento de decidir-se se deve preparar seu dinheiro para a jornada, em qual estação do ano vai viajar e o que você vai interromper em sua própria vida, além de resolver se vai partir sozinho ou com um grupo. Tempo de levar o tempo a sério.

Um dos métodos que tenho utilizado ao longo dos anos para trazer minha viagem para mais perto de mim, enquanto a preparação final ainda não começou, é procurar mitos, contos, poesia e os escritos sagrados do lugar que estou na iminência de visitar. Isso me ajuda a iniciar os ajustamentos mais profundos, criando um novo mundo a

A estátua do filósofo francês Michel de Montaigne, defronte da Sorbonne, em Paris, inspirou o hábito, nos estudantes, de tocar seus sapatos antes dos exames, na esperança de que o inventor do gênero "ensaio" possa ajudá-los nos seus esforços.

ser explorado. Para minhas jornadas pela Turquia, li dois livros de poesia sufi: um de Rumi e o outro, uma antologia dos grandes poetas místicos sufis. Todas as manhãs, antes de me levantar, eu lia uma página de poesia e de histórias. Quando desembarquei na Turquia, minha alma já estava preparada, me esperando lá. Diariamente, enquanto empreendia minha viagem, desde o Jardim Místico do Chá e do Fumo, em Istambul, ao túmulo de Rumi em Cônia, continuei a ler o trabalho dos grandes místicos e sentindo sempre sua mais antiga presença. A arte intemporal é assim. Ela se antecipa a você. Sem ela não haveria viagens sagradas.

Um dos meus mais queridos "chamados" aconteceu no momento em que abri um grande envelope, chegado pelo correio com o carimbo de Ottawa, no Canadá. Eu estava confuso, pois não me lembrava de qualquer parente que vivesse por lá. Dentro havia um programa mimeografado de seis páginas para a reunião de 1995 da família Monette, a ser realizada em Lake Nipissing, Ontário. Ainda confuso, continuei lendo até descobrir que Cyril e Odile Monette eram as bisavós da minha avó Olive. Uma surpreendente fotografia delas, em preto-e-branco, decorava a primeira página da comunicação, uma espécie de Gótico Canadense: a imagem de dois severos e interioranos ancestrais posando diante de uma cabana de madeira.

A fim de me preparar para a aventura, encontrei um livro chamado *Les Voyageurs* (Os viajantes), a história dos caçadores de pele, no sertão do Canadá francês, da qual meu bisavô Charlemagne fazia parte. Pouco depois, encontrei uma fita das cantigas populares que os *voyageurs* entoavam nas suas longas viagens de canoa. Ouvindo essas cantigas nos meses que antecederam nossa viagem, eu estimulei o aspecto peregrino de minha alma.

Seis meses depois, minha companheira Jo e eu descemos de canoa o Rio Francês, juntamente com 17 dos meus primos, repetindo a viagem original dos colonos meus antepassados. Quando chegamos a Monetville, cerca de setenta quilômetros dali e três dias depois, havia 1500 parentes à nossa espera, apinhados na neblina da madrugada. Nos poucos minutos que custamos para desembarcar, foi como se um século de história da família tivesse sido desenrolado de um projetor de filmes. Voltando ao lado de onde meu pai me trouxe ainda menino, regressando às fontes da história de minha família, como em toda peregrinação, aquilo parecia trazer meu lar de volta, em cada sentido que se possa dar a isso, como se eu, de fato, fizesse parte de um todo.

Duas canoas de viajantes modernos descansam nas pedras do lago Nipissing, em Ontário, no Canadá.

Imagine estar disputando uma partida do jogo surrealista chamado "A Viagem Mágica", no qual os jogadores decidam fazer uma viagem a lugares escolhidos das proximidades. A peregrinação é uma estrada imaginária, com pedras verdadeiras em seu leito. Você pode deslocar um tornozelo — ou achar um meio de vencer todos os obstáculos — apenas sonhando com isso. Gire um globo, volte as páginas de um atlas, brinque de espetar bandeirinhas num mapa. Você acredita no destino? Fica perturbado com a possibilidade de que em algum lugar, como o romancista James Salter imaginou, a *verdadeira* vida está sendo vivida, e de que há coisas maravilhosas a serem aprendidas no percurso?

Quando você se liga nesse sonho, mãos invisíveis aparecem para guiá-lo. O mitólogo Joseph Campbell aprendeu isso na sua circunavegação dos mitos do mundo, assim como de sua própria experiência de vida. Ele era capaz de dizer com convicção que quando você ouve atentamente o chamado da aventura, "quando seguir sua bem-aventurança, portas se abrirão, onde antes não havia portas". Por bem-aventurança ele queria dizer a mais profunda fascinação da sua vida. Siga o impulso, seja para Glastonbury, Canterbury, Borobudur ou para a aldeia onde nasceu, e todas as dádivas e favores virão ao seu encontro.

Como o filósofo Goethe disse:

Não importa o que você faça ou sonhe que possa fazer;
comece logo. A audácia, por si só, atrai criatividade, poder e magia.

III
A Partida

Dê-me a concha da vieira do sossego,
Meu bastão da fé para seguir caminho,
Minha bolsa da alegria, imortal dieta,
Meu frasco da salvação:
Minha toga da glória, só com isso,
Faço minha peregrinação.

Sir Walter Raleigh
The pilgrimage (1604)

"Há quatro estradas" — começa o livro de viagens do século XII, *The pilgrim's guide* (O guia do peregrino) — "que, levando a Santiago, convergem para uma única estrada em Puente de la Reina, em território espanhol. Uma atravessa Saint-Gilles, Montpellier, Toulouse e o passo de Somport; outra passa por Nôtre Dame de Le Puy, Sainte-Foy de Conques e Saint Pierre de Moissac; outra, ainda, corta Sainte-Marie-Madeleine de Vézelay, Saint-Leonard em Limousin, bem como a cidade de Périgueux; e a quarta atravessa Saint-Jean-d'Angély, Sainte-Eutrope des Saintes e a cidade de Bordeaux..."

O propósito dessa lista encantatória de nomes de lugares era inspirar a partida dos peregrinos medievais em suas sagradas mas perigosas jornadas, dando-lhes um pouco de conforto para o que ainda era um mundo por ser mapeado e conhecido.

Fiquei fascinado pela peregrinação de Santiago desde que me intrigaram as vieiras, conchas de marisco que os peregrinos usavam e que vi engastadas em algumas casas nos arredores de Paris, quando lá morei no final da década de 1980. Em vez de me interessar pela estética francesa, eu me perguntava por que alguém poria uma concha na verga de sua porta ou no peitoril da janela. Muito tempo depois, entendi a razão disso, compreendendo que meu hábito de fazer arranjos de fotografias ou de lembranças de viagens era bem pouco diferente daqueles costumes dos viajantes medievais. Aquelas vieiras eram os orgulhosos símbolos dos peregrinos que voltavam de viagens aos relicários de São Tiago Apóstolo, em Santiago de Compostela, na Galícia, que fica na costa atlântica noroeste da Espanha.

Para os peregrinos medievais, a jornada tinha muitos significados. A época era pródiga em misticismo, povoada de devotos dos mais variados cultos. Muitos partiam com a esperança de ter um contato pessoal com as veneradas relíquias do santo que, por sua vez, poderiam salvá-los. Afinal, São Tiago era o taumaturgo, o santo milagreiro por excelência. Outros esperavam sua própria purificação, acreditando na catarse de uma árdua jornada e nos méritos de oração constante. Esses viajantes encontravam outros tipos de viajantes pelo caminho, inclusive alguns "falsos peregrinos" muito desprezados, pois eram pagos por outros para fazerem a peregrinação por eles, além de criminosos cuja sentença era a exigência de completar a jornada. Comum a todos era o sentimento vivo do milagre. O longo e cansativo caminho levava-os a terras povoadas dos mais estranhos povos, o que lhes permitia ter uma experiência deste vasto mundo — provavelmente pela primeira e última vez em suas vidas. A constante experiência de surpresa e de maravilhamento acompanhava o peregrino nos diferentes cenários e climas. Os hábitos que encontrava exerciam tanta influência nele quanto os perigos que corria.

O compromisso de visitar o túmulo do mártir, em Santiago, não era senão o primeiro passo numa viagem elaboradamente ritualizada, que refletia em grande parte a rotina das peregrinações de qualquer outro lugar. A partida requeria primeiro a bênção especial de um sacerdote local. Naqueles dias, a viagem a Roma, a Santiago ou a Canterbury era considerada tão perigosa, que a volta chegava a ser incerta. Partir em peregrinação sem uma bênção era inconcebível, como o era também partir sem antes ter posto os negócios em ordem. Uma carta invocava os *testimoniales* da igreja paroquial, que lhes permitia evitar acusações de "aventureirismo" ou "exploração". Com o certificado nas mãos, os peregrinos usavam o traje tradicional: um chapéu de abas largas, uma fita com a concha da vieira indicando seu roteiro, a mochila surrada presa às costas, a que chamavam de *escarcelas*, e um *bordão*, o cajado do peregrino.

Todas as viagens sagradas eram marcadas pela cerimônia ritual. Na partida era celebrada uma missa, na qual os peregrinos confessavam e comungavam e, depois, havia o ritual de bênção das mochilas e das cuias de água. Salmos eram cantados para "infundir coragem aos corações" dos peregrinos e, então, eles vestiam seus casacos, seus chapéus, recitavam as preces do *Itinerarium* e partiam estrada afora, com seus companheiros de marcha.

A GLORIOSA JORNADA

*A jornada de mil quilômetros
começa com um passo.*
Lao Tsé (570-490 a.C.)

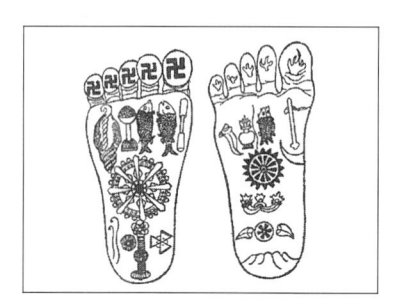

"Comecei minha peregrinação no dia 1º de janeiro de 1953", anotou a mulher notável que chamou a si mesma de Peregrina da Paz. "Nesse dia nasci espiritualmente, de várias maneiras. Foi um período em que estive mergulhada no todo. Não estava enterrada no chão, mas me sentia como uma flor desabrochando, sem qualquer esforço, na direção do sol. Tornei-me uma caminhante voltada apenas para o bem dos outros. Seria uma jornada de peregrino feita da maneira tradicional: com fé, e a pé. Deixei para trás todas as minhas pretensões de nome, história pessoal, posses e identidade. Aquela seria uma jornada gloriosa.

"Pegadas em pedra do Buda", desenhadas no mosteiro de T'ien-t'ai, em Peiping, China. Gravuras dentro de pegadas são emblemas religiosos e símbolos sagrados auspiciosos no budismo.

Nos 28 anos que se seguiriam, essa mulher com espírito de peregrino, que descrevia a si mesma simplesmente como uma "serva do mundo", caminhou pela América, de cidade a vila, de parada de caminhão a ginásio, levando sua mensagem de paz no mundo. Parou de contar sua quilometragem andada em 1964, depois dos quarenta mil, e nunca parou sua peregrinação até que a morte a colheu num acidente de carro em 1982.

Desempregada e sem um tostão, à Peregrina da Paz jamais faltou apoio. Sua fé lhe permitia "avançar, sem hesitação", como dizem os australianos. Por 18 anos, ela foi irrepreensível em sua publicação *Pilgrim's progress* (Progresso dos peregrinos). Sua existência foi fazer conferências, palestras, imprimir panfletos; seu único desejo era ser lembrada por suas mensagens de paz.

"Um peregrino é um caminhante com um propósito", dizia. "Uma peregrinação pode ser para um lugar — esse é o tipo mais conhecido — mas pode também ser para um fim. A minha é pela paz e, por isso, sou uma Peregrina da Paz." Ela se dizia uma equivalente moderna de um peregrino medieval, percorrendo as estradas do mundo sem contribuições ou sem o respaldo de organizações. Acreditava ser "tão livre quanto um passarinho", caminhando em vez de procurar abrigo, jejuando em vez de procurar alimento. "Não peço — isso me é dado sem que o peça... Há uma centelha de bondade em todo mundo, e não importa quão fundo ela possa estar escondida, está sempre lá."

Sua mensagem estava contida no seu chamado, que lhe chegou durante o Torneio da Parada das Rosas, em 1º de janeiro de 1953. Naquele momento, na antiga tradição dos peregrinos de toda parte, ela fez o voto de "daquele momento em diante ser uma caminhante até que a humanidade tivesse aprendido seu caminho para a paz". A partir de então, ela caminhou "como quem reza", vestindo apenas uma "túnica", uma camisa em que levava impresso o nome — PEREGRINA DA PAZ — e sua "quilometragem" nas costas. Suas posses materiais consistiam de nada mais do que um pente, uma escova de dentes, uma caneta esferográfica, punhados de sua mensagem resumida de paz, para aqueles que se interessassem por ela, e sua correspondência. Durante anos, sua peregrinação consistiu na velha sentença "o caminho é o fim". Sua destinação não a levava a discursos argumentados, mas a paradas de caminhão, estacionamentos, estações de rádio e de televisão. Falou contra a guerra da Coréia, a caça às feiticeiras de McCarthy, a guerra do Vietnã, a corrida nuclear e armamentista em geral. Destemidamente, andou onde muito valente não ia, acreditando ser protegida pelo seu amor a Deus e pela bondade inerente de todos os estranhos.

Naquela manhã mítica da Parada das Rosas, a Peregrina da Paz simplesmente caminhou à frente da marcha, falando e passando adiante sua mensagem de paz. A meio caminho do roteiro, um policial se aproximou dela e colocou sua mão em seus ombros e disse-lhe: "Precisamos de milhares de pessoas como você".

A Peregrina da Paz deu mais coisas do que pediu pelos seus pecados e pelos pecados da humanidade. Ela descreve o modo como recebeu a primeira "lição" para as suas jornadas a pé: "Estive do lado que dava durante muitos anos, e precisava aprender a receber de forma tão graciosa quanto tinha sido capaz de dar, de modo a passar aos outros a alegria e a bênção de dar.

"Fui duramente testada no começo da minha peregrinação. A vida é uma série de testes; mas se você os vence, olha para trás e os vê como boas experiências...

"Quando iniciei minha peregrinação, andava com duas finalidades ao mesmo tempo. Uma era fazer contato com as pessoas, e esse propósito ainda persiste até hoje. Mas o outro era para disciplinar minhas orações. Para me manter concentrada nas minhas preces pela paz. E depois de uns poucos anos descobri uma coisa. Descobri que já não precisava mais daquela disciplina para orar. Agora rezo sem cessar...

"Aquietar-se em cada nova situação que enfrentamos é uma lição espiritual a ser aprendida e uma bênção do Espírito para nós, se aprendermos a lição. É bom ser testado. Crescemos e aprendemos passando nesses testes. Olho para todos aqueles que atravessei como boas experiências... Não há nada que aconteça por acaso em nosso universo. Tudo acontece de acordo com leis superiores — tudo é regulado por uma ordem divina".

Sua peregrinação continua. Os livros da Peregrina da Paz, baseados nas suas muitas entrevistas, venderam mais de quatrocentos mil exemplares mundo afora. Uma organização inspirada no seu legado continua a enviar panfletos com sua mensagem: uma oração pela paz e a promessa de liberdade.

"Veja como sou livre", ela disse. "Se quero viajar, simplesmente me levanto e caminho."

OS CAMINHANTES

Você não pode percorrer o caminho sem
antes se transformar no caminho.
Gautama Buda (563-483 a.C.)

Em 1975, um jovem havaiano chamado Nainoa Thompson teve uma visão que o ajudou a recuperar a antiga arte polinésia da navegação a longa distância, no Oceano Pacífico. Thompson procurou o último dos navegantes tradicionais na Micronésia, Mau Piailug, para que o treinasse.

Após nove meses de trabalho preparando-o para uma viagem ao Taiti, Mau levou Nainoa ao alto dos rochedos da Grande Ilha no Havaí, a fim de estudar com ele o comportamento das ondas do Oceano. Ao pôr-do-sol, Mau pediu-lhe que olhasse fixamente o Pacífico, na linha do horizonte, e falou: "Bem, agora aponte-me o Taiti". Nainoa tentou figurá-lo na sua imaginação e, então, concluiu que era impossível saber "porque não se pode ver alguma coisa a milhares de milhas de distância".

Mau perguntou: "Você vê a ilha?".

Nainoa respondeu, nervosamente, que podia ver "a imagem" da ilha.

"Está bem", respondeu-lhe seu instrutor. "Se o vento continuar assim, em que direção a ilha vai se mover?" Mau estava se referindo à "bússola das estrelas" e Nainoa estava sendo treinado para imaginar em sua mente, como seus antepassados fizeram durante séculos.

Nainoa apontou na direção que pensou que ela se movesse. Mau respondeu: "Está bem, quando a canoa vai nessa direção, de que modo as ilhas vão se mover e para que 'casa de estrela' elas vão?". Novamente, o aprendiz apontou na direção correta.

Satisfeito, Mau disse: "Certo, você tem a ilha em sua mente, mas, se perdê-la em sua mente, você estará perdido". Essa foi a última lição formal de Nainoa. Mau disse apenas: "Vamos para casa".

Somente depois de ter memorizado toda a viagem, inclusive as variações devidas ao vento, à chuva, às tempestades ou às calmarias do vento, o jovem navegador estava pronto para partir e retomar a peregrinação dos seus antepassados.

Ouvi essa história quando estava trabalhando em *The wayfarers* (Os caminhantes), um documentário realizado por Gail Evenari sobre o recente ressurgimento da navegação tradicional nas Ilhas do Pacífico. Fiquei impressionado com a beleza da história, o rigor do treinamento, o respeito em relação ao treinador, mas também com a semelhança de tudo aquilo com meu próprio método intuitivo de partida. Assim como nas peregrinações a Santiago e com a Peregrina da Paz, há uma abordagem poética da viagem sagrada, um quadro altamente desenvolvido da meta — a cura, o renascimento, a própria paz — que leva o viajante a prosseguir.

Nas semanas que antecedem a partida, nas minhas longas jornadas, no exercício de visualizar o caminho diante de mim encontro regozijo e desafio. Alternadamente, sinto-me como um pintor contemplando a tela branca, um escritor tentando imaginar o final de um livro antes de começar a escrevê-lo, ou como a história da arte nos revela, o modo como Michelangelo foi capaz de ver já terminada uma escultura enquanto olhava o bloco de mármore bruto à sua frente. Imagino a mim mesmo onde costumava ir: no Café Contrescarpe, em Paris, ou remando rio acima no Amazonas, vagando pelos charcos da Escócia, até que pudesse ver o destino nos olhos de minha mente.

E eu perguntava a mim mesmo: *Você estará preparado para esse momento?*

Era isso o que o físico Stephen Hawking chamava de "lembrar-se do futuro".

❋ ❋ ❋

Imagine de quantas maneiras você pode se preparar para a sua próxima jornada. Você pode pensar num modo de ritualizar sua partida como um peregrino, que escolhe o que vai levar no longo caminho a Santiago? Você tem uma causa sagrada, um propósito inacessível, como o peregrino que marcha pela paz? Você pode focalizar seu destino como um navegante prestes a embarcar numa viagem de 15 mil quilômetros?

Experimente imaginar que você está partindo para uma viagem da qual pode nunca mais voltar. Como você "organizaria" seu tempo? Daria uma festa? Registraria cada momento? Os rituais marcam o tempo, organizam o espaço — duas maneiras de definir o que queremos dizer com o sagrado.

Antes de estar pronto, lembre-se da *finalidade* de sua jornada. De agora em diante, não há mais qualquer coisa como um ato neutro, um pensamento vazio, um dia sem sentido. As viagens tornam-se sagradas devido à profundidade de suas contemplações. Como no mito, no sonho e na poesia, cada palavra é saturada de significado.

Agora é hora de viver sua vida ideal.

TEMPO DE PERAMBULAÇÃO

*É glorioso quando chega o
tempo de perambular.*

Canção esquimó

Se o chamado da peregrinação for ouvido, é hora de planejar e esclarecer nossas intenções. Assim como temos de estar atentos para identificar a fonte do nosso desejo, também é importante para o viajante ver claramente como e quando realizar a viagem. Algumas partidas, como as da Peregrina da Paz, podem parecer dramáticas e impetuosas, mas na verdade as dela foram ganhando significado ao longo dos anos de seu trabalho em iniciativas locais de paz, em refeitórios comunitários e em movimentos a favor do meio ambiente. Quando chegava o momento, havia no ar uma sensação de inevitabilidade. Cada passo da jornada, que durou até o final de sua vida, tornou-se sagrada, por seu espírito indomável e pela clareza de suas intenções.

Antes de partir em viagens sagradas, alguns muçulmanos preparam-se raspando a cabeça, cortando as unhas e vestindo-se com o traje branco do peregrino. Para outros, isso é expresso nos ritos do jejum, na abstinência de sexo, na recitação de certas orações ou na meditação sobre os textos sagrados. Entre muitas tri-

Peregrino irlandês numa *tura* ou circuito de fontes sagradas e lápides dos santos celtas, em Donegal, Irlanda.

bos de índios americanos, é costume fazer uma reunião para mascar peiote ou rezar, dedicada aos jovens que fazem o serviço militar ou que vão para a faculdade, numa cerimônia sagrada em que se fuma o tradicional cachimbo. A fim de preparar sua alma para a transição, o viajante realiza rituais de jejum, abstinência e purificação.

Os antigos irlandeses jejuavam e oravam antes de fazer as *turas*, as rondas sagradas dos túmulos dos heróis e santos, onde podiam tocar relíquias santas. Quando chegavam às ruínas de uma capela medieval ou junto a uma fileira de pedras megalíticas, os peregrinos deviam trazer consigo, à guisa de oferenda, um pedaço de rocha, um prego ou algumas moedas.

No livro *Aama in America: a pilgrimage of the heart* (Aama na América: uma peregrinação do coração), Broughton Coburn nos conta como ajudou uma pequenina mulher nepalesa de 84 anos chamada Vishnu Maya (Aama), na época em que viveu nos Himalaias trabalhando para o Peace Corps. Depois de uma cerimônia de longevidade em homenagem à vida dela, ele evocou a crença hindu de que "merecimento pode ser adquirido simplesmente fazendo uma viagem espiritual, em especial se for longa e perigosa". Então, ele levou Aama a uma viagem errática por 24 estados americanos para ajudá-la a ganhar merecimento e cumprir sua "peregrinação do fim da vida", esperando que isso a rejuvenescesse. A fim de se preparar para essa viagem, Aama encheu a própria boca com folhas de erva, simbolizando o cabelo de Vishnu, que a impediria de falar. A tradição lhe ensinara que "não deveria prolongar a despedida nem olhar para o seu passado depois de ter atravessado a porta de sua casa pela última vez".

❁ ❁ ❁

Imagine sua partida como uma metamorfose. Com simples atos de intenção e de atenção, você pode transformar até a viagem de um sonâmbulo numa viagem espiritual. O primeiro passo é *ir mais devagar*. O segundo é tratar tudo aquilo que lhe chega como parte de um tempo sagrado que envolve a sua peregrinação.

A PREPARAÇÃO

*O dia de partir não é o dia de
se preparar para partir.*
Ditado popular nigeriano

Ao longo dos anos, tendo conversado com centenas de pessoas que estavam se preparando para viagens especiais, convenci-me de que uma razão pela qual tão poucos se preparam adequadamente para as suas jornadas é uma reação à rigidez dos seus horários em casa. Estudando profundamente dezenas de percursos mundo afora, convenci-me de que a preparação não prejudica a espontaneidade e a alegria, tanto quanto a disciplina não destrói uma auto-expressão genuína nos esportes, no teatro ou na cerimônia do chá.

Também encontrei conforto numa frase atribuída a Louis Pasteur depois de anos estudando o fenômeno das descobertas nas ciências: "No campo da observação, as oportunidades favorecem a mente preparada". Minhas experiências mais memoráveis na estrada vieram depois de meses e anos de contemplação, de leitura e coleção de jornais que me permitiram que estivesse pronto no momento certo de viajar.

No seu excelente trabalho *Pilgrims to the Holy Land* (Peregrinos da Terra Santa), Teddy Pollek e Moshe Perlman reproduziram os 27 "artigos" das regras de comportamento que se esperava que os peregrinos medievais seguissem, como é registrado por Feliz Fabri. Eles incluíam o seguinte: "Nenhum peregrino deve perambular sozinho pelos lugares sagrados sem um guia sarraceno... Os peregrinos devem ser alertados para a proibição de tirar fragmentos do Santo Sepulcro e dos edifícios de outros lugares, deformando assim suas pedras... Os peregrinos devem ser advertidos para que evitem riscos e conversa quando juntos caminham por Jerusalém vendo os lugares santos, devendo portar-se com sobriedade e devoção...". Os autores pedem que todos esses artigos sejam lidos em latim e em grego, diante dos peregrinos que deixam os navios, para que assim tenham "uma visão futura do que será a atitude local em relação a eles...".

Artigos na seção de viagens da edição dominical do *New York Times*, chamada "Travel and Leisure", falam comumente do que ocorre no chamado "choque de culturas". Essas fontes, juntamente com grandes livros de viagens, podem ajudar os modernos viajantes a conhecer as estruturas de comportamento e os costumes da sua destinação antes de deixar seu país, evitando assim os tipos de confronto que normalmente ocorrem nas entradas das catedrais, mesquitas e sinagogas do mundo inteiro.

Antecipando outro equívoco das partidas, o autor Alexander Eliot descreve um dos rituais de sua família como a "maneira russa". Assim que todos os membros da família concordem que as malas já estão prontas, eles simplesmente... sentam-se sobre a bagagem durante meia hora. "É a garantia de levar consigo paz de espírito", dizem. "Se você se esqueceu de alguma coisa e leva a sério suas responsabilidades, esse tempo extra lhe permite relaxar antes de sair."

Se você não reservar um tempo para sentar-se *antes* de partir, é provável que se lembre que esqueceu alguma coisa já a caminho do aeroporto ou no avião. Então, será tarde. Isso vale para o que acontece com a sua bagagem, tanto quanto para o que acontece no seu coração a respeito da finalidade da sua jornada.

Trish O'Reilly é uma fotógrafa profissional e instrutora de ioga que vive no sul da Califórnia. Ela passou um bocado de tempo viajando pela Europa, Ásia e Índia, exercendo suas duas especialidades. Quando está pronta para embarcar numa nova viagem, ela se prepara carinhosamente, acreditando que a intenção é tudo, e o que ela obtém em suas viagens é diretamente proporcional à forma carinhosa e espiritualizada com que se organiza para elas.

"Começo a juntar dados alguns dias antes de seguir numa importante jornada", explicou ela depois de uma recente viagem à Índia. "Para mim, é importante pôr tudo em ordem antes de viajar. É uma espécie de ritual. Tenho de tocar cada pedaço de papel, colocando-os no lugar certo. Quando viajo, gosto de estar livre de compromissos. Fazer isso significa quebrar o ritmo do que estou fazendo em casa. Para sentir que, de fato, estou partindo, preciso sentir que quando a porta se fecha no avião ou no trem, posso me desligar completamente das pressões, das tarefas e das responsabilidades de casa."

Porque seus dois propósitos exigem que ela veja e experimente o mundo em profundidade, ela sente a necessidade de entrar em outro estado de espírito. Se achar que não criou uma "clara intenção" antes de partir, Trish ainda terá os olhos, a visão comum "de casa", o que não basta, ela insiste, "numa viagem sagrada". Para fazer isso, ela sente que tem de cercar seu propósito com uma combinação de meditação, música, leituras e corrida.

"Se minha viagem vai ser sagrada, preciso *ver* diferentemente", ela diz. "Preciso ter novos pensamentos, não apenas respostas condicionadas. Isso porque tenho uma relação diferente com o tempo na estrada, uma liberdade de pensamento que não tenho em casa — ou que não me permito em casa, onde sou sobrecarregada de relações e de responsabilidades."

Nos últimos 15 anos, Michael Guillén guiou grupos em regiões remotas do México, da Guatemala e de Belize para partilhar com eles sua paixão pela arquitetura, o estudo das inscrições e a mitologia dos maias. Devido ao seu trabalho num escritório de advocacia no centro de São Francisco em sua "outra vida", ele chegou à conclusão de que precisa "ajustar-se" espiritualmente antes de viajar.

"Antes das minhas viagens sagradas, costumo rezar", diz ele, rindo. "É a única vez que rezo. Nos últimos anos tenho rezado para um deus maia misterioso chamado Maximon, um deus sincrético com antigas características locais e cristãs. Também me preparo lendo os mais recentes escritos sobre os maias para ver se encontro alguma nova interpretação.

"Em geral, apenas presto muita atenção. Um peregrino de partida deve estar atento às mudanças pelas quais vai passar, e a mudança começa no momento em que me comprometo com uma nova jornada."

No mesmo espírito do prestidigitador, cujo papel arquetípico é ajudar o estudante eliminando a pretensão, a teóloga e estudiosa Rebecca Armstrong acolhe o conselho de Joseph Campbell a um peregrino de partida num dia extremamente frio de janeiro de 1972. Campbell fora a Chicago fazer uma conferência na sede central da YMCA (ACM). A família Armstrong sempre o hospedava quando ele visitava a cidade, e Campbell retribuía convidando todos para jantar.

> A cordialidade do encontro em torno de um "beef bourguignon" havia contaminado a todos e caminhávamos animados pela neve até a ACM, na Grand. Naquela noite ele havia falado a uma pequena e entusiasmada audiência sobre a natureza da divindade, concluindo com uma breve homilia sobre o papel do artista na sociedade, e sobre a necessidade em nosso tempo de um maior número de mulheres poetas. Suas palavras abriram sorrisos radiantes nos rostos de duas mulheres que tinham livros de poesia editados, e cuja presença na sala

ele ignorava! Após a conferência ele foi cercado por pessoas que lhe faziam perguntas pessoais. Campbell ouvia e respondia com igual gentileza a todas. Eu estava ali por perto, ainda tentando digerir as imensas idéias da sua conferência, assim como pensando no jantar que tivéramos antes. Uma mulher, talvez com seus quarenta anos, aproximou-se de Joe e, falando muito rapidamente, mencionou seus planos de fazer uma viagem à Grécia a fim de "encontrar o espírito da deusa sobre a qual falara essa noite". Ela lhe mostrou um caderno de notas, no qual estava seu itinerário, e ele percebeu que ela havia feito cálculos detalhados para tornar a viagem mais proveitosa, visitando o maior número de deidades possível. "Isso é suficiente?", ela perguntou a Joe. "Acha que encontrarei o espírito da deusa?"

Joe a observava enquanto uma parada de emoções parecia desfilar em suas feições. Tomando-a delicadamente pelo braço, ele disse com voz suave e solene: "Prezada senhora, eu sinceramente espero que tudo saia diferente do que a senhora planejou".

Dito isso, ele vestiu seu sobretudo e nós deixamos o edifício. Sentada no banco de trás do carro enquanto íamos para casa, eu mal podia conter minha curiosidade. Afinal, reunindo toda a coragem dos meus 17 anos, inclinei-me para a frente e disse: "Sr. Campbell, aquela mulher que está indo para a Grécia — por que o senhor lhe disse que esperava que nada desse certo nos seus planos?". Joe pensou como se tivesse tentando localizar um dos diálogos tidos naquela noite e, então, inclinou sua cabeça para trás, rindo e me olhando de lado. "Como os deuses irão encontrá-la, se ela está fazendo tudo ao seu alcance para impedir que eles a encontrem?!", exclamou. E acrescentou, muito sério: "A menos que você deixe espaço para o imprevisto, como pode o divino entrar em você? O começo da aventura de encontrar a si mesmo está em perder o caminho!".

A conversa, então, voltou-se para outros assuntos, mas eu afundei no meu assento, saboreando esse *insight* que o mestre mitólogo me proporcionou. É um tipo de conselho do qual nunca me esqueci nas minhas viagens, quando sempre deixo um espaço para as coincidências mágicas. De que outro modo os deuses podem me encontrar?

A BÊNÇÃO

Dê-nos a Sua bênção, nós Lhe pedimos, para a nossa tarefa
de cada dia, a fim de que possamos cumpri-la com fé e dedicação.
Thomas Arnold (1795-1842)

Meus rituais de preparação de viagem incluem uma refeição cerimonial antes de sair e uma chamada telefônica ritual para um dos meus queridos idosos. Antes de viajar para Paris, em 1987, telefonei para o professor Campbell para lhe desejar felicidades em seu trabalho *Historical atlas of world mythology* (Atlas histórico da mitologia mundial), e simplesmente para evocar aquela que era para ambos nossa cidade favorita. Sua voz tinha um timbre de encantamento enquanto falávamos na Paris do final dos anos 20, de sua amizade com Sylvia Beach, sua descoberta da arte moderna. Seu caloroso *bon voyage* chegou até mim como uma bênção.

Na véspera de minha partida para as Filipinas, em 1981, liguei para um amigo que havia residido lá durante a Guerra do Vietnã. Antes de minha aventura no Amazonas, em 1993, Robert A. Johnson, que primeiro me fez prometer tomar cuidado com os perigos da viagem, contou-me uma parábola sobre uma arriscada jornada, que fizera uma vez, num trem de quarta classe, pela Índia. Muito a seu modo, Robert estava me ensinando que há viagens de gente jovem e viagens de gente mais idosa.

Cada uma das conversas que tive me ajudaram a entender a jornada que tinha pela frente e emprestaram a cada uma delas um significado diferente. Para mim, elas confirmam a antiga crença de que não estaria sozinho em minha viagem se contasse com a bênção de uma pessoa idosa.

ENCHENDO A MOCHILA

Vejo um homem em farrapos, parado em algum lugar,
o rosto voltado para a própria casa,
um livro em sua mão e um grande fardo às costas...
Do *Pilgrim's progress*, de John Bunyan

Estarmos prontos física, mental e espiritualmente faz com que nos sintamos mais leves, mais à vontade para tomar decisões e, talvez, até nos ajude a manter o caos a distância. Ter em mente que a jornada que está sendo iniciada pode tornar-se a primeira peregrinação e a mais profunda de todas pode transformar todo o contexto de nossa viagem. Estarmos alertas para a possibilidade de que essa possa ser nossa última jornada — acidentes podem acontecer —, ou que na volta poderemos ter de enfrentar ruína financeira e não mais poder

viajar por muitos anos, isso tudo talvez nos torne sóbrios bem depressa quanto à suposta facilidade de viajar. Uma pergunta essencial que devemos nos fazer quando nos preparamos para partir é: "O que posso fazer para tornar mais leve o fardo da minha viagem?".
O modo como preparamos a bagagem define a nossa jornada. Sempre fazemos escolhas. A mim foi dado o presente maravilhoso de uma bela mochila de couro sueca, em Paris, no final dos anos 80, eu que sempre me senti pessoalmente tocado pela imagem das delgadas mochilas de couro que os peregrinos de Santiago levavam nos ombros, ou aquelas que os peregrinos japoneses levam tradicionalmente às costas. A venerável tradição de viajar com uma mochila ou sacola simboliza a filosofia fundamental da peregrinação: *Simplicidade, simplicidade, simplicidade!* Como Thoreau aprendeu na sua temporada no Lago Walden:

> É o que lhes digo: deixem que seus negócios se limitem a dois ou três, não que se multipliquem por cem ou mil; em vez de um milhão de contas, não façam mais do que seis e guardem todas elas na unha do polegar. Simplifiquem, simplifiquem, simplifiquem.

Em seu livro *Tracking the serpent* (Rastreando a serpente), Janine Pommie Vega conta como um amante uma vez convidou-a para visitá-lo na Espanha, pedindo que ela trouxesse consigo somente duas coisas que amasse. Que convite inspirado esse, bem no verdadeiro espírito da peregrinação, revelando o poder dos talismãs! Meus talismãs pessoais incluem velas para homenagear a família e os amigos nas iluminações rituais, um chapéu de lona, uma bengala, uma pedra favorita que meu pai me trouxe de uma viagem, da fazenda do seu avô em Ontário, e um fetiche zuni, representando uma bela onça amarela que cabe na palma da minha mão, que ganhei de presente no cânion Chelly, no Arizona. É notável como manejar um objeto como esse pode evocar profundas e vivas lembranças.
O bastão do peregrino é desnecessário nas viagens às cidades, mas é indispensável nas excursões, em longas caminhadas. Tenho uma coleção desses bastões de caminhante que trouxe das minhas jornadas, inclusive uma bengala retorcida das Filipinas e um bastão de carvalho da Irlanda. Além de muito práticos para manter o equilíbrio, acho que eles são também objetos belos de contemplar: a cada

momento que tocam o chão, eles me recordam que estou avançando no labirinto a caminho do chão sagrado. Como alguns bastões de caminhada são bem pouco práticos para carregar, uma alternativa é lembrar de caminhar descalço ao menos uma vez ao dia. Há alguma coisa plenamente agradável em tirar os sapatos, as meias e sentir o chão sob os pés, quando se está numa terra estranha.

Para minhas jornadas longas, levo uma bolsa de tecido *kilim*, que comprei no Grande Bazar de Istambul. Ela tem somente dois bolsos e um um único espaço interno, por isso, sou forçado a limitar com rigor o que carrego. Minha sacola leva meu diário, câmeras, bloco de desenho, lápis e aquarelas, papéis de carta, cartões-postais em branco (eu mesmo os ilustro, para dar um toque pessoal), minibinóculos, guias e dicionários de expressões na língua local; além disso, tam-

Um dos métodos de eficiência comprovada para exercitar a observação durante uma longa viagem é o simples esboço. Aqui estão três desenhos constantes dos meus diários de viagens: uma fazenda em Guernsey; os menires antigos de Carnac, na França, e James Joyce em posição de cavalgar (inspirado em Harmsworth).

bém carrego outros dois livros — biografia e poesia — que, para mim, condensem e resumam a alma da cultura do lugar. Numa viagem recente a São Petersburgo, Rússia, levei uma biografia da poetisa Anna Akmatova; numa expedição às florestas tropicais da Guatemala, levei os diários do arqueólogo James Stephens; à América do Sul carreguei uma bonita edição de *Odes to ordinary things* (Odes às coisas mais comuns), de Pablo Neruda. Ler obras daqueles que já trilharam os caminhos que estamos começando a percorrer nos dá uma medida do contexto de viagens futuras.

Como os livros são pesados para carregar em grande número, e porque o peso é um dos grandes problemas do peregrino, um modo de estar em contato com a escrita sagrada é "fazer sua própria Bíblia", como Emerson sugeria. Junte seus escritos prediletos, tirados de poesias, parábolas, contos e referências históricas e crie seu próprio "Livro de Horas". Isso é facilmente obtido com a compra de um desses cadernos tipo fichário, no qual se podem juntar páginas. Coloque fotocópias das passagens que você escreveu *manualmente*. Isso reflete uma antiga crença de que tudo o que é feito à mão é um ato sagrado.

Essa tem sido uma descoberta valiosa para mim. Toda manhã, antes do nascer do sol — nas ruas tortuosas de Praga, no litoral arenoso de Paros, no Mediterrâneo, entre os arrozais plantados em tabuleiros nas Filipinas ou onde quer que eu estivesse —, releio os trechos dos meus autores prediletos, poetas, compositores, naturalistas, cosmólogos e antigos viajantes, deixando que eles pairem sobre mim pelo resto do dia. Desse modo, eu escolho o que viria à minha mente quando descansar, em vez de ser vítima de melosas canções infantis ou dos diálogos de maus filmes filtrados dos grandes projetores no céu. Assim, sinto-me como que preparado para qualquer contingência — atraso de avião, ficar num táxi por muito tempo por problemas no trânsito, longos dias de chuva, cafés modorrentos ao cair da tarde — para ser inspirado por coisa melhor do que velhos jornais ou prosaicos, embora úteis, guias de turismo.

Essa é uma forma de meditação para mim, no espírito de Emily Dickinson, que descreveu a oração simplesmente como "a noite descendo sobre o pensamento". Durante as viagens, pelo menos uma vez por dia sou acometido de um certo "clima". Começo a remoer pensamentos, sensações que não gosto de rejeitar, pois percebo minha alma se avivando. Quando a "melancolia do peregrino" toma conta de mim, abro meu diário, meu bloco de desenho, meu livro favorito de poesias ou minha coleção de recortes.

Eis aqui algumas linhas tiradas dos meus diários:

> Talvez para suavizar os temores dos seguidores com medo de partir numa longa jornada ou falando metaforicamente da busca espiritual, Rumi, o poeta místico sufi do século XIII, disse: "Assim que você começa a caminhar, o Caminho aparece".
>
> "O Caminho sem Caminho", dizia mestre Eckhart, "onde os Filhos de Deus se perdem a si próprios e, ao mesmo tempo, se encontram".
>
> Nossa palavra "jornada" deriva do francês *jour*, dia, ou da distância percorrida num dia. Por outro lado, a palavra progresso" vem de jornada do Médio Inglês ou, mais especificamente, "jornada sazonal", "circuito".
>
> Quando um monge perguntava "O que é o Tao?", mestre Ummon respondia: "Sem comentários".

O CÍRCULO SAGRADO

Tudo o que é sagrado move-se num círculo.
Alce Negro

Depois de uma cerimônia de peiote, que durou uma noite inteira nas montanhas do norte do México, meu velho amigo, o homem santo de Winnebago, Reuben Snake, contou-me por que os índios não gostam de linhas retas. "Para nós, tudo o que é importante na vida é um círculo. O que está diante de nós e nos envolve é um sagrado mistério. Devemos estar alertas — ou não perceberemos nada." Ele apontava, então, um grupo de índios Tarahumana que havia corrido 250 milhas com suas sandálias improvisadas para participar da cerimônia conosco. "Agora olhe para nossos irmãos e irmãs aqui. Eles acreditam tão profundamente nesse mistério que jejuaram por quatro dias antes de iniciar sua viagem sagrada, porque eles querem ser beneficiados pela visão que os espera aqui."

Nessa ocasião, me lembrei das linhas proféticas de Alce Negro, cuja visão do universo sagrado alimentava a idéia de que o centro de tudo estava em toda parte. Mas ele também percebeu que o sagrado elo da vida foi tragicamente rompido e profetizava que levaria o tempo de sete gerações para que o círculo fosse reatado. Seus descendentes estão hoje transformando essa visão em realidade, com seu esforço para reviver as tradições tribais.

É igualmente verdade que o círculo sagrado está em permanente estado de ameaça de ser quebrado, e é função da arte, da religião, da filosofia, do ritual e dos sonhos reparar essa ruptura. Por isso é que o círculo completo é um símbolo da alma — uma imagem da totalidade — e o fim da jornada sagrada é tornar-se novamente um todo, logo que possível. Nosso anseio é um sinal de que existe uma ruptura no círculo. Nossa vida queima no desejo de fechar esse círculo com a nossa jornada.

Primeiro descrito pelo antropólogo holandês Arnold van Gennep, o rito universal de passagem consiste de três estágios: *separação, provação e reintegração*. O ciclo sugere que cada movimento da vida de alguém que vai de um estágio a outro pede uma ruptura com o passado, o enfrentamento de uma provação e, então, o retorno à vida cotidiana. O modelo da jornada do herói, em Joseph Campbell, chamado de monomito, mostra a seguinte seqüência: *separação, iniciação, retorno*. Na visão de William Melczer, a peregrinação, assim como as procissões rituais a igrejas, sinagogas ou mesquitas, é uma progressão que se move em círculo. "Chega-se de modo a poder retornar, não para ficar ali; enche-se a alma com o sagrado que transpira das relíquias e viaja-se de volta a casa." Nessa observação, o ciclo do peregrino retoma o padrão natural da regeneração, consistindo a jornada de *partida, chegada e retorno*. O padrão pode ser profundamente diferenciado, mas ele pede sempre visão e coragem. De acordo com um antigo ditado hassídico: "Observe cuidadosamente o modo como seu coração o conduz e, então, escolha o caminho com toda a intensidade".

"Somos peregrinos em nossas próprias buscas, quer queiramos ou não", escreveu o romancista Robert Stone, "aceitemos isso ou não. Isso é parte da estrutura da vida".

É difícil descrever o impacto que o livro de James Joyce, *Portrait of the artist as a young man* (Retrato do artista quando jovem), provocou em mim, certa noite, quando eu viajava pela Irlanda. O personagem Stephen Dedalus encheu-se de coragem ao deixar o litoral da Irlanda para fazer a peregrinação ritual do escritor em Paris: "Bem-vinda, ó vida! Vou ao encontro, pela milionésima vez, da realidade da experiência para forjar na ferraria de minha alma a consciência incriada de minha raça".

❁ ❁ ❁

Imagine, em seu coração, o anseio por uma jornada transformadora, como aquela que o poeta Bashô expressou ao viajar para províncias distantes, dizendo: "Mas houve um dia em que as nuvens levadas pelo vento despertaram em mim o sonho de viajar, e eu parti numa jornada sem destino ao longo do litoral...".

O LIMIAR

O que é que você tem que pode superá-los?
Robert Bly

Uma vez preparado por fora com a bagagem pronta, e por dentro com orações, bênçãos e canções, você estará pronto para atravessar o limiar. E ele é bem mais do que um detalhe arquitetônico; é a imagem mitológica que evoca o espírito de resistência que devemos ultrapassar em nossa arriscada jornada, desde tudo o que conhecemos até tudo o que é desconhecido. É o primeiro passo a caminho da renovação. A verdade da imagem é compreendida na palavra. Limiar vem de *liminare*, significando o que está no começo, naquele ponto onde o interior se limita com o exterior, o sagrado se separa do profano e o passado do futuro.

Atravessar, cruzar fronteiras significa ir além das sentinelas do portão, que simbolizam as forças que tentam manter-nos na cidade, o mundo do dia-a-dia. A ferocidade dessa guarda, igual à do templo Todai-ji, em Nara, no Japão, é também a personificação do nosso medo antes de partir numa jornada significativa. É fácil partir de férias; tudo é planejado para que tenhamos dias previsíveis, confor-

Um fazendeiro local monta guarda à entrada do túmulo megalítico de quatro mil anos em Guernsey, nas Ilhas do Canal. Ele diz aos visitantes que vai para o local a cada manhã para ficar "em contato" com seus antepassados.

táveis e seguros. Mas uma peregrinação é diferente; somos na verdade convidados a penetrar no lado escuro de nossas vidas. O medo é real.

No seu magnífico ensaio *The life of poetry* (A vida da poesia), Muriel Rukeyser escreve sobre algo que considero perfeitamente análogo à situação do viajante que parte. A autora se preocupa — na verdade se desconcerta — com a resistência das pessoas à poesia. Descobre que a maioria se diz desencorajada pela obscuridade ou pela dificuldade da poesia moderna, embora não alegue o mesmo em relação à obscuridade da ciência ou mesmo da pintura e da música.

"Essa resistência tem a qualidade do medo, ela expressa o medo da poesia... Um poema o convida a sentir. Mais do que isso: convida você a reagir, a participar. E melhor ainda: um poema pode levá-lo a uma integração total... Um poema de qualidade desafia sua imaginação intelectualmente — isso é, quando você o aborda, algo acontece intelectualmente — mas isso ocorre pela emoção, através do que chamamos sentimento."

Assim também com a viagem espiritualizada. Ela se apodera da sua imaginação, mas o caminho para o momento sagrado pode passar igualmente pela profunda ansiedade que envolve o desconhecido. Essa possibilidade produz medo em muitos viajantes, ainda nos umbrais da própria porta, pouco antes de partir. O rugido do leão, o fogo do dragão, o leve tapa da mão do mestre — são todos maneiras de expressar a mesma coisa: a chamada para despertar.

O que a sentinela plantada no limiar está esperando?
Um presente.

Quando deixa sua casa você se torna um estranho, e um estranho é sempre temido. É por isso que o viajante sábio leva consigo presentes. Fazer a paz oferecendo a cada parada um presente é reconhecer a natureza sagrada de sua viagem, que tem um propósito pessoal profundo.

Se souber ouvir com atenção, você dará ouvidos ao antigo conselho: *Passe ao largo daquilo que não ama.*

❋ ❋ ❋

Imagine o momento da partida como o da travessia do limiar. A ansiedade que pode sentir é o contrário da emoção da espera. Alguma coisa está para acontecer; alguma coisa inesperada, mas transformadora. Quando planeja o que deve levar, pense no que pode oferecer nos santuários que pretende visitar. A mudança da ênfase turística de "tirar fotos", "comprar lembranças" e "mudar de ares", para a idéia do peregrino de deixar para trás alguma coisa, estabelece toda a diferença entre o que move o turista e o peregrino. Andar em volta de uma velha cruz céltica ou de um poço sagrado na Irlanda é motivo de espanto: brilhantes bandeiras brancas flutuam no ar, provas de que peregrinos, de fato, estiveram ali. Moedas jogadas numa fonte, num poço ou numa simples caixa, cartas deixadas no escritório de um parque nacional para a deusa do vulcão, lápis e postais de sua cidade dados a crianças pedintes, melhor do que doces e cigarros — são simples agradecimentos, atos de gratidão que podem tornar abençoada sua viagem. Pergunte a si mesmo, antes de partir, que lembranças pode levar consigo. Reserve um espaço na sua mochila somente para isso.

Quando viveu nas ilhas gregas, o poeta Jack Gilbert fez um ritual de agradecimento. No seu livro *Monolithos*, escreveu:

> Ao chegar e ao partir para a jornada,
> Desperto com frescor.
> E faço reverência.

Num dia tempestuoso em Country Clare, na Irlanda, saí para visitar os antigos monumentos druídicos e as cruzes celtas. A chuva e o vento varriam as calçadas que bordejavam o Atlântico. Inclinei-me para a frente, a mão no boné para que ele não voasse.

Ilustração do século XVIII de dois viajantes visitando os dólmenes de Proleek, na Irlanda.

Um agricultor apoiado em sua enxada, num jardinzinho, divertia-se com a chuva. Antes que eu pudesse dizer alguma coisa ele observou: "Ei, amigo, está indo até as pedras?".
Confirmei com um gesto, encolhido e meio confuso. Era um antigo cumprimento naquelas paragens. Ele olhou curioso para o mapa que eu trazia nas mãos vacilantes e aí balançou a cabeça, voltando sua atenção para a paisagem batida de vento. Perguntei-lhe onde levava a estrada que passava diante de sua casa coberta de palha.
"Até o fim, amigo", respondeu lentamente, "até o fim".
Segui sozinho mas confiante, com o mapa tremendo um pouco nas mãos e com um arrepio de antecipação pelo corpo. Diante de mim estavam as pedras tumulares que guiaram viajantes como eu durante quatro mil anos. Minha vida não fora diminuída em nada por aquela perspectiva; fora, de fato, alargada. Alguma coisa estava me puxando para ali. Os "dólmenes" de Poulnabrone inclinavam-se con-

tra o céu cinzento, a água da chuva escorrendo neles. Pensei na força que havia inspirado os homens e as mulheres que erigiram esses monumentos, a crença de que o sagrado não era apenas uma idéia, mas uma força da vida.

Durante uma hora, observei agachado a base do "dólmen", desenhando, lendo Keats, aproveitando o momento. Pensei em como o antigo irlandês chamava um peregrino de *gyrovagus*, um andarilho que circula. A idéia de um "derviche celta dançarino", girando de um local de peregrinação a outro, veio-me à mente, e eu sorri pensando: *Esse é o meu lugar.*

❋ ❋ ❋

Uma segunda tarefa, quando você já cruzou os umbrais, é ouvir atentamente cada coisa ao seu redor. Uma peregrinação é uma oportunidade de se religar com sua alma. Isso é difícil quando sua freqüência do rádio está congestionada. Períodos solitários ouvindo música é um modo bastante efetivo de reconquistar o hábito de ouvir profundamente, quando em viagem. Pergunte a si próprio quando foi a última vez que sentiu uma verdadeira alegria após uma conversa com alguém. Tome consciência de como ouviu intensamente seus amigos, sua família e até o que tocava no rádio. O provável é que se não estiver ouvindo agora, será difícil ouvir depois, quando estiver viajando. Comece agora.

Finalmente, agora é o momento de começar seu diário de peregrino. Escolha o instante mais silencioso do dia, seja cedo de manhã, quando todos ainda estão dormindo, ou tarde da noite quando a cidade está quieta. As lembranças são um modo eficaz de iluminar sua verdadeira motivação. Recorde jornadas anteriores, jornadas incompletas. Escreva sobre o que lhe vier à mente enquanto suas lembranças estiverem se conjugando em sua imaginação.

❋ ❋ ❋

Imagine a última vez que você realmente ouviu. O que está ouvindo agora? Que chamado pode ouvir em meio à barulheira da sua vida? Para o que está orando? Lembre-se que para cada pergunta há uma indagação tentando sair. Para obter a pergunta, você precisa sair da casca.

Como disse Martin Palmer, "a verdadeira peregrinação muda as vidas, não importa se estamos a meio do caminho mundo afora, ou ainda nos fundos de casa". Não importa se você está embarcando numa exaustiva peregrinação, de mil quilômetros a pé, Europa adentro, até um famoso santuário, realizando afinal um sonho muitas vezes adiado até suas raízes ancestrais ou dando o primeiro passo na longa jornada espiritual rumo a um projeto criativo; seja como for, sua peregrinação está na iminência de transformá-lo.

Se isso não merece ser contado, então, o que merecerá?

IV
O Caminho do Peregrino

Segue a estrada colina acima, sempre?
Sim, até seu mais remoto fim.
Toma a jornada um longo dia inteiro?
Da manhã até a noite, amigo.

Christina Rossetti, 1867

No começo da década de 80, China Galland empenhou-se numa série de peregrinações aos mais sagrados sítios ao redor do mundo, a fim de explorar o significado da "escuridão dentro da escuridão" contida nas estranhas e nas maravilhosas imagens de Tara e da Madona Negra. Depois de se aventurar pela Índia, pelo Nepal, pela Suíça e pela França, ela chegou à Polônia, em agosto de 1987, para participar de uma peregrinação de duas semanas ao santuário de Nossa Senhora de Czestochowa, no mosteiro de Jasna Gora. De Varsóvia, ela e outras 35 mil pessoas — centenas de grupos de peregrinos vindos de igrejas em torno da cidade — partiram para caminhar trinta quilômetros por dia. Quando chegaram ao mosteiro, perto de um milhão de peregrinos haviam convergido em massa até lá, para um espetáculo de fé.

No seu exultante livro *Longing for darkness* (Anseio de escuridão), Galland explica que os Paulinos eram responsáveis pela Madona Negra, em Jasna Gora ("Montanha de Luz") quando Ladislau, duque de Opole, trouxe-a para a Checoslováquia, vinda da Hungria, no século XIV. "Um dos seus membros", escreve ela, "iniciou essa peregrinação em Varsóvia há 276 anos, quando a cidade estava tomada pela peste. Os padres da ordem Paulina mantiveram as peregrinações ano após ano, apesar das guerras, da fome e dos governos, inclusive os de Hitler e Krutchev, que tentaram interrompê-las".

Durante a marcha, Galland comoveu-se com os rituais do rosário, da apresentação das flores e das canções dos padres e das freiras, bem como com a freqüência dos santuários ao longo da estrada para a Madona Negra, que lhe lembrava os santuários que ela havia visto no Himalaia. Embora em sua terra tivesse treinado longas e duras marchas, no segundo dia seus pés estavam cobertos de bolhas e com ataduras dos dedos ao tornozelo. Uma enfermeira lhe disse que ela deveria interromper a peregrinação, mas Galland persistiu. No terceiro dia, começou a alternar entre o devaneio, a prece, a meditação e o canto. Descobriu que caminhar grandes distâncias era uma prática espiritual, apesar da dor. Encontrou consolo em Thich Nhat Hanh, que aconselha: "Encontre refúgio no momento presente".

Peregrinos de todos os países do Báltico aventuram-se até o Portal da Madrugada, em Vilna, na Lituânia, para orar diante do ícone da Virgem, imagem dourada da Madona de pele escura à qual se atribuem poderes milagrosos.

Ao longo do caminho, exausta e "emocionalmente vazia", ela tornou-se suspeita aos olhos de informantes da polícia. Mas perto do fim da marcha, a nove quilômetros do santuário, seu grupo parou numa estrada para uma cerimônia de perdão chamada *Przepraszam*. Foi-lhe dito que era costume aproximar-se de alguém a quem se ofendeu ou feriu durante a peregrinação e lhe pedir perdão, dizendo "*Przepraszam*", que quer dizer também "Sinto muito, por favor me perdoe por alguma coisa que lhe tenha feito". Ela chegou perto de um jovem com quem tinha se impacientado e lhe disse "*Przepraszam*", e se sentiu limpa e revitalizada para a jornada.

Quando eles se aproximaram de Czestochowa, a peregrinação seguiu mais lentamente. Horas depois, Galland estava dentro do mosteiro e, num último esforço, aproximou-se da imagem da Madona Negra, no fundo da capela. Lentamente, ela chegou mais perto, mas mal pôde olhar a imagem devido à multidão de peregrinos em que se espremia. Em seu santuário, a Madona estava cercada de amuletos, colares, rosários, muletas: "envolta em pratas e jóias, sobre o fundo negro do altar", como ela a descreveu. "E, apesar disso, tão distante! Não posso nem começar a compreender o que há nessa imagem..."

❊ ❊ ❊

Em cada um de nós mora um peregrino. É parte de nós querer fazer contato com o sagrado. Viajamos meio mundo, suportamos dores e grandes sacrifícios para entrar no santuário, seja ele um templo, um relicário, um cemitério ou uma biblioteca. Esse é o caminho que não tem caminho, mas tem uma prática.

"Não é tanto *o que* você faz", escreveu Epicteto em seu estudo sobre a felicidade, "mas, sim, *como* você faz".

Sua prática é a sua trilha. Assim: "o Caminho se inventa a si mesmo", como disse Lao Tsé. É simplesmente o modo de ver, o modo de ouvir, o modo de tocar, o modo de caminhar, o modo de ser, com humildade.

O CAMINHO DO SAGRADO

Aqui temos de lidar com a reverência, a fascinação
e o terror; com a ignorância entrelaçada, com a luz da certeza
e com sentimentos de exuberância, de amor e de felicidade...
Francis Huxley

Caminhando ou viajando de avião, de navio, de trem, de bicicleta ou de ônibus, o peregrino avança através do tempo e através do espaço. A ambição da meta e a intensidade da devoção asseguram-lhe a visão de novas paisagens, o perfume de alimentos novos, o encontro com estranhos costumes — tudo convergindo para criar um modo novo de experimentar o mundo. A lendária hospitalidade e a reconhecida consideração conferidas aos peregrinos também contribuem para o sentimento de prazer e gratidão que cercam a aventura.

Em toda parte do mundo, milhões de pessoas serpentearam por estradas para estabelecer contato com alguma coisa que acreditavam ser santa e sagrada. As primeiras peregrinações na Mesopotâmia, no Egito, na África e às ilhas *tabu* do Pacífico raramente foram registradas, embora haja ecos da tradição em antigos mitos e lendas. Houve durante uma época uma vasta malha de comunicação marítima entre as ilhas gregas sagradas e a abençoada ilha do nascimento de Apolo e Diana, em Delos, tão sagrada que o povo só podia visitá-la durante o dia, sendo também nela proibidos nascimentos e mortes. Antigos viajantes visitavam as encostas das montanhas em Creta, onde Zeus nascera, e as gargantas do Monte Parnasso, onde as sibilas reinavam até que em Delfos foi estabelecido o Oráculo de Apolo.

Na velha Irlanda, as estradas dos peregrinos serviam a um grande tráfego de suplicantes, que procuravam a veneração dos santos nos antigos túmulos e castelos. Com a lendária descoberta atribuída à mãe de Constantino, Helena, da Verdadeira Cruz em Jerusalém, no ano de 326 a.C., a prática de seguir os passos do Salvador foi inaugurada e sobrevive ainda hoje. Todo aquele que viaja à Índia pode constatar a presença de peregrinos em diferentes lugares santos, em que cerca de vinte milhões de visitantes passam pelos 1800 santuários do hinduísmo a cada ano. De acordo com a lenda, as relíquias de Buda foram distribuídas entre 84 mil *stupas*, um número mítico indicativo de que sua vida reflete a extensão das *yugas* ou idades cósmicas. Mas o número é também uma imagem poética, que sugere que o Buda está em toda parte e, sendo assim, a peregrinação sempre é possível. A Europa medieval foi coberta de estradas de peregrinos. Hoje esses caminhos ainda estão povoados. Há seis mil estradas de peregrinos ainda reconhecíveis somente na Europa ocidental, sem contar as versões seculares como museus e santuários de artistas famosos.

Em toda parte, o caminho dos peregrinos é duplo, exterior e interior, contendo o movimento dos pés e da alma no tempo e no espaço. Esse papel duplo aparece na tradição da viagem sagrada no Tibet.

"A peregrinação parece natural aos tibetanos, um povo caracterizado pelo movimento", escreve Edwin Bernbaum na *Enciclopédia da Religião*. A prática tibetana é cumprida nas voltas rituais pelas montanhas, um método de devoção usado ao longo do tempo pelo budismo tibetano: "que começa como uma homenagem prestada a uma pessoa ou a um objeto sagrado". A palavra *gnas-skor* significa "circunvolução até um lugar santo", explica Bernbaum. "A grande volta — desde a partida até o ponto de chegada — é considerada a mais larga na circunvolução dentro da qual a roda gira em círculos cada vez menores."

Para essas jornadas, pequenos guias chamados *dkar chag* foram usados durante séculos, contendo detalhes de redes inteiras de peregrinações, bem como de orientação para "lugares sagrados tais como o reino oculto de Shambala" e outros locais como cidades e mosteiros, cavernas sagradas, fontes, lagos e montanhas.

A finalidade da peregrinação tibetana compreende o recebimento de bênçãos espirituais e materiais vindas de objetos, pessoas, santuários e locais sagrados; a obtenção de ensinamentos e de iniciação de mestres espirituais; e a entrega de oferendas. A prática tibetana reflete a arte da viagem contemplativa, mas por que a subida das montanhas?

Em seu livro *Sacred mountains* (Montanhas sagradas), Bernbaum descreve a confluência do simbolismo das montanhas sagradas e o impulso para a peregrinação: "O sentido do sagrado despertado pelas montanhas revela a realidade que tem o poder de transformar as vidas. Seja lá o que for essa realidade... uma deidade, a base do ser, o vazio, o inconsciente, o eu, a natureza, o absoluto — nosso encontro com ela nos liberta de nossas antigas concepções... Despertando em nós um sentido de sagrado, tornando-nos conscientes de uma realidade mais profunda, as montanhas nos ligam ao mundo e tornam nossa vida mais real".

Nessas palavras inspiradas, Bernbaum condensa séculos de prática devota ao redor do mundo. Fazemos nosso caminho por estranhas paisagens para ficar em presença de um ícone ou de uma montanha porque existe dentro de nós uma bússola, que aponta naquela direção, e uma voz que nos chama. Essa voz interior, que talvez seja a voz dos antepassados, dos poetas ou dos profetas, ecoa através das idades, lembrando-nos de que um encontro com o sagrado, o *outro absoluto*, o inescrutável mistério que só é visível aos olhos do coração, possa, como escreve Bernbaum: "varrrer os velhos conceitos e despertar uma nova percepção".

O peregrino, que temos no fundo de nós, deseja ser tomado por isso, e não apenas pelo deleite do momento, mas pela rara alegria de ser possuído por esse mistério. "Suba a montanha e receba seus bons eflúvios", como disse John Muir.

"A contemplação das montanhas sagradas", lembra-nos Bernbaum, "com seu poder especial de despertar uma realidade mais profunda, abre em nós uma dimensão do sagrado que se estende a nossas casas e comunidades — um sentimento que precisamos cultivar de maneira a viver em harmonia".

A peregrinação é comumente vista como uma busca universal do eu. Embora a forma da trilha mude de cultura para cultura e das diferentes épocas da história, um elemento permanece o mesmo: a renovação da alma. A forma pode ser linear, como nas jornadas a Meca ou a Roma, que visam a um fim; pode ser circular, como a rota da Ilha Shikoku, no Japão; ou ainda ter a forma espiral, como em muitas subidas de montanha. Para um poeta itinerante como Bashô, a peregrinação era uma jornada que encarnava em si o essencial do Zen, uma simples jornada em que o caminho era afinal a meta, o que era ainda uma metáfora para uma vida bem vivida.

A finalidade da peregrinação é tornar a vida mais significativa. Pela viagem sagrada, as pessoas podem encontrar o caminho do divino, a fundamental fonte da vida. A essência do caminho sagrado é "traçar uma rota sagrada de testes e escolhas, provações e obstáculos, a fim de chegar a um lugar sagrado e tentar alcançar o segredo do seu poder". Como Francis Huxley colocou no seu *The sacred* (O sagrado), é precisamente por meio da partilha desse território sagrado que as pessoas chegam não somente a descobrir a *idéia* de sua origem e o seu destino, mas a ter *experiências* daquilo que revela o significado de suas vidas. "O sagrado em si é largamente um mistério da consciência", escreve ele, "usando-se a palavra *mistério* para significar não um problema que pode ser resolvido intelectualmente, porém um processo de despertar e se transformar que precisa ser experimentado diretamente, o que cada um terá de fazer por si mesmo".

Histórias como as de Moisés e do arbusto em chamas, ou de Arjuna contemplando a visão de Krishna, ou a das epifanias agridoces de James Joyce na sua coleção de contos, *Dublinenses*, são inestimáveis porque elas nos dão sugestões — em vez de apontar direções — daqueles lugares onde as revelações acontecem.

Embora para alguns peregrinos "o ato de simplesmente vagar (não importa se o destino é conhecido ou não) é o bastante", anota Martin Robinson, "e quando muito o sentido de estar pisando o chão onde coisas sagradas ocorreram é fundamental... para o sentido do numinoso, numa atmosfera de espanto e maravilhamento... um sentido imediato do sagrado... A experiência do peregrino que na verdade caminha pelo caminho de outros já o capacita a tornar-se participante de tudo aquilo que ocorreu ali. O peregrino torna-se um só com os demais que por ali passaram antes".

Para muitos viajantes, a intenção tem mais de uma dimensão. Hillaire Belloc descreve seu passeio entre St. Cloud, na França, e Roma, no seu clássico *The path to Rome* (A trilha para Roma). "Exatamente como se anuncia", comenta Michael Novak, "a festa deliciosa dos prazeres simples que nos oferecem a Mosela, os Alpes e a Toscana, na longa trilha para as origens do Ocidente na Itália central... A viagem, no entanto, é interior. Não é um percurso para artistas, arqueologistas ou antiquários. Balloc não presta homenagens a grandes cidades, a famosos monumentos ou a trabalhos de arte ao longo do caminho. Ele prefere antes celebrar o modo de vida da gente simples, não os lugares que os livros exaltam".

A outra visão intimista de Novak da trilha muito amada de Belloc, que ele chama de "a estranha luz da aventura", é instrutiva para viajantes modernos. A peregrinação de Belloc a Roma, aquele tesouro sem dono das relíquias, era também uma "jornada meditativa" destinada a "reunir energia intelectual suficiente para o trabalho de uma vida inteira".

A história assombrada do escritor galês Edward Thomas: "Um peregrino", fala de um andarilho anônimo que caminhava pela Viela Escura, antiga trilha de peregrinos entre Cardigan e St. David, em Gales. A meio caminho ele encontrou um misterioso jovem (que ele imaginou fosse um poeta que se sustentava com a própria poesia), esculpindo numa pedra uma cruz de peregrino.

Sem que lhe fosse perguntado nada, o *poet manqué* explicou que toda a terapia e toda a literatura do mundo não o tinham auxiliado nas crises de sua vida, mas que ele havia aprendido a respeitar a afirmação dos peregrinos de que era preciso chegar até um oratório como o de São David, que não existia mais. O poeta simplesmente admirava o modo como eles conservavam sua fé, e contou para o narrador da história que ele resolvera esculpir em pedra a cruz dos peregrinos na esperança de descobrir o que um peregrino sentia durante sua peregrinação.

A conclusão da história de Thomas fica em aberto, como acontece com muitos encontros estranhos. Será pura pretensão imaginar que a imitação de atos alheios pode nos ajudar a *sentir* como o outro? Devemos crer na existência de um princípio homeopático envolvido no ritual?

Vejo o narrador perplexo observando o jovem desesperado cinzelando a sua pedra, pacientemente, enquanto o sol caminha no céu e se põe, e aí correndo seus dedos pela cruz esculpida, tentando imaginar o que quer dizer praticar alguma coisa, mesmo a fé, tempo suficiente para aprender isso de cor.

Na viagem sagrada, cada experiência é fantástica. Nenhum encontro é desprovido de significado. Há sinais em toda parte, se soubermos como interpretá-los. Em "Um peregrino", o narrador pode escolher se deve enxergar no jovem peregrino na estrada um homem qualquer ou um mensageiro. Assim também nós, toda vez que encontramos um estranho — ou um comportamento estranho — na estrada.

"De agora em diante", adverte Epicteto, "pratique dizendo a tudo que lhe parecer desagradável: 'Você é somente uma aparência e de modo nenhum é o que parece ser'". Use os poderes de sua imaginação sagrada, diz o velho sábio romano. Saiba olhar através do véu que encobre as coisas. Tudo importa ao longo do caminho, mas o que importa *profundamente* é o que é invisível e deve ser visto com o olho interior.

Encontrei um maravilhoso exemplo disso no verão de 1997, numa exibição de arte vinda de Angkor, no Grand Palais em Paris. Era um espetáculo de beleza inefável, o legado glorioso das esculturas Khmer. Havia mapas e fotografias do "Ganges Khmer", o rio sagrado que leva a Angkor, com estátuas do Bodisatva Avalokiteshvara, e esculturas representando sensuais *apsaras* e *garudas* voadores. Mas o centro do espetáculo era um busto sereno de Jayavarman VII, que reinou durante a era de ouro dos Khmers. Tão prematuramente contemplativa parecia a fascinante peça que cercava a coroa e dava-lhe uma volta, que era como se fizesse uma circunvolução ritual.

Um homem em particular chamou minha atenção, um francês idoso, elegantemente trajado e ostentando uma barba branca. Ele se movia para a frente e para trás diante da escultura, extasiado. A cada poucos segundos ele lançava um olhar para baixo, na direção de um pequeno caderno de notas em sua mão, e escrevia nele uma observação, como um homem apaixonado. Após algum tempo, surpreendi a mim mesmo olhando de perto a escultura. De maneira mágica, meu olhar começou a intensificar-se, minha apreciação a se aprofundar. Senti-me transportado de volta a Angkor, tentando imaginar como o rei havia encontrado tanta serenidade num tempo de tanta turbulência.

Da maneira menos ostensiva possível, segui o francês alguns passos. No seu caderno de notas havia frases curtas e versos, cada palavra escrita após uma única e rápida olhada na cabeça de pedra. O ritmo desses olhares era metrificado e musical: olhava, escrevia; olhava, escrevia; olhava, escrevia. Aquelas palavras pareciam escritas com o carinho e a deliberação que um artista criativo põe na pintura de uma natureza-morta.

Ele estava esboçando uma poesia.

Não se tratava de uma simples visita a um museu.

❁ ❁ ❁

Imagine outra vez o destino da sua jornada. Qual é o seu *caminho*? Como vê a si mesmo seguindo para lá? De que modo está caminhando? Como um turista em busca de distração? Como um homem sem rumo? Um explorador?

No sânscrito antigo, a palavra para jogador de xadrez era a mesma que designava peregrino. Tente ver a si mesmo diante de um tabuleiro.

Que pedra vai mover em seguida?

A MANEIRA DE VER

Nós geralmente não olhamos, nós relanceamos.
Alan Watts

Se existe um truque para tornar sua viagem significativa, é aprender a ver por si mesmo. Para tanto, tome para si a prática e a crença que isso exige. A diferença entre peregrino e turista está na qualidade da atenção, no propósito da curiosidade.

As cartas de Rilke para sua mulher na semana que ele passou contemplando os quadros de Paul Cézanne em Paris, no final do século, são como pinturas de natureza-morta. Não se tratava de um repórter enviado a uma galeria de arte para relatar o que viu na arte de alguém já famoso, mas o resultado de uma descoberta pessoal, da experiência de um Rilke comovido pela beleza indizível de um único pintor num determinado dia, e tentado a voltar vezes sem conta para *aprofundar* sua compreensão, sua própria percepção.

O viajante logo aprende que é difícil desaprender o modo de olhar de toda uma vida, a percepção comum que se mantém ao longo do dia em casa, mas que é inadequada para o desafio da compreensão do que não é familiar, do estranho e do maravilhoso. Mort Rosenblum encara freqüentemente essa situação como o faria um correspondente estrangeiro. Ele conclui pela crença de que a reportagem às vezes é "peregrinação figurativa". Por isso tem de ir à fonte de cada história se quer descobrir a verdade.

"Você descobre quem é a deusa ou o deus em cada história, mesmo que seja sobre o desmoronamento da União Soviética, os antigos mercados de escravos da África, ou os novos restaurantes franceses abertos por Alice Waters. É uma constante. Você vai às raízes, às fontes. Quando escrevi *The secret life of the Seine* (A vida secreta do Sena), foi o que tive de fazer — ir às fontes, que afinal eram três riachos — um olho d'água que se transformou num poderoso rio." Ele gosta da metáfora da peregrinação como sendo uma jornada com um propósito. "Sou como um peregrino que *tem* de ver as coisas por si mesmo. Quando a imaginação dispara, a alma a segue."

Em seu livro clássico *A holy tradition of working* (Uma tradição sagrada do trabalho), Eric Gill escreve: "É um dom especial do homem conhecer a sacralidade".

"Como reconhecemos esse dom?", ele pergunta. Esforçando-nos por saber como usar a imaginação. O autor ilustra o que está dizendo com a imagem do escultor grego que usa sua imaginação mais do que sua visão. "Em vez de dizer 'ver é acreditar'", escreve Gill, "acreditar é ver".

O artista e o peregrino, viajantes sensíveis de reinos paralelos, são por natureza similares, como gêmeos siameses, ligados pelo tecido do desejo de experimentar o mundo diretamente. O peregrino é um viajante poético, alguém que acredita haver poesia na estrada, no

Um dos prazeres dos "caçadores de ruínas", como os antiquários os chamam, é a descoberta da beleza em pequenos detalhes. Observe o motivo "Nó da Eternidade", esculpido sobre o arco do vitral belamente concebido dessa capela em ruínas, em Donegal, na Irlanda.

coração de tudo. A viagem com alma é a arte de encontrar beleza mesmo em escombros, mesmo no tempo inclemente, mesmo em tolices. Como a arte, a peregrinação não pode esperar a ocasião certa para se manifestar. Como a poesia, a peregrinação está além do espaço e do tempo. Ela acontece agora ou não acontece nunca. Dar lugar à surpresa e ao improviso é iniciar o aprendizado do caminho que não é caminho.

Para Joan Marler, estudioso e biógrafo de Marija Gimbutas e guia de excursões a lugares sagrados, a preparação adequada deve ser conduzida momento a momento, durante a verdadeira jornada. Ela conduz dessa forma os participantes de suas excursões, pedindo-lhes que examinem sua decisão de fazer jornadas sagradas, como se passassem por uma abertura: "Sempre vejo as coisas por um ângulo metafísico ou mitológico — e assim tento viajar com a menor motivação possível, sem muita interferência, só com uma nova perspectiva. Mas isso é suficiente, porque uma nova perspectiva pode levar a um realinhamento da intuição que desperta a percepção sobre onde você precisa estar, a seguir, em sua vida.

"Sugiro que as pessoas usem um ponto de vista mitológico, a fim de ver tudo na sua jornada dentro daquela freqüência, não como um consumidor. Eu os abasteço com uma lista de livros, artigos, mapas, dados sobre o tempo — para que saibam o que os espera. E lhes digo: *'Estejam preparados — e deixem de lado as expectativas!'*".

Nas minhas jornadas, eu escolho um tema. Um dos meus assuntos favoritos são as estradas: ruas em obras, caminhos de tijolos, estradas poeirentas, velhas estradas romanas — todos os tipos de estradas. Toda vez que fotografo ou desenho uma delas, eu as examino do ponto de vista da beleza física, da funcionalidade e do seu significado alegórico. Uso a mesma prática para outras coisas muito simples do dia-a-dia, como as janelas, as portas, as nuvens, os rostos, as crianças, os anúncios dos bares, as bicicletas, os azulejos e as fachadas das livrarias. Sugeri o seguinte exercício para os participantes das minhas excursões. Para os primeiros poucos dias da jornada, procuramos uma ou duas coisas que chamem a atenção, que empolguem a imaginação. Então, pelo resto da nossa viagem juntos eu estimulo os viajantes a focalizar os detalhes: as portas das casas de Dublin, os parisienses com seus cães, os relicários nas estradas turcas, os azulejos de Lisboa, o ritual dos passeios públicos de Lisboa e de Barcelona. Reservamos, então, algum tempo para escrever, desenhar, fotografar e discutir o que quer que seja que atraia nossa atenção, ainda que seja nosso *amor*. Porque não há peregrinação poderosa sem amor, nem jornada memorável sem o erótico, a presença de Eros animando, alegrando, vitalizando nossa caminhada, nossa conversa, nossas visitas, nossas refeições e conversações.

Desse modo, construímos nossos próprios teatros da memória, ou o que a artista californiana Maggie Oman chama de "caixas da alma". Nas suas viagens ela coleta quinquilharias todos os dias: caixas de fósforos, guardanapos, mapas, canhotos de recibos, páginas rasgadas de guias de turismo e desenhos de sua autoria. De volta para casa, ela acomoda tudo em caixas como lembrança do que tocou sua alma durante a peregrinação.

O crítico de arte Robert Hughes nos lembra que, no século XIX: "toda pessoa educada desenhava como atividade corriqueira (...). Desenhar era uma forma comum de discurso, usado como um passatempo ou *aide-memoire*, sem qualquer pretensão de fazer uma 'grande' arte. Contudo, essa aptidão gráfica foi o combustível que alimentou o surgimento de grandes retratistas entre o final do século XIX e o início do século XX, como Degas, Eakins, Picasso,

Matisse. O desenho foi aos poucos sendo deixado de lado, com o comércio em massa da câmera fotográfica".

Como Lisa Dennis lembra em seu livro *The traveler's eye* (Os olhos do viajante), muitos turistas de hoje, é claro, "desenham" com suas câmeras. O problema atual é saber se o homem comum vê tão bem com a máquina fotográfica como com um lápis na mão.

O livro de Hannah Hinchmann, *A trail through leaves* (Uma trilha entre a folhagem), é um trabalho inspirado de encorajamento da prática de organização do mundo à nossa volta — em casa ou na estrada — usando as mãos. O conselho da autora é transcrever poesia à mão e registrar os lugares que você visita. Ela recomenda um estilo de jornal, que inclua cheiros, casos lembrados e encontros com animais. "Anote as culminâncias dos seus delírios sensoriais", ela sugere, e, mais importante: "capriche nos verbos". Seu antídoto para o aborrecimento ou o terror do tempo perdido é "fazer coisas que alterem o tempo". Muito à maneira de Whitman e Thoreau, que valorizavam as vantagens de caminhadas diárias, ela ensina que antes de poder "captar o imensurável, primeiro você precisa aprender a percebê-lo". Seu exercício mais inovador e de maior benefício para o peregrino é o do registro diário. Nele, ela o estimula a fazer um mosaico de impressões com palavras, desenhos e sons gravados — mantendo o sabor do momento vivo.

Como a artista Betty Edwards nos lembra: "Desenhar não é o problema, *ver* é o problema".

O problema é ver *o quê*? A beleza tornada visível no ato de ver com os olhos do coração.

❋ ❋ ❋

Imagine o modo como você vê a si próprio *olhando*. Como você está vendo o seu caminho? Como pretende gravar isso, lembrar-se disso, observar a jornada como se ela fosse um trabalho de arte? Tente ver a si próprio como um artista peripatético cujo emprego consiste em captar em palavras, pintura, música ou narrativa o segredo fundamental do dia. Como faria isso? A prática que você adota determina a qualidade da sua peregrinação.

Lembre-se de que em *Walden* Thoreau descreve suas manhãs como um "agradável convite para viver minha vida com a mesma simplicidade; e posso ainda dizer, com inocência, como a própria Natureza". Seu método para transformar cada dia numa peregrinação era levantar cedo e banhar-se no lago. Ele chamou a isso seu exercício religioso e uma reflexão sobre a história que sabia a respeito dos personagens esculpidos na banheira do rei Tching-thang, onde se lia: "Renove-se a si mesmo completamente a cada dia; faça isso de novo e outra vez, e assim para sempre".

Joan Halifax é uma ecologista e antropóloga budista que tem sido uma exploradora do espírito durante toda a sua vida. Em seu livro *A fruitful darkness* (Uma escuridão frutífera) ela escreve sobre a miraculosa descoberta de que "todo mundo tem uma geografia própria, que pode ser usada para mudanças. É por isso que viajamos para lugares distantes. Saibamos disso ou não, precisamos renovar a nós mesmos em territórios frescos e selvagens. Precisamos ir para casa passando através de terras estranhas. Para alguns, essas são jornadas em que mudanças ocorrem intencional e cuidadosamente. São peregrinações, ocasiões em que a Terra nos cura diretamente. A peregrinação tem sido para mim, e para muitos outros, uma forma de inquérito em andamento".

E você, bom viajante, quando é que vai rejuvenescer a cada dia?

A ARTE DE CAMINHAR

Solvitur ambulando. *Isso se resolve caminhando.*
Santo Agostinho

Em seu ensaio sobre a arte de caminhar, Henry David Thoreau descreve seu programa diário de quatro horas de caminhada, tempo que ele aproveitava ouvindo o som de seu próprio coração batendo — enquanto *vadiava*, ou como dizia em inglês, *sauntering*, palavra "que é graciosamente moldada 'pelo povo simples que mourejava no campo durante a Idade Média, pedindo caridade sob o pretexto de ir à Sainte Terre', dizendo para a Terra Santa, e

Um andarilho alpino da Baviera, Alemanha.

até as crianças recitavam: 'Vai, então, à Sainte Terre, à Saunterer, para Santaterrear'.

Lembre-se, então, do poder da lanterna do viajante. Com ela podemos ver as páginas do antigo livro de mitologia grega. Virando as páginas, encontramos que uma das maneiras de concentrar a atenção é ouvir o som do vento na copa das árvores. Os gregos personificavam esse som delicioso como o movimento das adoráveis dríades, ninfas dos bosques que levam os poetas a vagar entre as árvores quando precisam de inspiração. Na natureza, caminhando nos bosques, eles sabem que podem ter contato com os espíritos, deuses e deusas que se demoram no mundo.

Lembre-se de que as caminhadas contemplativas transformam a base entre nós e o chão sagrado, não importa se estamos na Via Ápia fora de Roma, ou no estacionamento ao lado do escritório. O preparo da peregrinação exige que comecemos em casa a observar e ouvir mais atentamente, embora sendo bombardeados pela vida de todo dia.

❁ ❁ ❁

Imagine o quanto você pode reviver a arte de caminhar em sua jornada. Há inúmeras razões para que você o faça. Primeiro, porque esse é um modo de começar um treinamento modesto para a caminhada que fará na sua viagem. Segundo, porque é uma forma de você examinar suas próprias intenções e propósitos. Mas, como Thoreau mesmo disse, é preciso *simplificar*. Deixe o telefone celular em casa. Leve somente lápis e papel. Ande por um local onde você possa estar sozinho com seus pensamentos. Permita a si mesmo pensamentos comuns sobre o trabalho e deixe-se levar por eles. Simplesmente ande e esteja atento às suas redondezas, ao parque, à beira-mar. Pense num bastão para caminhar, o apoio do peregrino, e seu permanente contato com a terra.

Nesse estado de espírito, deixe crescer em você uma imagem de gratidão e lembre-se da história do Alce Negro, da lenda da Mulher do Búfalo Branco, que cantava para seu povo:

> De um modo sagrado, estou andando.
> Em trilhas visíveis estou andando.
> De maneira sagrada eu ando.

Em nosso tempo, o poeta Antler, de Milwaukee, prestou uma homenagem ao bastão do caminhante.

BASTÃO

Segurei suavemente entre meus dedos da mão
    galhos encontrados ao longo do caminho,
Colhidos por meus olhos e pegos
Atirados para o alto e apanhados e testados
    se não é longo demais,
    se não é curto demais,
    se parece o melhor,
Digo a mim mesmo — "Esse é o meu bastão!"
    e bato no chão com a sua ponta.

Leve-me para bem longe, onde devo ir!
A milhas daqui, além de toda estrada,
    de toda estrada e de toda voz humana
    ou som de máquina,
Através dos bosques que eu amo tanto,
Depois dos lagos tão ermos
Para além de onde toda trilha cessa,
    lá onde as montanhas brilham
    e o céu jamais foi maculado!...

Meu bastão de caminhada me apressa,
    me dá a mão como se fosse um amigo,
E me conforta, e me ampara
    onde o terreno é incerto e perigoso,
Muito além dos lugares já mapeados,
Onde homem algum jamais botou o pé
Seguindo a voz do rio
    no alto, onde as montanhas brilham
    e o céu jamais foi maculado!

O CAMINHO DA FÉ

Bem-vindo, tesouro inexaurível de vida!
Hino acadiano em louvor de Maria

O historiador das religiões Huston Smith descreve quatro aspectos da peregrinação: simplicidade de propósito, desvencilhamento da distração, provação ou penitência, e oferendas. Com satisfação, ele fala do "inesperado prazer" que teve quando primeiro se defrontou com o tradicional costume judeu de dar esmolas. Um amigo na Universidade de Duke lhe deu a informação, dizendo: "Eu o encarrego de dar uma esmola ao próximo mendigo que encontrar".

Quando perguntei a Smith por que as pessoas faziam jornadas sagradas desde que o mundo é mundo, ele pensou e respondeu: "O fato é que somos almas revestidas de corpos; temos de manifestar nossa fé".

Com certo acanhamento, ele confessa que, quando viaja com sua mulher, ela o censura por sua prodigalidade quando visita lugares santos. "Não me aproximar assim das pessoas seria desperdiçar uma oportunidade preciosa. Preciso viver essas experiências por mim mesmo. Minha vontade é acordar muito cedo e *gastar, gastar, gastar!*"

"Outra coisa bem típica em mim", diz Smith, descontraidamente, "é o impulso que tenho de trazer alguma coisa dos lugares sagrados. De cada viagem trago uma pedra simples para o meu jardim, aqui em Berkeley. Hoje nem sei mais de onde elas são, depois de tantos anos, mas sinto seu *poder* em torno de mim".

Finalmente, há o aspecto interno da peregrinação, a contrapartida da exploração do mundo exterior. "É isso aí", conclui Smith. "Fazemos isso para sair da rotina ou levados pela devoção?"

Minha apresentação a um exemplo vivo de devoção foi com minha própria mãe, Rosemary LaChance Cousineau. Minha infância foi pontilhada por rapsódias com o tema da verdade. Hoje ela é florista em Sonoma, Califórnia. Ela se lembra da única peregrinação que fez um dia, em 1948. Ela estava com 16 anos quando acompanhou sua irmã e o cunhado a uma jornada de carro de Detroit a Quebec, em visita ao relicário de Sant'Anna de Beaupré, em homenagem à mãe de Virgem Maria. O santuário estava apinhado de peregrinos aleijados e prostrados nas estradas ou na escadaria inacabada da basílica. Dentro havia milhares de muletas e de cadeiras de rodas deixadas por doentes que tinham sido curados após anos de visitação impelidos pela fé. Além das fotos deixadas por pessoas curadas, havia uma paisagem pintada pelos canadenses locais com a seqüência da Paixão. Ela envolvia os que se arrastavam colina acima numa poderosa associação de arte e cura, e este parecia ser o próprio prêmio pelos seus atos de fé e de tenacidade.

"Era o lugar para se visitar naqueles tempos, se você estava desesperado", minha mãe lembra, "onde americanos e canadenses iam em busca de esperança e de milagres". Minha irmã Fran foi sempre torturada. Eu não sabia disso, então, mas ela estava tentando encontrar respostas para os seus problemas de saúde e para os seus demônios, que afinal revelou-se ser esquizofrenia.

"Lembro-me de ter feito tudo por conta própria. Eu queria assim", continuava minha mãe. "Acreditava em milagres e, olhando para trás, acho que estava fazendo isso por minha mãe, por meu pai e por seus problemas de saúde, como um tipo de expiação. Mamãe tinha um problema de coração, assim como meu pai e, além disso, ele tinha o que se chamava de 'um silencioso problema de bebida'.

"Voltei para Detroit satisfeita. Meus pais nunca me disseram nada diretamente — eles sempre *mascaravam* seus sentimentos. Mas eu sentia que eles pensavam que eu havia voltado como uma pessoa melhor."

Uns poucos anos depois, a irmã de minha mãe levou seu filho, atingido pela pólio meses antes do aparecimento da vacina, até o santuário. Embora não tenha se curado, de modo extraordinário ele sobreviveu até a maturidade. Ela acredita que isso se deveu às suas orações, que foram respondidas "de maneira diferente, mas poderosa".

A peregrinação é "crença em ação". A fé de minha mãe baseava-se na vida dos místicos e na sua rede subterrânea de apoio constituída por seus amigos da paróquia. Toda terça-feira à noite eles se reuniam para as novenas, que lhes permitiam fazer uma espécie de peregrinação espiritual. O sacerdote da paróquia possuía uma dessas naturezas intensas, que podem fazer com que seus fiéis se sintam, em pouco tempo, na Via Dolorosa, em Jerusalém. "Essas pequenas peregrinações ajudaram muita gente a vencer a depressão. A fé é algo que diz respeito ao que acontece entre mim e meu Criador."

A especialista em mitologia Joan Marler estava liderando uma excursão pela Irlanda, na metade da década de 90, quando se defrontou com um problema inevitável para muitos viajantes. Após ter vencido dificuldades para obter permissão oficial para navegar até as remotas e normalmente tempestuosas Ilhas Skellig, ela se encantou ao encontrar por lá um tempo magnífico. "Tudo era horizonte ao nosso redor; o mar estava plácido como nunca tinha visto. Podíamos realmente sentir o poder dos antigos monges que tinham vivido ali sozinhos durante séculos, copiando penosamente velhos manuscritos." No entanto, naquela noite, quando o grupo retornou para o continente, deparou-se com problemas de acomodação; várias pessoas ficaram aborrecidas, esquecendo-se depressa da experiência vivida durante o dia.

"Tentei ajudá-las, lembrando-lhes como eram mundanos nossos problemas, se comparados com o excepcional golpe de sorte de visitar as Ilhas Skellig com *aquele* dia maravilhoso, mas, ironicamente, essa difícil jornada mítica transformou-se em qualquer coisa banal! Aprendi, então, que quando a viagem é muito fácil as pessoas não valorizam sua experiência e, seguramente, não entendem a natureza mitológica de certos tipos de viagem."

❁ ❁ ❁

Imagine que a tarefa do peregrino é *aprofundar* o mistério por conta própria e não recebê-lo de bandeja. Se você enfrenta desapontamentos, tente se perguntar onde foi que sua atenção se desviou. O trabalho real da jornada já começou; você terá de encontrar os deuses nesses lugares antigos pelo caminho.

Rejubile-se por ter chegado tão longe.

OS CAMINHOS DA VIAGEM COMOVENTE

Nada resulta do nada fazer.
William Shakespeare (1564-1616)

Ao longo dos anos tenho recebido centenas de telefonemas, cartas, mensagens, indicações e toques para auxiliar pessoas prestes a viajar. Tenho prazer em suprir amigos com listas de livros, vídeos, discos, mapas, guias de excursão e — melhor de tudo — histórias que ajudam a desmistificar o caminho. Também costumo sugerir a viajantes que pesquisem, nas sessões de viagens dos jornais, sobre os eventos que estariam ocorrendo nas cidades a serem visitadas.

Localizar celebrações especiais, festivais, exposições de arte, música ou literatura é um modo natural de enriquecer nossa jornada. A família Hammer, de Nova York, por exemplo, comparecia a conferências nos museus e bibliotecas de suas cidades vizinhas, para inspirar seus itinerários. Uma exibição recente na Biblioteca Estadual de Nova York sobre o movimento romântico ajudou-os a organizar e tornar realidade sua jornada pelo Lake District, na Inglaterra.

A um amigo que tinha dificuldade em lembrar detalhes de suas viagens, sugeri que assumisse a tarefa de escrever um poema a cada dia, durante sua jornada. A tarefa diária provou ser impossível para ele, que preferiu focalizar sua atenção numa esticada de uma semana a Paris, Praga e Florença. Até hoje, suas lembranças dessa viagem estão entre as mais queridas, porque como me disse: "Quando tudo é um poema possível, o mundo torna-se, de repente, muito mais interessante".

RITUAIS DE ESTRADA

Você está escrevendo sobre o país?
pergunta feita a René Caillié, em Tombuctu, no Mali

No caminho de Santiago, os peregrinos entoavam salmos e cânticos, alguns dos quais nos chegam até hoje. Como Melczer anotou, eles eram entoados para dar força e coragem aos peregrinos.

Estou lembrado da tradição do canto entre meus antepassados *voyageurs*, que atravessavam distâncias incríveis no Canadá, cantando no ritmo das suas remadas. Nas suas peregrinações de trinta dias aos campos sagrados do peiote, os índios Huichol faziam uma elaborada roda de canções para o deus do milho, rogando-lhes para que suas colheitas fossem boas.

Depois de um encontro ritual de peiote, que dura toda a noite nas montanhas do norte do México, um grupo de Huichol, Tarahumara, e de índios navajos reúne-se em torno do seu altar sagrado e saúda o sol nascente com orações e canções.

A música desempenha um papel importante em minhas viagens. Nos últimos vinte anos, um de meus rituais tem sido tocar uma fita já bem gasta com a música "On the Road Again", de Canned Heat, enquanto preparo minha bagagem. A gaita em ritmo de trem no começo da canção e entre os versos me provoca sempre um sorriso e traz humildade ao meu coração, enquanto me dou conta de minha sorte em poder estar embarcando mais uma vez.

Em muitas das minhas primeiras viagens, gravei fitas e coloquei nelas rótulos de identificação: "Peregrinações às Filipinas, 1983"; "A

Alma de Paris, 1996"; "Mitos do Mediterrrâneo, 1993". Ouvir esses teipes de jornadas sempre me estimulou ao dar aulas e ao escrever meu diário; ouvi-los depois atua em outra direção, fazendo-me lembrar de época e lugares dessas viagens.

Mort Rosenblaum cumpre um importante ritual antes de sair numa de suas missões de repórter: escolhe algumas fitas favoritas de música. Seja para cobrir uma história de barcaças no Sena, ou para um novo surto de guerra na Bósnia, ele sabe que suas fitas prediletas o ajudarão a manter o foco.

Como muito do que vamos encontrar ao longo da estrada é novo, é importante registrar nossos pensamentos enquanto estamos a caminho. Pensando que nos lembraremos do perfume dos pinheiros ou do mar, é tão ilusório quanto acreditar que vamos nos lembrar perfeitamente de um sonho de manhã.

"Na dúvida, escreva", repetia-me um professor de inglês há muito tempo. Por que isso é tão importante? Porque você está mudando à medida que os quilômetros passam e seu destino se aproxima; não existe nada mais fascinante do que observar de perto o processo de mudança e de aprofundamento, e como reagimos a esse fenômeno mercurial. Tenha em mente o que o humorista James Thurber dizia quando lhe perguntavam por que escrevia: "Não entendo o que penso, até que leio o que tenho a dizer".

É o *processo* de escrever uma carta ou um diário que nos leva à verdade contida na jornada que empreendemos. Muito comumente, quanto mais simples e mais devagar, melhor. Penso na obra do século XVI *Pilgrim of the clouds* (O peregrino das nuvens), de Yuan Hung-tao, que escreveu brilhantes ensaios de viagem e poesia sobre a natureza, durante as jornadas que empreendeu a lugares sagrados da China. É o modo como o fazia que me empolga mais. Na sua peregrinação ao Monte She, ele escreveu:

> Entrei no templo, procurei o mundo de sonhos
> dos monges, o polegar nas sutras,
> sentindo a poeira dessa vida de viajante.

Em outros poemas ele descreve o levantar-se de manhã, o adeus aos amigos ou "Anotando o que vejo", um exercício simples, desprovido de ego, que é como desenhar com palavras.

Se a dedicação à poesia do cotidiano é importante, assim é também o material contido num diário. Eu pessoalmente acredito que ele deva ser encadernado em couro para ter alma.Tenho de me sentir bem quando o tenho em minhas mãos e o levo para a escrivaninha ou para a mesa do café. O couro me lembra dos primeiros livros que meu avô me deu, e dos livros raros que tive em minhas mãos em velhas bibliotecas. Um conjunto de instrumentos de escrita é importante por sua variedade e diferentes finalidades — para escrever, desenhar, pintar, brincar, jogar.

A escolha de guias de viagens pode variar de jornada para jornada. Há os mais conhecidos, como o Fodor's, o Frommer's, o Michelin, assim como os esotéricos *The marvels of Rome* (As maravilhas de Roma), um guia do século XII para as ruínas da cidade, e o livro sobre os etruscos de D. H. Lawrence. Esses livros me confirmaram sempre a verdade a que Paul Fussel aludiu quando disse que os grandes livros de viagem são "Odes à Liberdade... e comemorações implícitas à liberdade num mundo de prisões... exemplos de liberdade pessoal e coragem filosófica... que, como um poema, conferem significado universal ao contexto do local".

Outras maneiras simples de tornar sagrada a viagem: velas para um momento particular, para trazer espiritualidade a um quarto de hotel prosaico, ou para ajudar sua meditação a um ser amado distante. No ano em que meu pai morreu, eu estava em Périguex, na França, a cidade de onde meus antepassados vieram, em 1678. Acendi uma vela votiva para ele e fiz uma prece para a jornada de sua alma, uma antiga atitude ritual destinada a ajudar a alma em seu caminho pela escuridão do infinito. Agora, não faço nenhuma viagem sem acender ao menos uma vela por um amigo ou membro da família. Há anos, uma querida amiga minha foi vitimada pela recorrência de um câncer, que ela havia tido aos dezesseis anos. Num momento inspirado, acendi uma vela em sua intenção, na catedral de Chartres, no dia da sua operação, que durou dezesseis horas. Dois meses depois, ela descreveu para mim como, no meio da escuridão, quando segundo os médicos sua vida correu perigo, ela viu brilhar a chama de uma vela.

Para alguns viajantes, levar consigo um rádio de nove faixas seria uma tolice. Mas eu cresci ouvindo um radinho transistor, desses que cabem na palma da mão, que podia prender à janela do carro. Eu sintonizava jogos de futebol em toda a Califórnia, o que me encantava.

A expatriada americana Jeanette Hermann em peregrinação à Catedral de Amiens, na França, com seu amiguinho Jack Blue Cousineau, acende uma vela votiva.

Hoje continuo ligado à magia do rádio — quanto mais simples, melhor. Ouvir a Voz da América, a BBC ou a Rádio Luxemburgo, de um lugar remoto, como fiz nas florestas da Guatemala e da Amazônia, ou mesmo de uma velha casa na costa atlântica de Portugal, é sentir outra vez a vibração dos peregrinos. Isso *aprofunda* o mistério de viajar.

Outro aspecto sagrado da viagem é o tempo. A prática de dar corda no velho Timex que herdei de meu pai é algo que faço com prazer, todas as manhãs, especialmente quando estou viajando. O empenho que isso exige de mim me torna consciente da continuidade dele em mim no correr dos dias e dos anos e me relembra da limitação do tempo daquela jornada em particular.

O CAMINHO DOS FELIZES ACASOS

Manter-se na estrada principal é fácil, mas as pessoas adoram ser desviadas do caminho.
Lao Tsé (século VI a.C.)

O máximo que conseguimos é planejar bastante. A partir daí, temos de deixar as coisas seguirem seu rumo e confiar em Kairos, o antigo deus da sincronicidade. Um dos mestres desse movimento sutil é o arquiteto Anthony Lawlor. Com seu jeito jovial, ele nos conta como se tornou um "peregrino acidental" ao *The field of dreams* (Campo dos sonhos) do beisebol em Fairfield, Iowa.

"Não foi intencional", ele disse, em entrevista recente. "Estava dirigindo com minha mulher, no interior de Iowa, perto de Dyersville, onde rodaram o filme, quando vimos um cartaz bem simples, que logo reconhecemos e exclamamos: 'Ei, olha só isso!'. Fico feliz de termos confiado em nosso palpite, porque naquela época não era um local famoso. Havia apenas alguns turistas brincando de arremessar e pegar a bola. Parecia uma conexão genuína com o beisebol em sua forma mais pura. Pura brincadeira. Fui transportado à minha infância, à simples beleza do jogo, pelo que ele é."

Como muitos torcedores modernos, Lawlor cresceu consciente da comercialização do beisebol, que já foi sagrado para ele. "De repente, vendo aquele belíssimo campo de beisebol e lembrando como o filme foi emocionante, me fez voltar ao tempo em que ainda apreciava o jogo, até as recordações da Liga Juvenil."

Para ele, o cenário, "o brilhante gramado verde com as grossas linhas brancas contra o vermelho intenso da casa da fazenda e do celeiro, do século XIX", davam à cena uma certa atemporalidade.

"Para mim, aquela era uma cena surpreendentemente autêntica e sagrada, realmente uma jornada à fonte do jogo, à iniciação, que todos tivemos quando crianças. Era como as formas mais tradicionais de peregrinação a lugares como a Índia.

"Outro ritual que amo é examinar mapas. Só olhar onde estou agora, e o quanto progredi na caminhada, me liga imediatamente com a minha busca. Se estou consciente do que estou fazendo, isso me diz em que ponto estou de minha peregrinação e me diz o quanto minha caminhada me mudou. Somente olhar de perto a diferença entre os mapas antigos e os novos já me permite ver como uma camada de história jaz sobre a outra, o que me ajuda *imaginar* a realidade de um lugar como Paris, por exemplo.

"Recentemente, amigos meus foram à Índia, e eu criei uma pequena cerimônia para eles. Dei-lhes relíquias embrulhadas e disse simplesmente: 'Abram quando alcançarem seu destino'. Qualquer um pode fazer isso com seus amigos e familiares: um livro, uma vela, um lápis, uma oração escrita à mão. Tudo se torna sagrado pela intenção de quem dá e pelo lugar onde é aberto."

O mais antigo campo de beisebol da América, o Rickwood Field, fundado em 1919, em Birmingham, Alabama.

Lawlor dá ênfase a cada aspecto de sua vida e de seu trabalho. E mostra que a relação entre deixar a própria casa todos os dias e viajar em peregrinação é muito grande.

"Entrar no terreno da peregrinação", diz ele, "é como ir para um lugar desconhecido de si mesmo. É um desafio para todo aquele que ainda está em casa. A própria existência desses lugares sagrados parece nos interrogar: 'Você está vivo em casa? Vai ficar para sempre no seu caixão de mediocridade ou vai romper sua gaiola e empreender a jornada do descobrimento para se revelar a si mesmo?'".

Lawlor recomenda que se encontre um ritual significativo para executar nos momentos-chave da peregrinação. "Precisamos de um ritual ao longo do caminho — lançando cinzas pelo rio, flores numa sepultura ou participando de um ritual daquele local — para sentirmos de fato o espírito dos lugares. Assim, é importante conhecer os rituais com antecedência, como ir até um poço sagrado a uma certa hora do dia."

Como um supremo exemplo de peregrinação como microcosmo da vida, Lawlor cita Borobudur, o magnífico monumento budista em

Java: "um circuito de toda uma jornada mítica num microcosmo". Borobudur é uma imagem da montanha sagrada; ela contém as relíquias sagradas dentro de estruturas em forma de sinos chamadas *estupas*. Nos muros dos dez terraços do templo são vistas cenas da vida do Buda e aquelas que descrevem a jornada do peregrino Sudhana.

Um peregrino a caminho desse monumento jejua, reza e se prepara para o ritual que é uma espécie de iniciação. A circunvolução, caminhada na direção dos ponteiros do relógio, em torno de um templo, tem como meta conduzir a consciência do peregrino até um plano elevado. Infelizmente, conclui Lawlor, em nosso tempo o conceito de verdadeira peregrinação foi trivializado. "Transformamos as possibilidades extáticas da peregrinação tradicional em algo como as viagens à Disneylândia. Não acreditamos (ou tememos não acreditar) nos êxtases devido ao estigma puritano em nós... O que estamos fazendo é criar uma ilusão de peregrinação na cultura *pop*, uma ilusão de *estar lá*. Viagem virtual, entretenimento."

Vista panorâmica da planície de Kedu, do alto do terraço de Borobudur, um templo de montanha de mil e cem anos, em Java, na Indonésia.

Acima de tudo, diz ele, precisamos acreditar no êxtase novamente e saber a diferença entre a ilusão do sagrado e a coisa real. Lawlor usa o termo *tapas*, do sânscrito: "Significa renúncia, sacrifício. A palavra *sagrado* vem de *sacrifício*, supressão. Significa que, para fazer uma jornada sacrossanta, você deve renunciar a alguma coisa, *sacrificar-se*; mas poucas pessoas hoje no Ocidente gostam de ouvir falar nisso. Os americanos querem o prêmio sem ter que passar pelo labirinto.

"A peregrinação faz mover a roda", Lawlor conclui. "Faz girar a roda do *samsara*, a roda da vida, com cujas conseqüências temos de viver."

❀ ❀ ❀

Imagine o peso nas suas costas, à medida que a peregrinação prossegue. Além do peso da carga material, há as cargas mentais e espirituais. Muitas vezes, o peso que um viajante leva é o fardo imenso de perguntas não respondidas. Aqui estão algumas que me ajudaram a encontrar o caminho em cidades e países estranhos: Como esta cidade foi fundada? Qual o mais antigo prédio e a rua mais antiga do lugar? Como encontrar a melhor rua comercial? Há algum lugar em que se faz música local? Qual é o santo padroeiro? De onde se pode ver melhor o nascer do sol? Onde achar a música mais autêntica do país? Qual o poeta mais amado no lugar? Onde ir para um poente contemplativo? Há um local onde se passeia à tarde, ou de manhã cedo?

Tente alguma coisa equivalente à saudação dos viajantes tibetanos: "A que sublime tradição o senhor está ligado?".

Lembre-se, aqueles que não fazem perguntas essenciais não obtêm respostas autênticas. A alma da sua peregrinação, o coração do seu destino, desaparecerão ou permanecerão invisíveis como o castelo do Graal, se você tiver medo ou orgulho em demasia para aparecer como de fato é naquele momento — alguém muito distante do lar, sem todas as respostas, sem a alma ou o mapa da cidade. Aqueles que se recusam a fazer perguntas vitais ao longo do caminho pagam seu preço, seja porque se perdem ou porque ficam só com a visão superficial da jornada, como a maioria dos turistas. Há outro caminho. Além das perguntas práticas sobre questões como farmácias, táxi nos aeroportos e coisas assim, há as perguntas que dizem respeito à abertura do coração. Reserve suas perguntas mais profundas para pessoas que lhe parecerem mais receptivas a viajantes, como os garçons de café e os donos de livrarias.

A peregrinação, como a arte e a poesia, está sempre "relacionada ao significado". A poetisa Muriel Rukeyser lembra-se de uma professora que perguntava em classe: "Quantos de vocês conhecem algum outro caminho na cidade que não seja o caminho entre a sua casa e a escola?". Ela não levantava a mão. Como menina, ela era quase obrigada ao silêncio, para não ter que responder e se envergonhar. "Nesses momentos", ela se recordava anos depois, "a pessoa começa a se enxergar".

❊ ❊ ❊

Imagine-se numa encruzilhada. Ninguém numa autêntica peregrinação escapará desse momento. Você partiu e está na estrada, esperando com alegre expectativa o prazer do movimento. Você já magnetizou sua jornada com uma finalidade e atrairá as coisas da estrada como nunca antes. Mas terá de fazer escolhas a cada dia. Os significados começarão a juntar-se a cada encontro. A cada dia, precisará escolher um letreiro na estrada no qual acreditar. A cada dia, quer esteja caminhando mil quilômetros entre a Dinamarca e Santiago, dirigindo para Graceland ou tomando um ônibus para a casa de Checov em Ialta, terá de escolher — entre a *imagem* que se oferece a um grande número de pessoas que passam por você, ou um encontro *imaginado* e ativo com o lugar. Não se deixe enganar pelo *glamour*, essa velha palavra escocesa que significa soletrar. O glamour de Versailles pode fasciná-lo, mas a hipnose pode insensibilizar seus olhos.

A pergunta contida no coração dessa busca é como renovar nosso poder de visão.

A NECESSIDADE DAS RUÍNAS

O homem é um deus em ruínas.
Emerson

O ensaísta nômade francês Jacques Réda recorda isso antes de sair de seu apartamento em Paris, todas as manhãs de domingo, para circular pela cidade para *ver alguma coisa nova*. Esse é um grande desafio, porque como alguém dedicado a ver alguma coisa nova no velho, ele aprendeu a perceber o que outros ignoram.

Ver desse modo é chegar perto do coração secreto do mundo. É um movimento indireto, representado mundo adentro como uma espiral, o símbolo da própria vida-força nas encruzilhadas do tempo e do espaço.

A prática dessa viagem sensível leva a descobrir o ponto crucial entre a história e a vida cotidiana, o modo de encontrar a essência de cada lugar, a cada dia: no mercado, nas capelas, nos parques distantes, nas lojas de quinquilharias. A curiosidade pelo extraordinário contido no mais banal do mundo conduz o coração do viajante a ver além do véu do turismo.

Em outras palavras, como disse o oráculo do Bronx, Yogi Berra: "Se você chega a uma encruzilhada na estrada — tome-a!".

AS ODISSÉIAS

Não seja comum, seja excêntrico!
Mestre Zen, anônimo

E há as peregrinações do gênero "odisséia", a caixa de segredos do mundo das viagens. Hoje essa caixa está repleta a ponto de estourar. Dentro dela podemos encontrar anúncios de "peregrinações" ao Museu do Sexto Andar, em Dallas, ilustrando uma das datas mais trágicas da história americana, o dia 22 de novembro de 1963. Os visitantes podem olhar pela mesma janela do Depósito de Livros Didáticos do Texas de onde Lee Harvey Oswald atirou com seu fuzil para mudar a história. Em Phnom Penh, o atual governo transformou o colégio Tuol Sleng, que foi usado como câmara de tortura pelo Khmer Vermelho, num museu para que visitantes pudessem melhor entender a magnitude do inferno de Pol Pot. Os velhos escritórios da KGB em São Petersburgo, na Rússia, e em Vilna, na Lituânia, foram limpos e agora atraem os turistas e seus dólares. Isso pode dar "engulhos" aos viajantes, como dizia D. H. Lawrence, até que você se lembre de que, durante séculos, os peregrinos nunca perderam a oportunidade de "prestar homenagem" aos crânios e fêmures empilhados nas catacumbas das imediações de Roma e Paris.

Túmulo e catedral de São David, em Gales, no Dia de Todos os Santos, data bastante apropriada para visitar locais onde repousam antepassados.

Entre as novas rotas de peregrinação encontramos as feitas ao antigo estúdio de Georgia O'Keefe em Albiquiu, Novo México, primeiro museu da América devotado a uma artista mulher de fama mundial. Peregrinos artistas têm se aventurado lá em busca da luz do deserto que se encontra em sua arte. Pontes cobertas no condado de Madison, em Wisconsin, agora atraem cinéfilos que cultuam o filme *As pontes de Madison*, com Clint Eastwood e Meryl Streep. Em São Francisco, as excursões da Grey Bus Line levam até a casa onde Robin Williams atuou, travestido de velha senhora, no filme *Mrs. Doubtfire*. Outra estranha mas perfeitamente legítima peregrinação pode ser vista anunciada no *New York Times* como "Peregrinação aos Melhores Grafites", feita para artistas europeus que sonham chegar às fontes da arte anarquista das ruas.

Um lugar que jamais deixa de ser visitado porque é ponto das mais notórias peregrinações modernas, sem dúvida, é Hollywood, na

Califórnia. Numa grande carruagem negra e orientado por um solene guia, o peregrino intrépido pode visitar os túmulos, os paraísos das *overdoses* e os locais mais "quentes" dos ricos, dos célebres e, às vezes, já mortos da cidade do cinema. No cemitério de Woodlawn, no Bronx, Nova York, milhares de pessoas acorrem para ouvir concertos musicais perto dos túmulos de Duke Ellington, Miles Davis e George M. Cohan. Peregrinações ao cemitério de Highgate, em Londres, e Montparnasse, em Paris, são comuns, como o são viagens para rabiscar ou colher epitáfios. Alguns peregrinos podem ser, no entanto, tragados pela terra. Em dezembro de 1997, o *Wall Street Journal* noticiou que Mar Walters, de Augusta, na Geórgia, que estava pesquisando túmulos desde Atlanta até Iona, na Escócia, preocupado em estudar um túmulo na zona rural de Illinois, acabou caindo no fundo de uma sepultura. "Ríamos tanto que eu mal podia sair dali", contou ele depois.

Nada para se preocupar. O deus dos peregrinos usa muitas máscaras. Há uma graça e uma dignidade em todo aquele que busca. O mestre da paisagem e imortalizador da cultura da estrada na América, J. B. Jackson, disse em *The necessity for ruins* (A necessidade das ruínas): "A inspiração do turismo é um desejo de saber mais sobre nós mesmos. Se ofendemos o gosto do público, isso é apenas acidental em nossa pesquisa; o cuco suíço, o adesivo das cavernas de Carlsbad são como diplomas — provas de que, ao menos, *tentamos* melhorar a nós mesmos".

Melhorar a nós mesmos? *Como?*, você pode perguntar. Talvez trabalhando constantemente com a imaginação, procurando metáforas para a condição humana, olhando em muitos espelhos e caminhando por todas as estradas possíveis.

O SEGREDO DA VIAGEM COM ALMA

A beleza do Caminho é que não há "caminho".
Loy Ching-Yuen, *The book of the heart*

O segredo, naturalmente, é que não há segredo. Não há um caminho, apenas o *seu* caminho.
De que outro modo posso lhe dizer isso?

Em 1819, um soldado cego, James Holman, foi dispensado da Marinha britânica. Imediatamente, ele se preparou para conhecer o mundo. Viajou sozinho, exceto por um breve período em que se fez acompanhar de um homem surdo. Ele não falava nenhum dos idiomas que encontrara pelo caminho e, para locomover-se, usava sempre transporte público. De volta, publicou vários livros de viagens, nos quais dizia raramente ter perdido algo devido à cegueira. Percebendo sua deficiência, as pessoas pediam-lhe que "espremesse" tudo o que encontrava, como um modo de percebê-las.

"E é isso o que o escritor viajante contemporâneo deve fazer", escreveu Anatole Broyard no seu ensaio sobre Holman. "Ele deve 'espremer' as coisas até que produzam algum resultado, qualquer um."

"Esprema os sentimentos", como se lamenta Van Morrison. Tocar o local ou arriscar-se a não ser tocado por ele, tocar o mundo com as mãos de caminhante. Tocar lugares tão deliberadamente quanto o fotógrafo Jim Brandenburg, que passou noventa dias nas florestas do norte de Minnesota, tirando uma única foto por dia. Tocando suavemente, como a incansável viajante Rose Macaulay fazia nas ruínas de Atenas, escrevendo: "Essa beleza em pedaços é tudo o que temos da sua antiga majestade; nós a cultuamos como ao último fragmento de um lindo poema perdido".

"Sou uma alma que se maravilha... Sou uma alma que se maravilha... Sou uma alma que se maravilha", canta Van Morrison. É a descrição mais pura de peregrino que eu conheço.

O que isso tudo significa para um viajante que procura um lugar desconhecido para sua renovação? Apenas isso: há na peregrinação, como há na arquitetura, na psicologia e na poesia, um *espaço secreto*. Donald Hall fala-nos a respeito de amigos que compraram uma antiga fazenda no interior. Era um "pombal de pequenos quartos", e quando eles começaram a mobiliá-los perceberam que a sua disposição não fazia muito sentido. "Retirando um papel de parede, descobriram uma porta que tinha acesso a um cubículo fechado e escondido, ninguém sabia para quê: não havia lá cadáveres nem tesouros." Para Hall, o mistério da poesia de evocar sentimentos fortes encontrava ali sua analogia, na habilidade de um espaço fechado, sem qualquer explicação, um lugar onde se juntam todas as coisas indizíveis.

E assim é na trilha do peregrino. Em toda parte aonde se vai há um quarto secreto. Para descobri-lo, é preciso bater em todas as paredes, como um detetive faz nas casas misteriosas, e ouvir o eco que revela as passagens secretas. É preciso afastar os livros das estantes para ver se a prateleira da biblioteca revela a abertura de um espaço oculto.

Vou repetir: todo lugar tem um quarto secreto. Você mesmo precisa achá-lo, seja numa pequena capela, num bar escondido, num parque silencioso, na casa de um novo amigo, num banco junto a um vitral que a luz da manhã atravessa.

Como um peregrino, você precisa encontrá-lo, ou jamais entenderá a razão oculta pela qual saiu de casa.

Peregrino, passe indiferente por aquilo que não pode amar.

AS CINCO EXCELENTES PRÁTICAS DA PEREGRINAÇÃO

Inspiradas numa conversação do século V entre Zi Zhang e Confúcio, sobre as práticas dos sábios pensadores contidas em *The Analects* (Analectos), aqui estão cinco excelentes práticas recomendadas para viajantes em suas sagradas jornadas:

Pratique as artes da atenção e da audição.
Pratique renovando-se a si mesmo a cada dia.
Pratique vagueando em direção ao centro de cada lugar.
Pratique o ritual de leitura dos textos sagrados.
Pratique a gratidão e o canto em louvor da beleza.

V
O Labirinto

Além disso, não temos nem mesmo de correr o risco da
aventura sozinhos, porque os heróis de todos os tempos já
fizeram tudo antes de nós. O labirinto é inteiramente conhecido.
Temos apenas de seguir a trilha deixada pelo herói, e onde
pensávamos encontrar a maldade, encontraremos um deus.
Onde esperávamos matar alguém, mataremos a nós mesmos.
Quando pensávamos viajar para o exterior, chegaremos ao centro.
E onde imaginávamos ficar sozinhos, estaremos
de fato com o mundo inteiro.

Joseph Campbell

Todos nós sabemos muito bem que poucas jornadas são lineares e previsíveis. Em vez disso, elas mudam de rumo e retornam, serpenteiam e variam, até já não sabermos se estamos indo ou vindo. A imagem do labirinto é um antigo símbolo da sinuosa trilha da alma que vai da luz à treva para, adiante, emergir na luz. Com as costas coladas na parede do labirinto e ouvindo os uivos da fera que nos dão tremor à alma, olhamos em volta à procura de uma pista, de qualquer pista que nos permita escapar.

É curioso que, em inglês, a palavra *clue* sirva para *fio* e para *chave*, e tenha origem na velha palavra *clew*, que designava o fio dourado de novelo que Ariadne deu a Teseu para lhe facilitar a saída do labirinto. Esse estreito fio que seguimos na escuridão do mundo — nossas intuições, nossos pressentimentos, nossos sonhos — é de fato a nossa *clew*, o fio de meada que nos torna livres.

"Há uma ilha chamada Creta no meio de um mar escuro como o vinho", escreveu Homero, "uma terra boa e próspera, toda cercada de água, e nela há homens numerosos, e há noventa cidades... Entre essas cidades está a poderosa Cnossus, onde Minos começou a reinar quando tinha nove anos, ele que conversava com o grande Zeus...".

Nos seus dias gloriosos, a antiga Creta era um reino de paz. Um dia, uma estranha criança, meio homem, meio touro, nasceu da rainha Pasiphae. O rei enganado cobriu-se de vergonha. Minos mandou que Dédalo, o mais famoso inventor do reino, imaginasse uma prisão para aquele estranho filho real. Dédalo era conhecido pelo seu engenho, já tendo inventado a arte do ferreiro, a carpintaria, as armas de guerra, a carroça e asas de cera para seu filho Ícaro. Mas até ele ficou atônito diante da tarefa de ocultar uma fera cujos gritos podiam ser ouvidos de uma ponta a outra da ilha.

Então, Dédalo buscou inspiração perto da princesa Ariadne, quando ela executava a Dança das Cegonhas. Seus passos desenhavam um padrão de graciosas espirais. O inventor observou na areia as marcas deixadas pelos pés da princesa e concebeu, ali mesmo, um labirinto de sete círculos que podia ser construído no centro do palácio de muitos quartos. Lá, um dia Minos encarcerou seu monstro.

Mas agora o rei tinha dois novos problemas: como conter o apetite do animal insaciável e como manter Atenas, sua grande rival, refém do seu reino que controlava o Mediterrâneo. A solução de Minos para garantir a paz entre os reinos foi um tributo pesadíssimo. Sete virgens e sete rapazes deviam ser mandados, a cada ano, de Atenas para Knossus, a fim de serem sacrificados pelo Minotauro.

Finalmente, o príncipe grego Teseu não agüentou mais a humilhação. Convenceu então seu pai, Egeu, a deixá-lo ser um daqueles sete jovens. Quando Teseu chegou ao litoral da ilha distante, foi visto por Ariadne que se apaixonou por ele. A princesa pediu a Dédalo que ajudasse a salvar-lhe a vida, porque na verdade o desejava para si, facilitando-lhe a passagem pela ilha que era o reino de seu pai.

Cedendo à pressão da princesa, Dédalo entregou-lhe o segredo do labirinto. "Leve esse novelo encantado consigo esta noite", aconselhou. "Quando o desfile dos jovens passar pela cidade, entregue isso ao jovem príncipe Teseu. Diga no seu ouvido que se ele deixar o fio desenrolar na sua mão ao entrar no labirinto, poderá encontrar o centro e, depois, o caminho de volta até a saída."

Assim fez o príncipe. Pelos caminhos sombrios do labirinto ele seguiu confiante porque sentia nas próprias mãos, deixando correr por onde andava, o fio do novelo que a princesa lhe dera. Passando sobre os corpos das jovens vítimas do Minotauro, orientou-se pelos seus rugidos e finalmente o encontrou. O que aconteceu então pertence aos anais da história e da mitologia. Uns dizem que Teseu matou a fera com uma espada, outros que a estrangulou com as próprias mãos.

Feito isso, Teseu seguiu o fio até a saída do labirinto. Junto com Ariadne, foi para a ilha de Naxos, onde o príncipe a deixou porque temia que ela fosse vítima dos tribunais de Atenas. Logo que se viu sozinha nas areias de Naxos, e ainda olhando com medo o barco de seu amor que sumia no mar, o deus Dioniso apareceu-lhe de repente. O Olimpo estava preparando um outro destino para ela.

É característico de uma história ou imagem mitológica a sua natureza inesgotável. Também assim aconteceu com o mito do labirinto, a seu modo uma pungente história e uma alegoria da luta pelo poder nos velhos tempos, entre gregos e minoanos. No conto *The house of Asterion* (A casa de Asterion), de Jorge Luis Borges, o enredo é apresentado do ponto de vista único do Minotauro.

"O sol matutino brilhava na espada de bronze", termina o conto. "Já não havia ali vestígio algum de sangue."

"Você acredita, Ariadne?", disse Teseu. "O Minotauro quase não se defendeu."

O poeta segue as pistas dos antigos autores que sugerem que o Minotauro, cansado da sua prisão, das mortes que infligia e da vergonha de sua mãe, sentiu-se feliz ao ver Teseu e aceitou calmamente o seu destino.

Mircea Eliade usou essa história para descrever a metáfora central da obra de sua vida. "Um labirinto é uma defesa", disse ele no livro *Ordeal by labyrinth* (A provação do labirinto), "às vezes uma defesa mágica, construída para preservar um centro, um tesouro, um sentido. Entrar nele pode ser um rito de iniciação, como vemos no mito de Teseu. Aquele simbolismo é o modelo de toda existência, que passa por muitas provações, até seu centro, no rumo de si mesmo, na direção do *atman*, como os hindus o chamam". Eliade acreditava que a história representava a agonia da perda temporária da esperança. "Há ocasiões", disse ele numa entrevista, "em que sentimos que estamos emergindo de um labirinto, ou perdidos num emaranhado... Claro que não dizemos exatamente isso a nós mesmos: 'Estamos perdidos num labirinto'. E apesar disso, no final, temos a impressão de emergir de um labirinto como vencedores. Todo mundo na vida teve essa experiência. Mas é preciso acrescentar que não existe somente *um* labirinto. A dificuldade, a provação, acontece sempre de novo ao longo da vida. É assim a provação. Essa é a esperança de renovação. Cada passagem nos prepara e nos liberta mais".

❊ ❊ ❊

Imagine sua jornada como um labirinto. Um dos dons principais do mito é que em cada história nos é mostrado o círculo de 360 graus do comportamento humano; temos de verificar por nossa conta que ponto no arco do comportamento estamos vivendo naquele instante. Onde está você no arco da história que contamos? Com quem se identifica? Com o inventor? Com a princesa? Com o príncipe? Com o Minotauro prisioneiro? Como é viver a partir do mito da inventividade, do amor apaixonado, da aventura heróica, do exílio e do sacrifício?

Para o peregrino que percorre uma grande distância, com grande sacrifício pessoal, a imagem de uma trilha seguindo por um labirinto como o destino é muito poderosa. Medo, sacrifício, confusão, traição, roubo, mesmo a morte são situações que o viajante pode ser levado a encarar. A exaustão física total produzida pela caminhada de quinhentos quilômetros até o túmulo de um santo pode evocar fortes emoções de ressentimento e dúvida; a perda de dinheiro, do passaporte ou de um companheiro de viagem pode ameaçar uma viagem longamente planejada. Você pode receber informações erradas, talvez deliberadamente truncadas, de alguém que deseja ganhar alguma coisa às suas custas. Sua bagagem pode ser extraviada e não retornar às suas mãos senão uma semana depois. Pode decepcionar-se com as pessoas que viajam no seu grupo de peregrinos. Solidão a que não está habituado, comida estranha e até a arquitetura feia de um relicário que desejou conhecer há muito tempo — tudo isso pode desapontá-lo e resultar em decepção, confusão, frustração e o caos que foi simbolizado por séculos pela imagem do labirinto.

E, ainda assim, como Aldous Huxley escreveu: "A experiência não é alguma coisa que acontece com você, mas o que você faz com aquilo que acontece com você".

Pergunte a si próprio o que representa o *fio* que o conduz à inevitável escuridão e ao desânimo, que podem surgir na jornada. Paciência, silêncio, confiança e fé são as veneráveis qualidades do peregrino, e o mais importante de tudo é prática dessas qualidades.

Ninguém escapa aos escuros corredores de um labirinto sem a sua ajuda.

A TRILHA TORTUOSA

Três vezes por ano todos os homens devem aparecer diante do Senhor para que Deus faça sua escolha: na festa do pão ázimo, na festa das semanas e na festa dos tabernáculos.

Deuteronômio XVI: 16

Gary Thine é um cinegrafista judeu e estudante de hassidismo cujo sonho na vida sempre foi fazer uma peregrinação a Israel. Finalmente, em 1990 ele se aventurou lá com sua irmã mais moça, Odessa. Embora boa parte da viagem tenha sido enternecedora, ele também experienciou uma aterradora tristeza.

Um dos pontos principais, ou, talvez, deva chamá-lo de o ponto baixo da viagem, foi nossa visita ao Yad Vashem, o museu do Holocausto em Jerusalém. Passamos várias horas sob a apresentação multimídia que nos descreveu com detalhes os terríveis eventos que vitimaram os judeus da Europa. Vimos no museu a coleção de uniformes e de armas dos nazistas, bem como os objetos pessoais das vítimas, além de cartas, poesias que escreveram e pinturas que fizeram durante aquele tempo.

Passamos a última parte do dia num único memorial dedicado às crianças mortas pelos nazistas. Em pé, num quarto escuro, iluminado por estrelas sinteticamente criadas num céu noturno, ouvimos os nomes, um a um, das pequeninas vítimas. Os nomes continuavam sem parar. Enquanto eu ficava ali chorando, sentia que a energia do meu coração e da minha alma era drenada pouco a pouco.

Nos dias que se seguiram, senti-me espiritualmente vazio. Perguntas saltavam na minha mente. Como podiam seres humanos chegar a um estado mental que lhes permitia fazer aquilo a outros humanos? Como pôde o resto do mundo permitir que se fizessem aqueles horrores? E a mais terrível das perguntas — se a humanidade era capaz de um mal tão grande, qual era a utilidade de qualquer esforço para tornar o mundo um lugar melhor? Porque até então eu acreditava que era minha responsabilidade, como ser espiritual, empreender sérios esforços para melhorar o estado do mundo. Mas por quê? Que podia eu fazer que contribuísse para eliminar aquela tendência, aquela espantosa tendência para o mal?

Durante o vôo de volta para casa, enquanto minha irmã dormia, compreendi uma coisa. A reação apropriada a essa experiência não era a desistência. Era, sim, o redobrar dos meus esforços. Se a humanidade era capaz de produzir tanto mal, era também capaz de um imenso bem e de compaixão. Precisava fazer algo forte para compensar o mal. Na mesma hora me senti cheio de energia novamente. Em apenas alguns poucos minutos tinha ido do vazio, do desalento e da depressão, a partir do Yad Vashen, até um rico, entusiasmado e corajoso estado de espírito. Percebi em seguida que tinha vivido uma experiência religiosa, uma epifania. Minha peregrinação havia iniciado o trabalho de minha vida.

O uso do termo *iniciado*, por Rhine, é uma reflexão inspirada na crença de Eliade, de que a finalidade de uma jornada labiríntica é exatamente uma iniciação a um plano mais alto de consciência. Alcançar o centro é reorientar-nos por meio de uma revelação do sagrado, ainda que perturbadora. "Para mim", escreve Eliade, "o sagrado é sempre a revelação do real, um encontro com aquilo que nos salva dando-nos o sentido da nossa existência". Mesmo sendo perturbador ver o horror do labirinto, o coração da treva, também é iluminador. Esse é o aspecto religioso do período sombrio da peregrinação. *Religião* originalmente significa "ligar-se de novo", no sentido de estabelecer um reconhecimento da realidade fundamental. "*Religião*, para mim", reflete Huston Smith, "é a busca do Real, e o esforço para aproximar esse Real da nossa vida".

Para o peregrino, o viajante com um propósito sério, esse é o momento da verdade, quando a pesquisa do *real* o conduz a um lugar que se entranha no seu coração.

Ainda me lembro, com um espasmo de sofrimento no peito, de um encontro cara a cara com o mal. Tinha me aventurado pelo sul da Alemanha no outono de 1974, a fim de celebrar a Oktoberfest em Munique, o que fiz durante nove dias. No décimo, parei. Precisava encarar o lado sinistro da história moderna, de modo que tomei um trem para Dachau. Enquanto caminhava pelo campo de concentração, todas as minhas informações sobre o que havia acontecido durante a guerra, tiradas de livros e de casos ouvidos, caíram por terra. Diante dos portões de metal das câmaras de tortura e dos fornos crematórios nazistas, eu seguia um rito de passagem. Sentia perder ali os últimos vestígios de inocência. Olhando os demais visitantes ao meu redor, convencia-me do poder curativo das peregrinações na história do mal. Precisávamos ver de perto o monstro escondido no recesso escuro dos labirintos da história do mundo, para nos lembrar dos *fios* que nos ajudam a encontrar nosso caminho de volta.

O LADO SOMBRIO

*Para conhecermos alguma coisa, então, precisamos
ser polidos até que nosso coração fique exposto.*

Gretel Ehrlich

Para os viajantes, os fatores de sombra e perigo são bastante reais. Desde as primeiras caravanas que andaram sobre as areias da Ásia, as viagens foram lentas e precárias. As estradas eram tradicionalmente povoadas de bandidos. Apesar de sua aura sagrada, os peregrinos nunca foram poupados dos perigos da estrada aberta. O sombrio espreita a história da peregrinação, como um Minotauro aguardando a presa nos corredores tortuosos do labirinto real, ilustrado na seguinte passagem, escrita em 1280 pelo Peregrino de Burchard:

Um grafiteiro de São Francisco faz uma crítica social com a qual qualquer pessoa "perdida" no labirinto de sua jornada pode identificar-se.

Seja alguém um malfeitor, um assassino, um ladrão ou um adúltero, pode bem atravessar o mar como um penitente, ou como aquele que teme por sua pele e foge de seu país. É assim que eles vêm da Alemanha, da Itália, da França, da Inglaterra, da Espanha, da Hungria e de outras partes do mundo. E embora mude o céu sobre suas cabeças, eles não mudam suas mentes. Uma vez sem nada, depois de gastarem o que trouxeram consigo, querem adquirir mais fundos e, assim, voltam aos seus "vômitos", fazendo sempre o pior de tudo o que sabem fazer.

Aventureira do século XIX, Isabella Bird perambulou pelo mundo e escreveu brilhantemente sobre isso ao tempo em que a sociedade vitoriana considerava atitude totalmente inadequada uma mulher de certa posição social andar sozinha em público, e muito mais sustentar-se com o próprio talento e a criatividade. Suas explorações levaram-na ao Tibete, ao Havaí, ao Japão, à China, à Coréia e às Montanhas Rochosas nos Estados Unidos. Isabella era uma eterna otimista nas suas expedições, mas houve uma viagem que a desapontou seriamente — uma peregrinação em dorso de camelo ao Monte Sinai. Seu biógrafo descreve esse percurso como uma missão pessoal: Isabella havia prometido a si mesma visitar o local onde Moisés recebera os Dez Mandamentos. A viagem foi, no entanto, monótona e exaustiva. O grupo esgotou suas reservas de água e ela chegou à capela do mosteiro de Santa Catarina sofrendo de fadiga e agitação nervosa.

Ali, ela teve uma desagradável recepção. Os monges tentaram extorquir-lhe dinheiro, insistindo para que comprasse lembranças, e pareciam embriagados pelo vinho que fabricavam em sua destilaria. "Quase desejei não ter feito essa viagem", escreveu ela depois. "Quanto formalismo vazio encontrei nessa bela igreja, com sua prataria, sua biblioteca de manuscritos preciosos e seus intermináveis serviços!"

Muito desapontada, mas ainda assim decidida, ela acordou cedo na manhã seguinte e seguiu para Gebel Musa com um guia, onde tomou água na Fonte de Moisés, lugar lendário de onde teria brotado água da rocha para matar a sede dos rebanhos de carneiros de Moisés. Isabella subiu ao cume de quase dois mil metros de altura e, de lá, olhou o deserto magnífico perdendo-se no horizonte.

"Durante muitos anos, desde a mais tenra infância", ela escreveu, "pensei e sonhei com o cume dessa montanha, e imaginei seu aspecto!... Ela resumia todo o calor do deserto, a sua seca tremenda, a sede enlouquecedora do viajante, o incessante vento quente que ali sopra, e que nos queima a pele. Foi a mais grandiosa montanha que jamais conheci na vida. Imersa em silêncio, indizivelmente solitária, horrivelmente silenciosa".

Jo Beaton era estudante na Universidade de Siracusa, no estado de Nova York, quando se engajou no movimento antinuclear. Ela fez várias viagens importantes a alguns dos principais locais santos do mundo, mas, em resumo, parecia faltar-lhe uma "peregrinação que fortalecesse profundamente sua alma".

Como estudante em Londres, em 1985, tive a sorte de visitar o acampamento das mulheres pela paz na Greenham Common. Eu estava muito interessada nas histórias que ouvira sobre milhares de mulheres que haviam feito demonstrações na base da RAF contra a instalação de mísseis norte-americanos; mulheres que pareciam desesperadas e furiosas com a corrida armamentista e com a presença de ogivas nucleares, que faziam da Inglaterra um alvo para sempre. Estava humilhada com a idéia de que meu país armazenava armas de guerra que podiam destruir 1500 cidades do tamanho de Hiroshima. As mulheres haviam acampado, protestado e pedido ação direta durante quatro anos, desde a época em que eu fizera minha peregrinação, num mês de outubro. O impacto ao encontrar essas mulheres fabulosas, que dedicavam suas vidas àquela imensa finalidade, ainda está vivo dentro de mim. Dormindo em tendas rústicas, dividindo o dinheiro e se dedicando à sua causa, elas despertaram minha admiração. Fui uma ativista feminina desde a puberdade, e não tive notas altas em estudos relacionados à mulher na universidade, mas a peregrinação do Greenham Common abriu minha mente e me inclinou para o ecofeminismo e para a defesa do meio ambiente. Depois que me mudei para a costa do Pacífico, aderi a um grupo local dos Verdes que se inspirava no sucesso do Partido Verde na Alemanha. Além de trabalhar para tornar os Verdes um partido político viável e fazê-lo ganhar nas eleições da Califórnia, lutamos para ter uma Zona Nuclear Livre aprovada no Congresso — um esforço que eu estava disposta a levar até o fim como resultado de uma outra inspirada peregrinação.

Com meu grupo de Verdes que reunia pessoas com afinidades (nós nos chamávamos de Baratas), fizemos viagens sem fim pelos desertos empoeirados até chegar ao lugar dos testes de Nevada, para protestar e exigir que os testes nucleares fossem banidos. Minhas experiências, em ação direta e solidária com meu grupo, foram úteis; depois fui sendo presa; participei da dança em espiral e de outros rituais com mulheres de diferentes áreas; tive encontros com peregrinos de diferentes regiões da Terra, assim como homenageamos as terras dos Shoshone, que nosso governo tão horrivelmente desrespeitou. Foram todas elas experiências colossais e inesquecíveis. Guardo lembrança disso tudo para sempre e, aonde quer que vá, levo-as comigo.

Com a Perestroika, a queda do Muro de Berlim, o fim dos testes subterrâneos e as mudanças nos tratados sobre armas nucleares, creio que milhões de peregrinos pela paz consideraram-se bem-sucedidos nos seus esforços. Seu empenho em alterar o curso da história, para transformar os lugares do mal em monumentos da paz e da mudança, foram todos esforços que se tornaram sagrados.

Peregrinos no acampamento pró-paz das mulheres em Greenham Common ataram fitas de lembrança, pombos da paz e outras oferendas rituais às cercas de arame que cercam a base militar na Inglaterra.

O PEREGRINO INDECISO

Uma jornada é uma amostra do inferno.

Maomé

Bob Cooper é um corretor de imóveis aposentado, do norte da Califórnia. Com profunda melancolia, ele descreve sua horrível chegada a uma das cidades alemãs que ele bombardeou como piloto na Segunda Guerra Mundial, lugar que ele transformou no destino de uma peregrinação:

161

Voei em trinta e cinco missões sobre a Alemanha, atirando toneladas de explosivos sobre as suas cidades. Com equipamento sofisticado, sabíamos que nossas bombas normalmente caíam perto dos nossos objetivos militares. Mas algo me disse, então, como me diz agora, que provavelmente erramos muitas vezes — e que nesse processo podemos ter matado civis, inclusive mães e crianças.

Em 1969, 29 anos após ter lançado minha última bomba, visitei a Alemanha com um passe Eurail, passando cerca de uma semana em várias cidades, muitas das quais me lembrava de ter bombardeado. À medida que parávamos em cada cidade para passar a noite, eu me perguntava se algum dos antigos habitantes do lugar se lembraria dos bombardeios de 1945 e, se assim fosse, o que pensaria se soubesse que seu antigo bombardeador estava merecendo sua hospitalidade agora.

Uma noite, em Mainz, uma bela cidade à margem do Reno, enquanto minha mulher guardava nossa bagagem na estação de trem, eu procurava uma pensão para passar a noite. Encontrei uma de que gostei, e fui levado escada acima até um quarto onde três velhos alemães, dois homens e uma mulher, preparavam o lugar para nós. Eu não falava alemão, nem eles falavam inglês, mas não tivemos dificuldades para combinar o preço da hospedagem. Fiquei naquele quarto tipicamente alemão, e de repente me lembrei de que havia bombardeado a ponte ferroviária nos limites da cidade. (Mais tarde, identifiquei a missão, a minha sexta, em 13 de janeiro de 1945.) A ponte era próxima da cidade, e pelo menos 35 bombardeiros haviam atingido seu alvo. Quantos haviam errado e atingido a cidade? Quisera saber. Isso me deu uma terrível sensação de que podia estar falando com alemães que tivessem sofrido imensas perdas naquela época. Se eu falasse sua língua, teria tocado no assunto, embora com preocupação. E devia ter me desculpado. Mas naquela circunstância, nada havia a fazer. Deixei aquele quarto no outro dia com dúvidas e perguntas não respondidas no coração e com uma profunda tristeza.

Somente muitos anos depois Bob Cooper entendeu como aquela noite, numa das cidades que bombardeou, deu-lhe a oportunidade de trabalhar alguns dos seus próprios sofrimentos. A repetição da história para amigos através dos anos foi um modo de atuar sobre a dor não resolvida e a ironia de procurar abrigo num lugar que ele no passado havia ajudado a destruir, ainda que na época aquela lhe parecesse uma causa justa.

Quando o amigo de Cooper, Art Eichhorn, aposentou-se na primavera de 1988, quis ter algum tempo que pudesse dedicar a si mesmo. Decidiu fazer uma peregrinação cruzando o país com o seu

Ford *pickup* e seu *trailer* Apache. Queria ver o país com calma, depois de trinta anos de trabalho para o governo.

Uma das últimas e mais emocionantes experiências que tive nessa viagem ocorreu quando passava uma semana em Washington D. C. Fiz a peregrinação ao Memorial dos Mortos do Vietnã. Quando cheguei ao santuário, ajoelhei-me diante dele tentando ajustar o tripé de minha câmera de lentes grandes-angulares, de modo que pudesse pegar uma cena interessante que incluísse as flores deixadas por algum veterano, bem como uma visão alongada do muro. Enquanto olhava pelo visor, percebi que um casal de idosos movia-se no meu cenário. Observei que o homem segurava um pedaço de papel fino contra o muro e a mulher o rabiscava carinhosamente com um lápis. Eles olhavam para o nome no papel, abraçados um ao outro, e choravam em silêncio. Não ouvi uma só palavra de ternura pronunciada naquele momento, mas compreendi que havia testemunhado um ato de amor que permanece até hoje em minha memória.

A história reproduz um dos mais antigos aspectos da peregrinação tradicional: a visita à sepultura, a homenagem ao ser amado ou a alguém que se admira. Cada vez que volto à região de Detroit faço questão de ir até o túmulo de meu pai. Levo flores e as coloco ao redor da sepultura, faço algumas orações e falo com ele sobre nossa vida juntos. É uma experiência ímpar, que nunca vou deixar de repetir.

No final da década de 80, parei um momento junto ao túmulo do músico de rock Jim Morrison, no cemitério Pére-Lachaise, em Paris, com um grupo que fazia uma excursão. Tendo trabalhado por cinco anos num livro com John Densmore, baterista do *Door's*, minha memória estava povoada das histórias daqueles anos turbulentos. Dali a pouco, um rapaz de pele escura se aproximou de mim. "Você trabalhou com o *Door's*?, ele perguntou com incredulidade, mal falando inglês. "Sou da Alemanha Oriental. Esta é a trigésima terceira vez que volto aqui ao túmulo de Morrison. Fez uma pausa e virou-se para olhar o arco-íris sobre a estátua de Morrison na sepultura. "Da primeira vez, *vim andando* até aqui."

"Por que veio de tão longe? ", perguntei com espanto.

"Ele entenderia."

"Entenderia o quê?"

"Como *Break on through*", respondeu, ofegante. "Como romper com tudo e passar para o outro lado." Em seguida, ele sumiu na multidão que se aglomerava em torno do túmulo do poeta.

O túmulo de Jim Morrison, grafitado e cercado de flores, em Paris, na França.

POR FALTA DE SURPRESAS

Um palmo de surpresa leva até um quilômetro de gratidão.
irmão David Steidl-Rast

Com o sutil mas expressivo golpe de perspectiva exigido de um peregrino numa viagem sagrada, o que de começo é um emaranhado logo se transforma num teste, e um desapontamento vira um desafio. Théophile Gautier, poeta do século XIX, mostra isso nas suas narrativas de viagens pela Andaluzia, contadas em *Waderings in Spain* (Vagando pela Espanha):

Viajar torna-se uma realidade, uma ação na qual se toma parte. Numa diligência (um coche) um homem já não é um homem, mas um objeto inerte, um pacote de mercadorias, nada muito diferente de um cabide. Ele é jogado de um lugar para o outro e, assim, pode chegar em casa. O prazer de viajar consiste nos obstáculos, na fadiga e até no perigo. Que encanto alguém pode encontrar numa excursão, quando está sempre certo de alcançar seu destino, quando tem cavalos prontos à sua espera, um leito macio, uma excelente ceia, e todas as delícias e confortos que encontra em sua própria casa? Uma das grandes infelicidades da vida moderna está na falta absoluta de surpresas e na ausência de todo tipo de aventuras. Tudo está tão bem-arrumado, tudo tão bem-combinado e rotulado que o acaso torna-se uma impossibilidade; se continuarmos progredindo dessa forma, a caminho da perfeição, por mais um século, todo homem estará em condições de prever tudo o que lhe acontecerá desde seu nascimento até o dia de sua morte. A humanidade será completamente aniquilada. Não haverá mais crimes, nem virtudes, nem personalidades, nem originalidade. Será impossível distinguir um russo de um espanhol, um inglês de um chinês, um francês de um americano. As pessoas nem poderão se reconhecer umas às outras, uma vez que todas serão iguais. Uma profunda sensação de tédio tomará conta do universo...

Notável esse trecho de Gautier prevendo o que pode acontecer aos viajantes modernos, banindo as diferenças culturais e as nacionalidades, com a perda de todo o prazer numa viagem desprovida de surpresas. Suas observações são um modelo de como introduzir a sincronicidade em nossas viagens.

Sem dúvida, está chegando uma época para o viajante em que as rosas vão deixar de desabrochar. Há um desejo generalizado de ficar em casa, ou de aversão a mais uma dessas visitas a lugares "famosos", com um grupo. Mas como Freya Stark disse em seu livro sobre Alexandre Magno: "Penso que um bom viajante deve prestar atenção a lugares desinteressantes. Estar neles, estar por dentro, como um fio num novelo. O mundo, com sua desconhecida e inesperada variedade, é parte do seu próprio lazer; e essa participação viva é, penso eu, o que separa o viajante do turista, que conserva a mesma distância de um espectador num teatro, sem participar daquilo que a cada instante o espetáculo pode oferecer".

Imagine o momento em que você está "cheio" da sua viagem. Você está exausto e perdeu de vista o propósito original de sua peregrinação. Seus pés doem; seus olhos ardem e você se irrita com os outros viajantes do seu grupo ou com os habitantes do lugar onde está. O que fazer?

Experimente tirar um dia para *meditar*. Lembre-se de outras vezes em que você esteve sozinho. Tempo e paciência são os melhores terapeutas do mundo. Pode ser que a frustração que você sente tenha origem naquilo que você está perdendo, mais do que naquilo que está vendo.

Pense na escuridão como terapia. Pode até aparecer ali o que o poeta espanhol Frederico García Lorca chamava de *duende* — os "sons obscuros" na música, na dança, na poesia, no ritual das touradas, na raiz de todas as artes. Goethe descreve o *duende* como "uma misteriosa força que todo mundo sente mas que nenhum filósofo explica". É a companhia "escura e ameaçadora" da musa e do anjo, as outras duas forças que cercam os humanos de inspiração e mistério. "A verdadeira luta é com o *duende*", escreve Lorca. Para encontrá-lo não se precisa de mapa nem de disciplina. Ele aparece. Como uma voz na sombra, como fúria e fogo.

Para Lorca, os sons misteriosos trazem em si a ternura que emerge após um contato com a nossa mortalidade. São mais profundos do que a melancolia da musa e a tristeza dos anjos. "O *duende* — onde está o *duende*?", ele pergunta. "Além do portal vazio chega uma brisa da mente que sopra teimosa sobre as cabeças dos mortos, em busca de novas paisagens e de sabores insuspeitados; um ar cheirando a saliva de criança, a grama cortada, e o véu da medusa anuncia o permanente batismo das coisas criadas há pouco."

OS DRAGÕES DO DESAPONTAMENTO

As coisas são sempre diferentes daquilo que deveriam ser.
Henry James

Com um grande pesar pelo desapontamento experimentado no palácio de Knossus, em Creta, o arqueólogo Michael Guillén recorda: "Senti pouca coisa no local propriamente dito, devido à multidão e à mistura feita na restauração do lugar.. A única energia real que percebi foi nas terras. Notei que o lugar havia sido modificado, e que a única coisa intacta deixada eram os objetos do museu. Acho que esse é o perigo da peregrinação em massa, a perda do espírito local, especialmente quando os deuses voaram para pontos cada vez mais altos".

A questão, ele conclui, é saber qual é nossa atitude nesses momentos desagradáveis, naqueles instantes de absoluto desapontamento na vida.

"Você tem de roubar o que chamo de 'Momentos Íntimos', do público. Aprendi isso no sítio arqueológico maia de Yaxchilan, no México. Pediram-nos que ninguém ficasse no local durante a noite, e eu repeti isso a cada pessoa da minha excursão naquele ano. Mas depois que todos foram dormir, confabulei com minha colega Sharon Matola (diretora do zoológico de Belize), com quem partilhava interesses comuns, para irmos até lá às escondidas. E foi um dos meus melhores momentos daquela excursão, porque eu o havia conquistado. Foi preciso, para isso, querer entender os significados do lugar, um a um.

"Vivendo com o vírus HIV, já não acho tão confortável ir a lugares remotos, de modo que tenho de viajar interiormente, nas peregrinações profundas do tempo e da memória. Preciso medir meu tempo agora. Tenho de pensar que o tempo concedido a outros me ensina a aproveitar o meu como sagrado. Agora estou enfrentando aquilo que evitei. Mas penso que a peregrinação é sempre alguma coisa sobre como encontrar esse tempo sagrado. Para conseguir isso, você precisa ter uma imaginação especial — e estou convencido de que esta é sagrada.

"Na minha mocidade", ele conclui, "pensei que a energia dos lugares sagrados fosse a minha energia, mas agora sei que ela é muito antiga, e a peregrinação é um modo de me encontrar com aquelas Antigas Correntes. *Você precisa querer acreditar para ter fé.* Talvez seja uma questão de fome, fome de alguma coisa mais profunda em minha vida".

❂ ❂ ❂

As paredes íngremes do Templo do Grande Jaguar (Templo I), vistas de dentro do corredor do labirinto do Templo II, em Tikal, na Guatemala.

Imagine... que é tempo de guerra e que a pessoa que você ama foi mandada para uma prisão. O inverno é rigoroso e você espera, com centenas de outros, diante daqueles muros, por uma palavra apenas, por um pedaço de papel das autoridades informando onde seu amor está preso. Então, uma mulher com os lábios quase congelados chega até você, reconhece-a, e segreda ao seu ouvido: "Acha que pode escrever sobre isso?".

Quando interrogada desse modo, durante um tenebroso inverno, a poetisa russa Anna Akmatova respondeu: "Sim, eu posso".

Então, um leve sorriso passou rapidamente por aquele rosto.

Como você responderia à voz que lhe pede agora para descrever o que está vendo, a meio caminho da sua peregrinação? Lembre-se de que toda vez que nos movemos na direção de um significado, o mundo tende a lançar em nosso caminho imensos obstáculos.

Quando Oliver Statler chegou ao Templo Thirty-Nine (Templo Trinta e Nove) na sua circunvolução por 88 santuários em Shikoku, um sacerdote budista de lá tentou abrandar suas preocupações acerca da viagem. "O importante na peregrinação é desenvolver a si próprio, suportando e vencendo as dificuldades."

A FORÇA MOTRIZ

Na simbologia do labirinto, o fio de Ariadne é
a força motriz que conduz Teseu à liberdade.
Lauren Artress

Há ainda um dado transcendente ligado ao labirinto. Lauren Artress ilustra o momento culminante em que ele é usado como parte da prática espiritual em seu livro *Walking the sacred path* (Caminhando pela trilha sagrada). Para ela, o simbolismo do labirinto existe em quase todas as tradições ao redor do mundo. Pode ser encontrado na cabala como uma figura alongada que tem como base o número 11, assim como na roda medicinal dos hopi e nas pinturas tibetanas de areia. Outras tradições incluem variações do labirinto, tais como o nó cósmico, as tatuagens dos povos dos Mares do Sul, o colar de ouro dos celtas, a poesia mística dos sufis, as pranchas das crianças e os jogos dançantes.

O que esses modelos têm em comum é terem sido usados durante séculos como formas de transformação. Eles simbolizam uma condição interna que os povos ao redor do mundo partilham: a que oferece solução para o que Artress chama de "questões maiores do que a própria vida". Esses são temas espirituais, ela esclarece: "que procuram respostas para aquelas perguntas que buscam uma trilha sagrada. Assim como encontramos nosso significado e finalidade, também percebemos que alguma forma de orientação sagrada nos está guiando".

Um exemplo dessa fome espiritual é mostrado por ela no conto de fadas predileto de George Macdonald, *A princesa e o gnomo*:

> Uma jovem princesa foi mandada para um castelo muito longe do reino de seu pai, distante do mundo, onde se julgava que estaria segura. Começando a explorar sua nova moradia, ela conheceu uma senhora que fiava numa roca instalada na torre. A mulher se apresentou como a bisavó da princesa e disse-lhe que estava esperando por ela há muitos anos. A bisavó deu à princesa um anel ao qual ligou um fio invisível. Esse fio, disse a velhinha à bisneta, iria guiá-la nos desafios que enfrentaria vida afora. A criança fica decepcionada com o seu presente, porque, afinal, não podia ver o fio ou a meada de onde ele vinha, que estava com a bisavó.

Essa antiga e sábia história faz alusão ao que significa seguir o caminho sagrado do labirinto. Artress escreve a respeito: "Seguindo um fio invisível nós nos ligamos à Origem, ao próprio Sagrado". Mas ao que pode esse fio provavelmente referir-se? E por que, de início, ele nos desaponta? Aprender a confiar nessa orientação invisível requer uma grande fé. Artress chama o fio mágico da bisavó de "Deus interior". Outra versão é a de que se trata de um antigo símbolo para a própria *alma*, a trilha que nos foi ensinada pelos ancestrais.

O fascínio medieval por labirintos declinou com os séculos, mas recentemente ressurgiu o interesse por eles, usados como instrumento de meditação para imobilizar a mente e abrir a alma. Um programa da Catedral da Graça, em São Francisco, dirigido por Artress, é a vanguarda do movimento. Sob sua orientação, uma réplica do labirinto de Chartres foi instalada em frente à catedral e uma versão montada viaja para diferentes igrejas e galerias através do país.

Pessoas de todas as fés e convicções fazem contato com a inspiração tranqüilizadora que essa antiga via transmite àqueles que percorrem suas trilhas sagradas.

Artress agora faz conferências e dirige peregrinações aos locais onde há labirintos, no mundo inteiro, confirmando-o como instrumento de transformação para milhares de carentes de conforto espiritual. Para ela, o labirinto é um símbolo multivalente que representa a jornada do espírito através da vida, bem como "um antigo símbolo da Divina Mãe, do Deus interior, da Deusa, do Sagrado presente em toda criação". Sua crença é a de que ele é um símbolo da peregrinação interior pela qual os viajantes podem ter uma "experiência em primeira mão". O ritual de circunvolução, acredita ela, dá força ao antigo tema da peregrinação que prepara e impulsiona a alma na direção do centro sagrado.

A geometria sagrada da Catedral da Graça, em São Francisco, cumpre sua destinação antiga de elevar o espírito enquanto os olhos se alongam pela torre norte, em meio às nuvens.

Jeanette Hermann participou de uma recente excursão aos labirintos espalhados pela Europa, e descreve seu impacto do seguinte modo:

> Quando Lauren me levou, de onde me encontrava sentada para andar pelo labirinto com o grupo, pensei que uma vez terminado aquilo eu voltaria logo para o meu trabalho. Tudo o que sei é que quando entrei no labirinto o que

havia em minha mente, como diretora desse grupo, eram os detalhes do almoço, o transporte de ônibus e a hora da partida. Eu ainda não havia caminhado três passos e uma crise há muito esquecida pipocou em minha cabeça, juntamente com uma questão dolorosa. Estava espantada, e uma vez arrebatada da vida mundana passei a me ressentir da velha ferida. Lembro-me do que Lauren falou sobre a lentidão das pessoas que passavam por nós, e de como seguíamos nosso caminho como se estivéssemos curvadas.

Pensei ter saído da trilha e que jamais chegaria ao centro. Balançava a cabeça por me parecer que aquilo era apenas uma outra metáfora da vida. Mais perguntas surgiam de dentro de mim, mas eu me mantinha desperta. Lágrimas começaram a descer pelo meu rosto. Coisas que havia mantido escondidas de mim mesma, aqueles anos todos, estavam agora diante dos meus olhos. Pela graça de Deus, cheguei ao centro e encontrei a saída. Quando me sentei para absorver a experiência, uma das mulheres que me ajudaram veio até mim com um bloco e uma caneta, dizendo: "Pediram que eu lhe entregasse isso, caso quisesse anotar alguma coisa". Depois de lhe dizer que tinha caneta e papel, lembrei-me de que mais coisas iriam acontecer, e aceitei a oferta.

Enquanto escrevia, mais me era revelado. Quando terminei, segui para o restaurante para afinal encontrar a guia francesa no vestíbulo. Ela já havia tomado as providências para o almoço. Aquela fora minha primeira caminhada em grupo num labirinto, e no final da excursão havia concluído que cada labirinto tinha sua energia própria. Amiens era muito pessoal, Chartres era mais universal, tendo aberto o chacra do meu coração. Tudo o que queria fazer era abraçar todo mundo. Achei a experiência muito forte, sobretudo quando me dei conta de que, afinal, nem mesmo havia procurado por ela.

SEGUINDO O FIO
EM BUSCA DA SAÍDA

Tenho a sensação de que meu barco se chocou, lá onde as águas são mais profundas, com alguma coisa muito grande.
Juan Ramón Jiménez (1881-1958)

Em algumas tradições da prática budista, os devotos reafirmam sua gratidão aos pais, professores, amigos e a toda e qualquer forma de vida, pela contribuição que deram ao enriquecimento de suas vidas. Como alguém que participa da tradição venerável da viagem sagrada, os peregrinos devem manifestar sua gratidão aos que os hospedam, alimentam e lhes fazem companhia estrada afora.

O que é muito mais difícil é ser grato pelas dificuldades encontradas no caminho. Sua Santidade o Dalai Lama disse uma vez: "Se você utiliza os obstáculos adequadamente, eles fortalecem sua coragem, dando-lhe também mais inteligência e sabedoria". Mas se lida com eles de maneira errada, acrescentou rindo gentilmente, você só enfrentará "desencorajamento, fracasso e depressão".

Essa ação ritual de tomar uma atitude transcendente ou mitológica em face de circunstâncias de "sacrifício" de sua jornada, à maneira antiga de Teseu e de Ariadne que tiveram de "desenrolar o fio" do seu destino, é o caminho certo para tornar sagrada sua viagem. Como acontece quase sempre, a verdade perene contida nessa idéia está radicada na própria palavra: *sacrifício* vem do latim *sacri-ficium*, que significa "tornar sagrado".

❊ ❊ ❊

Imagine que sua tarefa no labirinto é encontrar o centro. Quando em dúvida, lembre-se de sua intenção original ao planejar a viagem; recorde-se de sua finalidade; refaça seu voto; reacenda a chama interior fazendo alguma coisa apaixonada; redescubra o fio condutor de sua peregrinação, em primeiro lugar.

Lembre-se dos riscos que assumiu, dos perigos espirituais e físicos que enfrentou, dos sacrifícios financeiros e espirituais que fez para redescobrir o que é mais sagrado em sua vida.

Sem o fio você nunca teria alcançado o fim.

O PRISMA ESPLÊNDIDO DO AMOR

Parei numa escruzilhada, e o destino veio ao meu encontro...
Liz Greene

Quando o poeta e roteirista Richard Beban descobriu que seu pai tinha câncer, decidiu levá-lo numa peregrinação a Paris. Artista *manqué* toda sua vida, o pai de Beban queria ver "o lar dos artistas", a fonte de inspiração mais amada dos pintores impressionistas. Embora pai e filho tivessem experimentado momentos de transcendência nos museus e cafés da cidade, aquela não foi a mais fácil das viagens. A tensão entre eles, o espectro da morte e até o mau tempo — tudo conspirou contra o sonho de Richard de um *rapprochement*.* Mas ele continuou observando, esperando, esperando, aguardando uma abertura.

Finalmente, levou seu pai para fazer compras no mercado mais antigo de Paris e, mais tarde, nesse mesmo dia, preparou uma refeição simples. Depois, fez algumas anotações que se tornaram um poema com o título "Meu pai e eu fizemos compras".

> No mercado
> ao longo da rua Mouffetard,
> na babilônia de sotaques,
> os imigrantes recentes:
> escuros rostos do norte da África,
> faces castanhas da Argélia,
> perfumados cogumelos muito brancos
> da terra escura da Bretanha
> velhos grisalhos de Paris;
> ervas, pimentas e vegetais —
> vermelhos, verdes, amarelos, diferentes
> luminosos ao cair da tarde.
>
> Quando voltamos ao apartamento
> ele cochilou, cansado do passeio.
>
> Cortei dois grandes tomates em rodelas,
> tirei-lhes as sementes, depois piquei basilicão
> secando suas folhas verdes,
> cortei a branca mussarela,
> lembrando-me como ele cortava salame quando eu era jovem,
> coloquei no papel fino muitos pedaços
> com uma única lingüiça fatiada.
>
> Em dois pratos de porcelana preparei
> tomate, mussarela e basilicão.
>
> Quando o ouvi no banheiro se livrando
> dos comprimidos para os dias extras,
> espalhei o óleo de oliva na salada

colocando tudo na mesa
com guardanapos de linho vermelho
e com a prata mais polida.

Antes de comer, ele quis fotografar o prato.

O maravilhoso poema deixa transparecer todo o sofrimento que, às vezes, levamos em nossas viagens. Nunca pense que suas viagens estarão sempre livres de escuridão e desapontamento. A questão é saber quanta coragem podemos adicionar a tudo isso e seguir adiante. Podemos transformar momentos dolorosos em momentos de aprendizagem? Quão rápidos são os nossos reflexos?

Os antigos persas diziam: "Se o destino lhe joga uma faca, você poderá pegá-la pela lâmina ou pelo cabo".

Em seu livro *Mistery and manners* (Mistério e maneiras), Flannery O'Connor escreve: "Qualquer que seja a forma do dragão, será sobre a misteriosa passagem atrás dele ou sobre seus dentes, que as histórias de qualquer tipo estarão preocupadas em falar".

❀ ❀ ❀

Imagine a surpresa do desbravador de fronteiras norte-americano Daniel Boone, quando lhe perguntaram se ele nunca se perdera. "Não", ele respondeu espertamente. "Mas uma vez fiquei confuso por três dias."

O POÇO DO VIAJANTE

Não é a estrada adiante que o faz desanimar
— é o grão de areia no seu sapato.
antigo provérbio árabe

Tolstoi gostava de uma velha fábula oriental que descrevia o misterioso caminho pelo qual mesmo a tragédia nos ajuda a retornar à vida. Sua história é sobre um viajante das estepes que foi surpreendido pelo ataque de um tigre. O viajante correu para salvar a vida, mas a fera foi no seu encalço, até que ele se atirou num poço seco, em cujo fundo havia um dragão adormecido. Ao cair, o viajante agarrou-se a um galho de árvore que saía da parede do poço. Ali ele ficou pendurado tentando salvar sua vida. Sobre si, um tigre rugia; abaixo, um dragão mostrava suas presas. Os braços do viajante começaram a se cansar, e ele entendeu que era somente uma questão de tempo ser apanhado pelo tigre por cima, ou cair para a morte embaixo.

Teimosamente, no entanto, ele se agarrava ao galho. Uma leve esperança o invadiu, quando ele viu dois camundongos, um branco e o outro preto, roendo os lados do galho onde ele se sustentava. Seu tempo estava no fim. Ia morrer logo, sem dúvida.

Súbito, um raio brilhou dentro do poço. Os olhos do viajante se abriram. Ali, das folhas do galho pingavam gotas de mel. Ele sentiu uma onda de felicidade e, nos poucos momentos que lhe restavam, calmamente estendeu a língua e saboreou o precioso mel.

❀ ❀ ❀

Imagine o tempo que você gastou trabalhando seu caminho no labirinto das suas viagens. O que é que você estava perseguindo? O que o ameaçava de baixo?

Há algumas gotas de mel nas folhas, perto dos seus olhos?

CRUZANDO O LIMITE

Ponha sua mente diante do espelho da eternidade!
Ponha sua mente no esplendor da glória!
Santa Clara de Assis

No verão de 1986, entrei na Catedral de Chartres por suas maciças portas medievais e caminhei pela nave. Meus únicos companheiros eram as tempestades silenciosas de luz solar que entravam pelos vitrais. Meus batimentos cardíacos aumentaram quando parei no centro do antigo labirinto.

Lentamente, segui o caminho das pedras negras e brancas, uma trilha percorrida há oitocentos anos por peregrinos. Trinta e quatro voltas depois, ao fim do caminho sinuoso atravessei a chegada levado por um estranho vento.

Um senhor francês, com uma boina de feltro, estava esperando por mim. Era curioso como ele lembrava meu bisavô Charlemagne. Tocava em meu braço com sua bengala curva de carvalho. Seus olhos pareciam os de um bufão da corte, embora entediados, como os de um peregrino sem rumo. Num inglês com forte sotaque, ele me perguntou na forma enigmática dos poetas viajantes: "Sabe onde posso encontrar Deus?".

Senti um frio na espinha e um arrepio peculiar no pescoço. Seus supercílios se arquearam em expectativa. Fiquei completamente perturbado. Seria ele um teólogo louco? Um existencialista irônico? Estaria testando meus conhecimentos de arquitetura arcana ou de filosofia medieval? Ele me olhava de lado, esperando com impaciência, como se houvesse palavras espreitando em mim, que pronunciadas surpreenderiam a ambos.

De repente, raios de luz azul desceram da brilhante rosácea dos vitrais, sobre a galeria do coro, pousando suavemente em meu rosto. Só então entendi que estivera esperando por essa pergunta por toda a minha vida.

Apontei com o polegar sobre meu ombro, para o chão de pedras desenhadas. O velho tocou a ponta de sua boina, numa saudação elegante. Enquanto um murmúrio de alívio escapava do canto de sua boca enrugada. Ele seguiu seu caminho até sumir, com a antiga questão: sua bengala contém o tempo que se encontra além do tempo.

❂ ❂ ❂

Imagine alguém batendo no seu ombro enquanto você está mergulhado em sonho, numa estranha e maravilhosa igreja, mesquita ou sinagoga. O desconhecido está sussurrando em seu ouvido: "Onde posso encontrar Deus?".

Responda depressa: o que você lhe diria?

VI
A Chegada

Esse é um grande momento, quando você vê, embora ainda longe, o fim da sua caminhada. O que antes habitava sua imaginação, de repente faz parte do mundo real à sua volta.

Freya Stark

Durante mil anos, eles vieram de lugares tão distantes quanto o Egito, a Itália e a Ásia. Caminhantes de todas as estradas da vida, de camponeses a reis, fizeram a longa jornada pelas planícies da Tessália até as escarpas do Monte Parnasso, na Grécia, para buscar conselhos no Oráculo de Delfos.

Alcançar o santuário exigia grande esforço por parte dos antigos peregrinos, mas as recompensas eram imediatas e, às vezes, modificavam uma vida. Do alto, onde ficava o santuário, o viajante podia contemplar na distância a mais arrebatadora visão do mundo. Cientes de que estavam ali, junto ao maior dos tesouros da Antigüidade, os peregrinos sentiam-se abençoados pelos deuses pela boa fortuna de haverem chegado em segurança ao mais sagrado santuário do mundo.

Delfos era o centro do culto para a adoração de Gaia, a deusa da terra. Conta-se que suas sacerdotisas, chamadas sibilas, fizeram estranhas e terríveis profecias. Segundo a lenda, a primeira delas, Herófila, predisse a tragédia da Guerra de Tróia. Mais tarde, conta a história que Apolo, deus da luz e da razão, esmagou a serpente, que há muito guardava o lugar, e passou a dar conselhos por intermédio de sua sacerdotisa.

Nas subidas para o templo, os peregrinos que queriam consultar o Oráculo de Delfos primeiro ofereciam o sacrifício ritual de uma ovelha, uma cabra ou um bolo de mel e, em seguida, lavavam-se na fonte Castália, subindo pelo Caminho Sagrado a fim de esperar até ser introduzidos no santuário. Enquanto aguardavam, os peregrinos podiam vagar pelos bosques de oliveiras, entabular conversa com os sacerdotes ou com os seus companheiros de peregrinação.

Sobre o portão do santuário menor podiam ser vistos os lemas de Delfos — a frase de Sócrates: "Conhece-te a ti mesmo" e o dito popular: "Tudo com moderação". Diante do portão, o viajante cansado podia entrar numa câmara escura, no interior do templo que abrigava o *omphalos*, uma pedra esculpida que se acreditava ser o centro — o útero — do mundo. A profetisa, que se havia purificado nas fontes e bebia a sua água sagrada, sentava-se atrás de uma cortina num tripé de ouro. Ali ela recebia as consultas dos peregrinos na forma de perguntas escritas em retângulos de chumbo.

Platão descreve como a Pítia — como às vezes o Oráculo era chamado — deixava-se tomar da "loucura profética", que lhe permitia uma "visão criativa". Entrava em transe e acredita-se que era inspirada pela poderosa combinação das bênçãos do deus guardião Apolo, com as folhas de louro que mascava. Os lendários vapores que, segundo se dizia, subiam do ralo debaixo do tripé, nunca foram comprovados, mas a sabedoria que procedia dos transes e das convulsões do Oráculo, pronunciadas com entusiasmo (literalmente, elas eram ditas "por um deus"), são uma janela da alma grega. Numa voz frágil e trêmula, ela se dirigia ao peregrino na primeira pessoa, dando a impressão de que o próprio Apolo estava dando um conselho. As respostas, em geral ininteligíveis, eram então transformadas em versos hexâmetros pelos sacerdotes do templo ou por um "poeta-residente" das proximidades. A interpretação poética era invariavelmente obscura e ambígua, mas assim mesmo era considerada a última palavra sobre o assunto da consulta.

"O segredo real consistia na natureza enigmática da resposta do Oráculo", escreve o autor e erudito Alexander Eliot. "Ele deixava uma larga margem de erro, mas essa não era a principal questão. Ele atendia também da mesma forma à necessidade de maravilhar-se do comum das pessoas". Em vez de vago, como se diz que ele era, o Oráculo respondia com "certezas", mas como Eliot explica, suas palavras sempre supõem "subentendidos mistérios da existência. Assim, o eterno paradoxo da fé — latente nesses mistérios — parecia resolvido em Delfos de modo muito direto".

Embora os especialistas discutam o quanto as respostas oraculares são historicamente verificáveis (calcula-se que apenas 75%), o poder remanescente de Delfos estava na força da imaginação, no silêncio com que ele cercava as tentativas mortais de explicar seu poder de penetrar a alma. Aqueles que caminhavam ou rodavam centenas de quilômetros levando uma pergunta de peso em seu coração, passando por dificuldades e praticando todos os rituais da tradição, invariavelmente saíam dali com alguma visão na sua memória. Numa interpretação sagaz contida em seu livro *Earth, air, fire and water* (Terra, ar, fogo e água), Eliot afirma: "Quanto mais o peregrino revolve o enigma em sua cabeça, mais se envolve com seus próprios instintos e desejos profundos".

Por definição, é necessário um salto de fé para entrar na mente capaz de resolver um enigma desse tipo. Um exemplo é bastante para ilustrar a questão: Creso, o rico e poderoso soberano da Lídia, viajou até Delfos para perguntar ao Oráculo se ele deveria peregrinar até a Pérsia.

"Se Creso atravessar o rio Aly, um poderoso império cairá."

Creso foi à Pérsia e foi esmagado por Ciro. Na pressa, e por ser excessivamente orgulhoso, ele se esqueceu de perguntar que império cairia.

A jornada até Delfos é emblemática de toda peregrinação. De certa maneira, todo lugar de peregrinação é oracular. Mas precisamos ser cuidadosos ao enquadrar a questão e interpretar a resposta. Podemos deixar para trás a mais impressionante das oferendas, como os peregrinos faziam em Delfos, na esperança de uma profecia favorável, mas, como agora sabemos, o Oráculo nunca prediz. Em vez disso, ele oferece uma percepção interior do que está ocorrendo na alma do peregrino.

Se deixamos nossa casa com uma pergunta fundamental em nossos corações e mentes, estamos seguindo para um encontro oracular, para o "poço sagrado", a fonte onde podemos abastecer nossas vidas.

Cada vez que entramos numa catedral nos perguntando que papel a fé desempenha em nossas vidas, ou vagamos pelos corredores de um museu pensando como precisamos da beleza, estaremos sob a influência cotidiana de um oráculo. As mensagens ambíguas que ouvimos num púlpito, no estúdio de um artista ou no sótão de um poeta são contrapartes modernas de uma mensagem em código do Oráculo de Delfos. Invariavelmente, os sábios nos devolverão o enigma. A intensidade do nosso questionamento, a disposição de resolver o mistério em qualquer lugar onde chegamos é revelada após uma longa e arriscada peregrinação.

O importante, num santuário, não é o que pode ser documentado por historiadores, mas o que transpirou nos corações dos peregrinos. Como Diane Skafte escreve em *Finding the oracles* (Encontrando os oráculos): "Eles chegam porque alguma coisa *aconteceu* com eles por lá. A presença oracular muda tudo aquilo em que toca, e essa presença deve ser poderosa num local onde os oráculos viveram por séculos. Ouvir as verdadeiras palavras do intérprete do oráculo era só uma pequena parte do presente que eles receberam."

❂ ❂ ❂

Imagine-se chegando em Delfos há 2500 anos. Que sacrifício você fez para santificar essa viagem? Como você se purificou? Que presentes trouxe para o tesouro do oráculo? Que perguntas guardou para fazer-lhe? Esse instante é de júbilo para os desejos do seu coração, e é fonte do poder que o trouxe até ali. Como você vai reagir?

Na manhã do dia de sua chegada ao local sagrado, que é a meta de sua jornada, lembre-se daquilo que as profecias lhe revelaram nos seus sonhos, nos livros sagrados que leu para preparar-se para esse momento auspicioso. Procure ver tudo ao seu redor nesse momento, como sobrenatural — o pássaro cantando junto à janela, a luz filtrada entre as oliveiras, as nuvens que se formam no alto da montanha ao longe. Sente-se na cama um instante, com os olhos fechados. Para você essa espera vem crescendo sempre, como uma antecipação. Preste muita atenção aos sonhos que ainda invadem sua mente. Há algo se agitando em você que emergiu de um sonho? Antes de fazer alguma coisa, leia umas linhas do livro que considere espiritualmente apropriado para a sua visita ao santuário. Na visita a Delfos pode ser um fragmento da poesia sublime de Safo:

> Você pode se esquecer,
> mas deixe que lhe diga
> isso — alguém,
> no futuro,
> pensará em nós.

Em locais como Delfos, Epidauro, Cônia e Éfeso, em que os sonhos coletivos dos peregrinos de muitos séculos produzem um efeito hipnótico no ar, uma boa coisa é orar logo ao se levantar. Isso é feito de diferentes modos, por pessoas diferentes. Talvez com uma prece tradicional, o cântico de um livro de hinos, a repetição de um mantra, um *gatha* ou uma citação do Buda. Aquilo que lhe for sagrado, que lhe trouxer paz, no início do dia, tem o poder de uma oração.

O autor distrai as companheiras de peregrinação Barbara Haigh e Sue Beaton com dados apaixonantes sobre o anfiteatro que evoca tantos séculos, em Epidauro, na Grécia.

Outra boa coisa é preparar a pergunta do dia. A cada manhã, escreva umas poucas linhas em seu diário, sobre as quais queira meditar durante o dia. É maravilhoso centrar seus pensamentos durante um tempo que se separa como sagrado. Em seguida, organize o que é básico no dia. Simplifique, simplifique, simplifique. Coma moderadamente, vista-se com simplicidade, preocupe-se pouco. Se possível, escolha algum tipo de música sagrada para ouvir, talvez numa igreja local ou capela. Esses são alongamentos da alma, humildes exercícios que nos ajudam a seguir em frente até o momento da volta. Essas práticas deixam em forma e tornam feliz o coração, mas nenhum guia ou manual de instrução pode ensinar-lhe a experiência sagrada.

"Ninguém há de lhe dar paz, senão você mesmo", como Emerson repetia a seus ouvintes. Mas ali, no eco das palavras inspiradas, estão as qualidades que mais desejamos — amor, felicidade, paz — levando-nos cada vez mais perto da verdade tão sonhada de nossa viagem: a de que estamos, eternamente, tentando ir para o nosso verdadeiro lar.

A PULSAÇÃO DO MUNDO

Chega-se à Grécia como quem penetra num cristal escuro; a forma das coisas torna-se irregular, refratária... Outros países podem proporcionar descobertas em matéria de tradição ou de paisagem; a Grécia pode dar-lhe alguma coisa mais elaborada — a descoberta de si mesmo.

Lawrence Durrell, *Grécia*

Quando penso em viagens sagradas, a palavra *inefável* logo me vem à mente. As experiências dos viajantes, em Delfos, Averbury e Bodh Gaya são comumente indescritíveis, e é impossível transformá-las em palavras. Mas, às vezes, alguém acha um modo de descrever a forma como um lugar pode atingir o coração do peregrino. Ocorre-me uma cena de uma descrição de Henry Miller sobre a sua viagem à Grécia. *The colossus of Marousi* (O colosso de Marousi) é um livro que cai do céu diretamente na alma do autor. O orvalho matutino da Grécia rural pinga de sua pena quando ele fala na paz que reina em momentos fugidios naquelas antigas colinas.

A peregrinação de Miller começa com uma simples conversa com uma amiga, em Paris, prossegue numa série de cartas com seu amigo Lawrence Durrell e se consolida durante a conversa com um grego, estudante de medicina. Viajar pela Grécia produziu uma mudança na sua alma e no seu modo de escrever, levando-o do estilo priápico de seus dois livros dos *Trópicos* dos anos parisienses, para uma espécie de epifania, em que ele começa descrevendo "alguma coisa além da felicidade", e fala nas "coisas maravilhosas que podem acontecer na Grécia — maravilhosas coisas boas...".

Sua viagem se desdobrou numa jornada sagrada de serendipidade. Seu caminho para o centro passa pelo "Colosso", um grego chamado Katsimbalis. Como descrito por Miller, ele fazia um monólogo, representando o milagre grego de ver a luz da criação em tudo, em toda parte. Tão cheio de vida estava Miller após aquele encontro, que partiu para visitar os lugares sagrados do Peloponeso. Miller descreve os peregrinos que faziam a longa viagem até Epidauro e que eram curados antes mesmo de chegar — um eco da antiga crença segundo a qual o simples ato de peregrinar desencadeia a cura. Quando ele finalmente chegava, caminhava para o "anfiteatro estranhamente silencioso" e procurava a rota circular que devia percorrer, o labirinto que havia procurado por trinta anos, sem conhecer a paz nem nunca perceber que, afinal, o Minotauro era ele próprio.

> Enquanto caminhava sob a cúpula, banhada agora de uma luz marmórea, cheguei a um ponto bem no centro, onde o menor murmúrio crescia como um canto de pássaro e se consumia numa das colinas, enquanto a luz de um dia claro se transmutava no véu negro da noite...
> Epidauro é somente um lugar simbólico: o lugar verdadeiro é o coração, no coração de cada homem, se ele for capaz de parar e procurá-lo. Cada descoberta é misteriosa enquanto revela o que é tão inesperadamente imediato, tão próximo, e há tanto tempo conhecido. O homem sábio, portanto, não precisa viajar; é o tolo que procura o pote de ouro no fim do arco-íris. Mas os dois estão destinados a se fazerem um só. Eles se encontram no coração do mundo, que é o começo e o fim da trilha. Eles se encontram na percepção da unidade e na transcendência dos seus papéis.

Para Miller, assim como para os peregrinos de antigamente, a experiência dessa tranqüilidade trouxe uma revelação pessoal e o começo de uma regeneração há muito desejada. Trouxe consigo um sentimento de doce veneração. Anaïs Nin descreveu o talento admirável de Miller para observar tudo o que via nas suas caminhadas por Paris, registrando tudo o que via. Mas em Epidauro ele se defrontou com a profundidade que palpita sob tudo aquilo.

Essa é uma das mensagens perenes nas histórias de busca — como a de encontrar no tempo o centro sagrado, após uma árdua jornada — e é simbólica da morte e do renascimento. Para Miller, Epidauro era um bálsamo, uma cura para a dor do coração e da alma. Outro viajante pode não encontrar nada, além de ruínas abandonadas e ser incapaz de preencher os vazios das pedras e da sua história com a imaginação. Mas para o iniciado, há maravilhamento e humildade em face do sagrado. É como se você tivesse descoberto o segredo oculto do coração do mundo.

❋ ❋ ❋

Imagine que você chegou sozinho a um santuário. Com certeza terá de enfrentar multidões para ir até onde quer. Como você se deixará afetar? Se, de fato, quer conhecer os veneráveis locais da Antigüidade sozinho — viaje fora da estação. Esses lugares já viviam abarrotados de gente muito antes de você ter nascido, e continuarão assim muito depois de os turistas modernos desaparecerem. Com autodisciplina é possível aprender uma forma graciosa de lidar com as grandes e desagradáveis multidões. Tente ver-se como um viajante antigo. Prepare-se para ler histórias de peregrinos que passaram por esses lugares muito antes de você.

Se você está com um grupo, procure alguém com quem você tenha afinidades. Não perca um dia passado junto a ruínas, se você não gosta de pedras milenares e se cansa muito visitando museus. O bom dos grupos turísticos é que eles dão oportunidade para a convivência humana que, segundo muitos líderes espirituais e antropólogos, como Victor Turner, afirmam ser um dos pontos altos da peregrinação.

Por sua natureza, as peregrinações são uma confluência de muitos povos provenientes de muitas culturas. Todos temem desperdiçar seu tempo, bem como desejam ser autênticos.

Tenha paciência. Pense nos demais como companheiros de busca.

O INSTANTE DA VERDADE

Se você perde um instante, você perde sua vida.
John Daido Loori

Bettina Selby começou sua peregrinação em Londres como uma descrente, uma agnóstica, e pedalou em sua bicicleta pela trilha dos antigos peregrinos mais de mil quilômetros até o "Campo da Estrela", o santuário de Santiago de Compostela, e voltou transformada.

"A viagem não foi algo fora do tempo e da realidade", ela escreve em *Pilgrim's road* (A estrada do peregrino), "mas uma oportunidade de olhar a mesma realidade sob um ângulo e um contexto diferentes". Ela admite francamente não ter acreditado "nem por um instante, que St. James tenha jamais posto os pés na Espanha, nem vivo, nem morto... Mas que estranhos poderes ligados àqueles lugares, que não podem ser explicados racionalmente." Bettina cita as Hébridas, os mosteiros da Turquia oriental e Lindisfarne como exemplos de locais onde ocorreram fatos terríveis que se conservaram ali como uma "presença".

O momento que "afinal fez dela uma verdadeira, embora relutante peregrina", refletiu a humildade aprendida no caminho do peregrino. Ela ouviu o tradicional apelo *Priez pour nous*, "orai por nós", repetido a todo instante ao longo do caminho. Havia uma indizível crença de que uma força particular podia ser ganha se a jornada fosse completada. Seu medo maior, no entanto, era o de que seu final trouxesse uma decepção. Mas quando ela pedalava sua bicicleta nos quarteirões finais de Santiago, sentiu como se aquela fosse "a jóia da coroa" de sua peregrinação. Isso a recompensou dos longos meses de solidão, principalmente quando afinal sentiu-se em comunhão com milhares de outros peregrinos reunidos "numa das mais nobres praças da Europa", perto da catedral. Bettina seguiu o ritual de "subir as escadas de pedra e passar sob o Pórtico da Glória, além dos limites e dentro da catedral, para ver as relíquias de St. James... O que a peregrina recém-chegada viu então, feliz por ter vencido seu caminho, e com a magnificência e a beleza do que já vira ao se aproximar de sua meta, foi um mar de luz dourada que abrangia a todos."

Como foi descrito no *Pilgrim's guide* (Guia do peregrino), a chegada à Catedral de Santiago de Compostela tem sido sempre um ritual complexo. Originalmente, os peregrinos iam diretamente ao túmulo do apóstolo logo que chegavam; então, assistiam à missa na catedral, o que incluía oferendas para as velas e óleos. Como William Metczer registra em seu estudo da história da peregrinação no século XVIII: "Com o passar de algumas gerações, no entanto, práticas mais elaboradas foram instituídas para garantir um fluxo de caixa mais eficiente e uniforme". Uma vigília noturna, confissões e comunhões foram acrescentadas ao ritual de chegada como preparação para a visita ao túmulo. Funcionários da catedral percorriam as redondezas com bolsas de esmolas e oferendas para incentivar os peregrinos a darem sua contribuição e a cumprirem seu dever.

Mais tarde, o ritual da chegada centrou-se num mostruário onde era possível tocar as relíquias e examiná-las de perto. O principal era a veneração dos restos mortais de St. James na sua tumba... no momento de maior emoção para o peregrino, que o guardava com cuidado em sua memória, levando então pequenas relíquias que eram mantidas até o final dos seus dias, e enterradas finalmente um dia com o peregrino... Ajoelhando-se diante do santuário que guardava os restos de St. James... o peregrino mergulhava em pensamentos e orações que quase sempre incluíam pedidos de ordem pessoal e a intervenção miraculosa do santo.

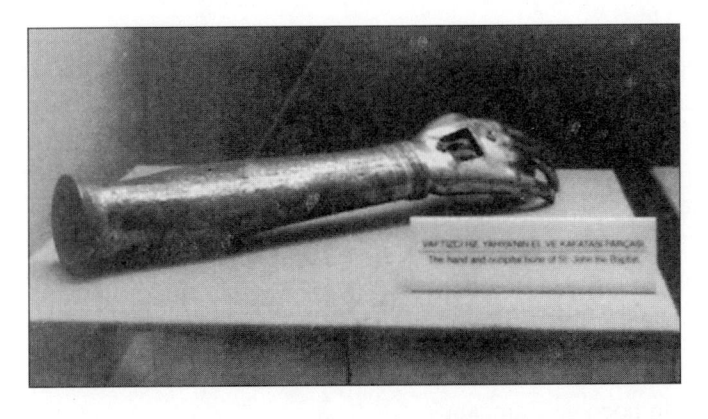

Um das maiores forças de peregrinação é o desejo de ver ou tocar a relíquia de um santo ou herói reverenciado. Os ossos da mão de São João Batista encontram-se em exposição no Museu Topkapi em Istambul, na Turquia.

A chegada de Selby foi uma surpresa para ela própria. Diante do altar deslumbrante com seus objetos de prata e relíquias, ela não se impressionou tanto quanto com "a lembrança de tantas pessoas que lhe pediram que rezasse por elas ali... O St. James que era venerado lá, aquele em que tinha pensado durante minha peregrinação, era aquele que tinha estado no coração e na mente de milhares e milhares de pessoas, que haviam percorrido o *Camino de Santiago*, ao longo de um milhar de anos, lutando com significados, com a consciência, com a fé e com a perda da fé".

DIANTE DA PEDRA NEGRA

A água de Zamzam é para ser bebida.
Se você bebê-la para curar-se, ela o curará;
se for para encher o estômago, ela o satisfará;
e se for para aliviar a sede, ela a saciará.

Kitab al-Kawkab al-Durri

Quando Ibn Batuta, do Marrocos, finalmente chegou a Meca, estava fascinado com o ritmo dos tambores tocados a cada manhã, e profundamente impressionado com a bondade dos habitantes locais cujo costume era partilhar um terço da sua comida com os pobres. Batuta descreveu o ritual das preces diárias e das prostrações, a procissão ritual para beijar a Pedra Negra no centro do santuário:

"Enquanto o guia (imã) se prepara para subir, o almuadem entrega-lhe a espada, e o imã dá o primeiro passo com ela. Isso atrai o olhar da multidão. Ele faz a mesma coisa nos outros passos e, na quarta vez, chega ao topo. Em seguida, reza em voz baixa, olha de frente a caaba, volta-se para o público, curvando-se para a direita e para a esquerda. A congregação repete seus gestos. No exato momento em que senta, o almuadem começa a chamar para a reza, de pé, no domo do poço de Zamzam".

Os peregrinos chegam e ficam em Meca por muitos anos. Entre aqueles que impressionaram Ibn Batuta por sua piedade estava o devoto sufi chamado al-Yafii.

"Esse homem estava quase sempre dando voltas à caaba, durante a noite e nas horas mais estranhas do dia. Comumente, depois de dar suas voltas, à noite ele ia até o alto do colégio Muzafaria e sentava-se lá observando a caaba até adormecer. Ele colocava uma pedra achatada sob sua cabeça e descansava um pouco, para então renovar as abluções (*wudu*) e continuar a dar voltas até a hora das preces matutinas..."

Batuta notou outro peregrino, Shaiki Abu al-Abbas ibn Marzug, o "mais determinado andarilho em torno da caaba. Sua persistência, apesar do calor, sempre me espantava, uma vez que o pavimento ao redor do santuário é calçado com pedras negras e sob o sol do meio-dia elas esquentam como ferro em brasa. Vi os carregadores de água tentando umedecê-las, mas logo que a água tocava a pedra começava a ferver. A maioria das pessoas completa a *tawaf* (circuito ritual) usando sandálias, mas aquele homem fazia isso com os pés descalços".

CIRCULANDO NO CENTRO SAGRADO

Era aquela a ocasião. Senti o momento emocionante do destino.

James P. Carse

Para os celtas, a palavra de ordem — segundo John O'Donoghue conta em *Anam Cara* — é "sempre em latência e ativamente espiritual". Desde tempos imemoriais, houve a crença de que a linguagem tinha um poder capaz de sugerir, até mesmo de desencadear "eventos divinos" e que, na peregrinação, aquilo que em gaélico é chamado de *turas*, circuitos rituais, eram um modo de participar do fluxo de energia de dois mundos.

Peter Harbison escreve em sua história da peregrinação irlandesa: "Para a Irlanda, a peregrinação é um exercício piedoso que tem ajudado a atender as necessidades e aspirações de seu povo por mais de 1400 anos". Muitas formas de peregrinação floresceram lá. Havia a *ascética*, que significava deixar para trás, para sempre, a própria terra e embarcar numa peregrinação a vida toda; e havia a *penitencial*, empreendida para expiar um pecado. Provavelmente, a mais famosa de todas é a peregrinação até Croagh Patrick, a célebre montanha para onde se acreditava que São Patrício havia afugentado serpentes da Irlanda. Harbison cita as primeiras viagens de São Brendan e Columcille, descritas nos anais contemporâneos, já como peregrinações.

Antigamente, a *tura* seguia-se à antiga Tochar Phadraig, o antigo desfile da peregrinação, que começava a subir montanha acima à meia-noite. Apenas com candeeiros, velas, lanternas e, talvez, um porrete de carvalho ou um bastão de andarilho, o peregrino caminhava descalço sobre as pedras nuas, até o alto. Na primeira estação, nas pedras conhecidas como Cama de São Benen, o peregrino circulava sete vezes enquanto rezava: no cume, ele orava circulando em torno da capela e, então, ia à missa e tomava a Sagrada Comunhão.

Hoje, a prática dos *turas* em torno da tumba dos santos, nos lugares de devoção pré-cristãos e nos poços sagrados, enquanto rezam e cantam visando à restauração da alma, ainda florescem. Na mitologia celta, o deus do mar, Manannan mac Lir, disse: "Ninguém jamais terá conhecimento que não tenha sido abeberado nesse poço".

Visto como acesso ao mundo interior, os poços sempre pareceram sagrados na Irlanda, e são poderoso símbolo do poder que paira sobre todos os lugares sagrados.

O padre Stephen Canny, um sacerdote irlandês que dirige uma paróquia em Santa Rosa, na Califórnia, é um firme crente nas virtudes da peregrinação. Ele próprio subiu o Croagh Patrick três vezes e viu realizarem-se ali maravilhas entre os devotos. "Você parece mais *vivo* depois de enfrentar alguma coisa difícil", ele diz. "Você foi mudado pela montanha e pelo fato de ter confirmado sua fé. É um meio notavelmente eficaz de responder à pergunta *Qual é a minha finalidade?*"

A JORNADA DO HAICAI

Não procure seguir os passos dos homens antigos,
mas, sim, o que eles procuraram.
Matsuo Bashô

Para alguns viajantes, o significado de uma peregrinação está no momento da chegada. Para outros, está na própria jornada, onde cada passo revela uma parte da resposta procurada. O poeta-peregrino japonês do século XVII, Matsuo Bashô, é um dos exemplos supremos da sua tradição. "Os meses e os dias passados são eternos viajantes no tempo", ele anotou em seu livro mais famoso, *A narrow road to far places* (Estrada estreita para lugares distantes). "Os anos que vêm e vão são viajantes também. Tal como eles, a vida é uma viagem…"

A imagem medieval do *ukiyo-e* de dois viajantes japoneses, seguindo seu caminho pela neve, evoca o espírito do poeta peregrino Bashô.

Desde os 22 anos, até sua morte, em 1694, Bashô devotou-se de corpo e alma a duas paixões: escrever poesia e seguir em peregrinações a lugares descritos por poetas japoneses imortais. "Haverá inúmeras dificuldades para embranquecer meus cabelos", escreveu, antes de partir para Soka, "mas verei com meus olhos lugares de que só ouvi falar! Serei feliz em poder voltar vivo, eu creio, e ponho nessa esperança incerta meu futuro".

Nesse desejo de "ver com os próprios olhos", vemos os sonhos dos peregrinos do mundo inteiro. A vida aventurosa de Bashô encarna sua convicção budista de que a existência é uma "marcha de peregrino". De acordo com a lenda, ele gravou no seu chapéu de peregrino as palavras *Kenkon muju; doko ninin*, ou seja, "Sem lar, eu caminho na companhia de Deus".

Ele ficou sem lar, depois de ter vendido a própria casa para financiar sua peregrinação, mas a cada noite encontrou abrigo na tradição aventureira dos peregrinos pelo mundo afora. Suas anotações de viagem foram leitura obrigatória dos peregrinos durante três séculos. Elas nos revelam que não precisa haver uma única chegada. Para Bashô, cada encontro nos seus cinco meses de jornada, cada santuário, cada hospedaria, era uma chegada a ser celebrada em verso, com sua atenção tipicamente sensual voltada para os detalhes do momento. Encontro em suas notáveis observações o mais simples dos guias para uma jornada de inspiração espiritual.

Em Sukagawa, "a quietude e a solidão" lembram-lhe um poema de Saigyo, e assim ele responde à inspiração do momento tomando o papel e o pincel para comentar os ideogramas e os simbolismos do poema, para em seguida escrever o seu próprio. Em Takekuma, ele se maravilha com um famoso pinheiro que projeta um galho de um tronco duplo. Do mesmo modo, sua mente associativa se divide e ele se lembra do poeta sacerdote Noin, do século XII, que escreveu sobre a mesma coisa três séculos antes. Nos percursos que fazem, ele e seu companheiro de viagem compõem poesia um para o outro. Em Sendai, num passeio com um poeta local, ele descobriu "lugares mencionados em poesia, cujos traços quase desapareceram, mas que ele encontra depois de muitas buscas". Depois, no castelo Toby, ele nos dá a chave de sua imaginação. Falando de uma famosa pedra ali extinta, Bashô escreve: "Esse monumento foi erigido há mil anos e é um elo verdadeiro e vivo do passado. Olhando-o, penso que ele é uma das coisas que tornou minha viagem maravilhosa e este é um dos momentos mais felizes da minha vida. Esquecido das dificuldades do percurso, choro de pura felicidade".

A passagem revela o encanto do livro de Bashô, sua abordagem da jornada e seu fascínio pela peregrinação. O poeta peregrino admite que "não pode deixar de maravilhar-se" com os santuários, com os templos, com as baladas poéticas ou com "a profunda tranqüilidade da beleza" de um lugar que, de algum modo, faz seu coração sentir-se "profundamente purificado."

Além disso, seu empenho em nos dizer que gosta de "saborear a beleza melancólica", que os japoneses chamam de *sabi*, o "suspiro de um momento", de uma cena, de um encontro, de uma recordação.

> Das profundezas desse bosque,
> Da essência das pedras parece sair —
> O canto da cigarra.

Nos três versos desse tradicional haicai japonês, Bashô resume a arte da peregrinação, o olhar criativo, a alma da atenção e o âmago da intenção. Tudo belo e perfeito para um peregrino solto no mundo, em séculos passados, mas o moderno viajante pode se queixar: "e eu?". Como posso ver com essa ternura e sentir com essa profundidade, especialmente quando a estrada já exigiu tanto de mim mesmo, antes de chegar ao meu destino?

Como muitas outras grandes almas, Bashô nunca dava respostas diretas. Suas reflexões são como um lago sereno; suas palavras nos acordam de nossa própria indiferença.

"Faça do universo seu companheiro", ele escreveu, "sempre tendo em mente a verdadeira natureza de toda criação — montanhas e rios, árvores e vegetação rasteira, e a humanidade...".

Uma tradicional gravura, da autoria de um artista desconhecido, do santo budista Kobo Daishi, apresentado como peregrino com seu chapéu típico de monge, feito de bambu, bastão de caminhante e tigela de esmola. Bashô teria usado trajes semelhantes, como fazem os modernos peregrinos japoneses.

❦ ❦ ❦

Imagine o que os antigos sábios buscavam na jornada que você está agora recriando. Teria sido essa "profunda quietude", a companhia da natureza, a bênção dos antigos enquanto você deixava suas próprias pegadas? Tente ver como a prática desse modo de devoção pode ensiná-lo de forma prática a ver e sentir suas forças vitais e a de certos lugares sagrados.

Pense nos poetas-peregrinos como Bashô que encarnavam a arte de ver, de perceber. Por suas palavras, somos lembrados do papel da espiritualidade na viagem: a experiência *interior* enquanto viajamos *exteriormente* pelas estradas do mundo. Em vez de limitar a mente, como tantos viajantes modernos parecem temer, a busca espiritual permite o desempenho liberado da imaginação. Sua intenção não é desprovida de respeito pelo passado, mas é plena de atenção para as milhares de conexões que poetas estabeleceram antes de você. Suportando "agonizantes estágios de autoconhecimento", conquista uma rara e profunda sabedoria pela concentração naquilo que é perene, constante e se opõe às vicissitudes do tempo.

Tente evocar uma imagem de humildade que o tenha comovido em sua jornada, como a da sacola de esmolas vazia de um monge; a do velho andarilho tocando o chão com seu cajado; ou a das vozes do coro de um concerto de música medieval ao ar livre.

Aprendemos, indo aonde devemos ir; chegamos quando encontramos a nós mesmos.

O PONTO IMÓVEL

Devemos ser imóveis, e imóveis nos movermos
Para uma outra intensidade...
T. S. Eliot, *East Coker*

No verão de 1972, o poeta James Wright e sua mulher Anne visitaram a Itália. Como Goethe, Dickens, Lawrence e milhões de outros que, antes deles, foram tocados pela elegância simples da vida que lá encontraram.

"Tudo o que preciso, afinal, é de um lugar pequeno e simples", escreveu Wright, "e, é claro, de uma boa massa, de um sono tranqüilo e de segurança para as pessoas que amo".

Enquanto esteve na Itália, ele passou algum tempo solitário com os seus cadernos. Neles anotou a forma, a luz secreta, a estranheza da pedra, a visão de mulheres trabalhando nos bosques tentando aproveitar o que ele chamou de "linguagem do momento presente", em suas próprias palavras e nas palavras dos outros. Ele descreveu as caminhadas em que recitava Dante em voz alta, sentindo os músculos e as veias de seu corpo se alargando em círculos, "como um pássaro que voasse sob sua língua".

Sob o sol causticante do meio-dia, no anfiteatro de Verona construído pelos romanos há milhares de anos, ele ouviu as vozes dos antigos italianos e de seus amigos de há vinte anos, refletindo, então, como Dante, na *Comédia*, que aquele era o meio do caminho na estrada de sua vida. Wright escreve um bilhete a sua mulher:

> Hoje, na metade da minha própria vida, despertei ao lado do Adige (rio).
> Tomamos depressa o café da manhã, um dia, porque o sol estava esplêndido e queríamos entrar na Arena e caminhar toda a vida ao redor dela.
> Subimos e ficamos tão longe um do outro quanto podíamos sem cair da borda, como Américo Vespúcio deve ter feito. De muito longe, eu podia vê-la, minúscula e resplandescente na sua pele dourada, com seu chapéu de palha de abas largas esvoaçando, a pena de uma asa de pássaro ainda caindo. Instantaneamente, voltamos para casa. Eu estava impaciente para lhe escrever, porque não gosto de perder meu tempo.

> Momentos roubados de contemplação constituem notas graciosas de uma peregrinação, tais como a caminhada num jardim ou um claustro como esse do século XII, da Abadia Le Thoronet, em Provença, França.

Se existe uma descrição mais encantadora da sacralidade do tempo e da espera pelo bem amado, confesso que não conheço. Nesse bilhete humilde, Wright reflete sobre seu papel de poeta como menestrel, e sobre o peregrino como alguém que reconhece a sacralidade do tempo. Muitas vezes em minhas próprias viagens desisti de uma sesta à tarde porque me lembrei da carta de Wright manchada de sol, e aí mergulhei de novo nas ruas para encontrar alguma coisa que tivesse perdido, para sentir algum novo aroma que nunca tivesse provado antes ou, simplesmente, para sentir meu coração batendo diante de um pôr-do-sol em algum lugar estranho.

Existe alegria no coração das coisas.

Muito antes de escrever seu primeiro romance, *O pioneers!* (Ó, pioneiros!), Willa Cather fez um percurso resumido do *Grand Tour* da Europa e mandou de lá vários ensaios sobre o que viu para o *Nebraska State Journal*. Sua inspiração final veio do interior da França, especialmente de Le Lavandou, um vilarejo da Dordonha:

> Depois de uma longa jornada, em que povos e lugares foram visitados numa longa sucessão, há sempre um lugar de que nos lembramos mais do que outros, se suas características internas ou externas foram capazes de produzir em nós alguma coisa próxima da felicidade. Estou certa de que para mim esse lugar será sempre Lavandou. Nada mais na Inglaterra ou na França me passou esse sentido de posse e de conteúdo imensuráveis. De fato, não sei por que um pequeno vilarejo pesqueiro, sem nada, além de verdes pinheiros, mar azul e um céu de porcelana pôde significar para mim mais do que uma dúzia de outros lugares que sempre quis ver e depois vi em minha vida. Nenhum livro foi escrito sobre Lavandou, nem música; nem pintura jamais chegaram ao meu conhecimento e, no entanto, sei que ainda pensarei naquele lugar, muito depois de ter esquecido de Londres ou de Paris. Não se pode adivinhar ou prever as condições que nos vão produzir felicidade; chega-se a elas por acaso, numa hora de sorte, em algum lugar do fim do mundo, e nos agarramos a elas com o tempo, como fazemos com a fortuna e com a fama.

Eis aqui, em um parágrafo, a essência da chegada. Cather aperfeiçoou em duas direções a arte da atenção. Ela *vê* o vilarejo, percebe seu sabor agridoce no mundo, e vê também no âmago do seu próprio coração. Então, ela se aquece no braseiro dessa sua reação instantânea. Suas expressões de felicidade parecem as mais delicadas brisas que sopram do mar. Suas palavras são tão simples e suaves quanto as contidas num cartão-postal enviado por um amigo de algum pedaço do paraíso onde ele está passando uns dias. Lê-las é mergulhar na maravilha. *Onde está meu Lavandou? E se encontrá-lo, como farei para me lembrar dele?*

A ARTE DE DESPERTAR

Muitíssimo felizes são aqueles que viram os Mistérios.
Sófocles (496-408 a.C.)

Uma das mais antigas funções da peregrinação é a de nos despertar de nosso torpor. A artista Mary Rezmerski, de Michigan, descreve como uma peregrinação do solstício de outono, na Grécia e na Turquia, realizada em 1992, ajudaram-na a lidar com a dor pela perda de sua mãe, alguns anos antes. Mais com intuição do que com lógica, ela embrulhou alguns objetos de sua mãe como talismãs ou amuletos para levar consigo na peregrinação. O item mais importante era um espelho de mão muito pequeno, "algo pequeno que guardava no seu interior o rosto de minha mãe; algo tão pequeno e, no entanto, capaz de manifestar tanta verdade".

> Nosso grupo fez uma jornada até as ruínas e ao santuário dos Mistérios de Elêusis. Nele estava o Santuário de Deméter. Deméter é a deusa cuja filha, Perséfone, foi raptada por Hades, o deus dos Infernos. Deméter procurou longamente a filha, olhando por toda parte. Mas suas buscas e suas noites em claro não lhe revelaram nada. Quando minha mãe morreu de câncer, ela também foi raptada. Procurei muito por ela, mas foi somente quando fiz uma peregrinação que a encontrei. Tive de me tornar uma caminhante na escuridão de minha própria alma. Isso ocorreu porque uma conferencista convidada a visitar minha cidade, Carol Christ, autora de *Laugher of Aphrodite* (A risada de Afrodite), levou-nos até uma caverna. Reunimo-nos ao seu redor e ouvimos Carol ler trechos de seu último livro, sobre sua mãe. Esse momento me convenceu de que aquela peregrinação liberou em mim algo como sincronicidade. Sua eloqüência emocionada sobre a alegria e o terror da mãe-filha tocou-me profundamente. Minha tristeza levou-me às lágrimas e eu pude chorar e me lamentar abertamente. As palavras de Carol celebravam sua própria relação dentro do mito da deusa Deméter e sua filha. De volta ao hotel olhei profundamente no espelho de Glória, minha mãe. Pela primeira vez, vi a mim mesma. Sei agora que Glória segurou o espelho para que eu me visse.

Essa história é um exemplo notável do poder de cura da peregrinação. Tomada pela dor da perda e pelo sofrimento, Mary seguiu sua intuição e arriscou muita coisa para fazer uma peregrinação a um lugar sobre o qual havia lido desde que era menina. Seus sonhos lhe diziam que alguma coisa significativa aconteceria lá. Ela embarcou na jornada com a profunda intenção de encontrar um pouco da paz que perdera com a morte da mãe, e em busca de inspiração como artista. Ela se preparou como uma peregrina: rezou, criou um ritual de partida celebrando com amigos e a família, e leu muito, de tal modo que, quando chegava a diferentes locais ao longo da peregrinação, podia exultar com o "arrepio do reconhecimento".

Em diferentes eras e numa variedade de mapas, os peregrinos experimentaram a cura secreta de Elêusis, aquele êxtase raro produzido por um ritual em grupo que adivinhava o destino das pessoas. Para essa viajante, as palavas pronunciadas no solo sagrado iam diretamente ao coração. Ela teve sua iniciação nos subterrâneos da morte e provou a alegria de se libertar da dor. Originalmente, os mistérios de Elêusis revelavam uma atitude fatalista em relação à morte, que presumia uma transformação. Assim, o momento da verdade, nos ritos, era a apresentação de um feixe de trigo, símbolo da ressurreição.

Pouco depois da nossa discussão com Carol Christ, passamos perto de um sarcófago, junto ao museu arqueológico de Elêusis. Virando-me para Mary apontei a pedra do túmulo que simboliza toda a atitude grega em relação à morte. Embora sarcófago signifique "comedor de carne", aludindo ao perecimento do corpo em sua tumba, os gregos escreviam *psycheins*, borboletas, nos seus lados. O antigo símbolo de transformação, e "o vôo de asas de uma alma".

Uma luz adorável bailava no rosto de Mary, enquanto ela corria seus dedos pelos caracteres esculpidos na pedra.

A PRESENÇA DO LUGAR

Vou estudar, estar preparado e, talvez, o acaso me ajude.
Abraham Lincoln

O antropólogo Jay Fikes descreve uma visita ao Lincoln Memorial, em Washington D. C., como uma oportunidade extraordinária de preencher um desejo longamente acalentado de homenagear um dos heróis de sua infância. No verão de 1995, depois de assistir a uma homenagem ao feiticeiro de Winnebago, Reuben Snake, Fikes seguiu de carro, com sua mulher e uma filha, de St. Louis, no Missouri, até Springfield, no Illinois, para visitar o túmulo de Abraham Lincoln. Queria que sua filha aprendesse a viver a história americana de um modo que não podia aprender nos livros escolares. Dizia querer sentir "a presença do lugar". Em Springfield foram a um centro histórico, numa espécie de "volta ao passado". Quando Fikes chegou ali e viu os dioramas, lendo as placas comemorativas de Lincoln, inclusive o discurso de Gettysburg, que teve de decorar quando era menino, as lágrimas desceram-lhe pelo rosto.

A passagem preparou-me para o ponto alto daquele lugar, considerando que era alguém que eu reverenciava, porque pagou com a própria vida o preço de seus ideais; os riscos que o herói assume; o que o herói sacrifica tendo em vista as transformações na sociedade, quando o povo age como deve. Já dentro da exposição, perguntei a um senhor que fazia o papel de Lincoln por que o presidente havia comutado a pena dos índios depois do levante de Santee Sioux, em 1862. Não havia caça boa na reserva. Alguns jovens lakota pegaram alimentos e a rebelião começou. Depois de terem sido derrotados, 392 foram julgados, a maioria por roubo ou estupro; 303 lakota foram condenados ao fuzilamento. O presidente Lincoln comutou as sentenças de morte de todos, menos de 38 deles que foram sentenciados à morte pela comissão militar. Lincoln sabia que havia poucas evidências para condená-los e, então, se recusou a ser atropelado pelo dogma popular de que o índio bom era o índio morto. Os cidadãos de Minnesota ficaram zangados com a decisão pró-índio de Lincoln, atenuando a pena. O sentimento antiíndio crescia muito na época. Mas o fato de Lincoln ter a coragem de fazer com os lakota o que era correto, deixou-me cheio de orgulho.

Quando o ator que personificava Lincoln explicou sua decisão, senti que minha luta para defender a liberdade religiosa da NACNA tinha seus laços históricos.

Lincoln simboliza o que é melhor na América, nosso credo nacional de que todos os seres humanos são dignos de respeito e de que seus direitos a igual proteção com liberdade religiosa devem ser resguardados por nossa lei federal. Senti tristeza por ele ter sido assassinado e deixei sua sepultura com admiração pelo nosso mais amado presidente, bem como com um renovado compromisso com os nossos comuns ideais americanos.

Para Fikes, um pacifista convicto e um estudioso seriamente envolvido em preservar a liberdade religiosa do povo dos Estados Unidos e do México, Abraham Lincoln, mais do que qualquer outro americano, simboliza as qualidades que ele mais valoriza.

Como peregrino dos velhos tempos, era importante que ele visitasse o lugar em que Lincoln nascera, visse as "relíquias" de sua vida e sentisse o inefável sentido de *presença* em seu túmulo e em sua casa. Mais ainda, era uma oportunidade de expressar gratidão e de fortalecer um voto que havia feito bem cedo em sua vida — o de dedicar-se aos ideais de seu país, os quais ele ainda acredita ardentemente terem sido encarnados por Lincoln.

James van Harper é um comediante e ator que mora em Birmingham, no Alabama. Toda a sua vida ele se inspirou em Elvis Presley. Dois anos depois de ter se casado, ele decidiu que precisava partilhar sua paixão pelo rei do *rock-and-roll* com Carmen, sua mulher. No Dia dos Namorados, em 1998, eles visitaram Graceland.

> Os anos 60 e 70 foram excitantes para nós, rapazes do Sul. Desde que Elvis surgiu, no Ed Sullivan Show, até à época em que ouvia seus discos de 45 rpm para me calibrar antes das partidas de futebol, ele era o maior. Ele era pobre, tinha feito carreira com seu talento e se transformara em ouro puro. Elvis sabia o que era suar para ganhar um dólar. Ele sabia o que fazer para enlouquecer as mulheres. Ele era branco, mas tinha a alma dos pioneiros negros do *blues* e do *jazz*. Elvis moldou sua alma no fogo de Beale Street e em Tupelo, no Mississippi; nasceu em uma pequena localidade bem ao sul de Mênfis. Quando visitei Graceland pela primeira vez, apesar de ter gostado do local, sentia-me um pouco nervoso, pois Elvis era um dos meus grandes ídolos. Fiquei ali muito tempo, olhando as pessoas que chegavam do mundo inteiro para ficar perto dele. Uma mulher, japonesa, ficava repetindo como ele era lindo, e como se parecia com seu pai.
>
> Eu estava realmente tocado, vendo pessoas de todos os pontos do globo chegando para ver aquele menino do Sul, como eu, e outros que cresceram comigo. Não me surpreenderia se em duzentos anos surgisse uma nova seita chamada Os Elvitas. Seus trajes seria como os de Elvis, seus rituais durariam duas horas, como os concertos que ele fazia. Um padre elevaria seus santos sacramentos: torta redonda do Sul, RC Cola e sanduíches.

Harper fica impressionado quando compara seu desejo de conhecer os detalhes da criatividade de Presley com a necessidade que os poetas e os escritores têm de cruzar o oceano para visitar os famosos santuários de seus heróis literários. Ele sugere que sua peregrinação ao santuário era uma oportunidade de chegar perto das "relíquias" do rei do *rock*, por terem um efeito mágico em seus próprios sonhos.

"Ele não só era um dos meus heróis, como eu queria ter chegado perto dele com minha *esposa*", diz Harper. "Partilhando com ela minha admiração por ele, senti que ela entenderia de onde vinha minha paixão, desde a juventude."

E acrescenta que ouvir as canções de Elvis levava-o de volta a um tempo precioso de sua vida: "Meu Deus, aquela música era a pedra de toque de outra era para mim, disse a minha mulher, Carmen. Foi com ela que aprendi o que era a esperança, que ainda carrego comigo, pela qual você pode lutar nos seus sonhos. Elvis também me ensinou que o mais importante é o que se pode fazer pelos outros. É difícil falar nisso, mas eu sentia uma espécie de cura espiritual só de estar lá em Graceland. Talvez eu esteja vivendo só dessa lenda, mas era assim que ele vivia para sua família — não apenas para seus fãs —, lembrando-me de que a família está em primeiro lugar. De um modo estranho, isso me fez querer ficar mais perto de minha família!".

Quando perguntaram a Harper qual a influência de sua visita a Graceland, ele respondeu: "Minha peregrinação ensinou-me que não importa o que tenhamos alcançado, todos nós temos lutas a enfrentar. É mágico, mas ter estado em Graceland, de algum modo, me faz carregar meu fardo com maior leveza".

O PEREGRINO LITERÁRIO

*Bênçãos caiam sobre as cabeças de Cadmo, dos fenícios,
ou de quem quer que tenha inventado os livros.*
Thomas Carlyle

Em 1995, Lawrence Ferlinghetti, poeta, pintor, editor e co-fundador da livraria City Lights, em São Francisco, recebeu o prêmio "Lifetime Achievement Award", da Associação de críticos da região. O mestre-de-cerimônias, naquela noite, era Jon Carroll, colunista do *San Francisco Chronicle*. Em seu discurso, ele se recorda da peregrinação que fez à livraria que lhe serviu de pedra de toque, quando ainda era jovem e sonhava com sucessos literários.

Ferlinghetti foi, tanto quanto posso me lembrar, o primeiro poeta que li na vida; posso ainda me lembrar do perigoso brilho da capa negra de *A coney island of the mind* (Com um parque de diversões na mente), quando ele foi posto perto de algum outro, talvez de *O profeta* ou *Stranger in a strange land* (Um estranho numa terra estranha). Tomei um ônibus de Monterey para São Francisco para sentar-me na sobreloja da City Lights e aguardar Ferlinghetti que, então, notaria minha presença, com a sua alma poética.

"Você é meu novo amigo", ele diria, falando sem contrações tal como os residentes de Cannery Row sempre fazem. "Você precisa vir à minha casa para bebermos um vinho tinto, lermos poesia a noite inteira e dormirmos com mulheres." Bem, fiquei sentado ali na livraria a noite toda e ninguém me convidou para nada. Talvez tenha sido o meu brilho, que não chegava a ser um parque de diversões da mente, mas apenas um *Walnut creek of the spirit* (Brejo seco do espírito). Passei o tempo, segundo me lembro, lendo notícias afixadas nos quadros de avisos: "Procurando carona para Nova York, divide despesas com combustível". Se eu tivesse tido mais coragem e um carro, eu teria jogado tudo fora e teria me tornado, como então era chamado, um vagabundo Dharma. Talvez, se eu tivesse sido mais esclarecido quanto ao significado da palavra Dharma, as coisas teriam sido diferentes.

Uma tarde na primavera de 1998, eu estava fazendo um lanche num café, o "Steps of Rome", perto da livraria City Lights, e aconteceu de estar estudando o legado literário da peregrinação, quando Ferlinghetti caminhou em minha direção. Convidei-o para a minha mesa e, sem perder tempo, perguntei-lhe o que ele achava do poder da peregrinação na poesia e na literatura. Ele sorriu e recitou de cor umas poucas linhas do seu próprio poema "Adeus a Charlot":

As antigas gerações sobreviveram a eles
Sobreviveram os mitos boêmios do Greenwich Village
Sobreviveu o mito de Hemingway
em *O sol também se levanta*.

Por alguns minutos, ele citou outras peregrinações literárias. Escritores andando nas pegadas de Henry Miller em Paris, de D. H. Lawrence no México, de Jack Kerouac nas estradas sagradas da América, concluindo com a imagem do nobre vagabundo, Charlie Chaplin (Charlot, como os franceses o chamam), que para ele hoje vive escondido na alma do povo que ele vê em cada esquina.

De repente, Ferlinghetti lembrou-se de alguma coisa que lhe disseram numa de suas viagens à República Checa. "Os que agora estão fazendo a nova arte e a nova cena literária são antigos membros da Resistência", ele disse emocionado. "Eles me contaram que durante a Ocupação russa os poetas de São Francisco e da livraria City Lights eram como brilhos no horizonte para as pessoas da cena literária subterrânea."

Seus olhos azuis brilhavam. Balançou a cabeça como um maestro, bebeu seu vinho e pediu o almoço.

Para o cineasta John Antonelli, uma viagem a Lowell, Massachusetts, em 1983, foi mais do que uma volta ao lar; foi, também, uma peregrinação às origens de Jack Kerouac. Antonelli havia começado a trabalhar num documentário sobre a vida do escritor, tendo recebido uma bolsa para pesquisa da National Endowment for the Humanities. Vagando com suas assombrações, ele começou a sentir um dedo do destino naquilo tudo. No cemitério Edson, perto da sua faculdade, Antonelli procurou saber onde era o túmulo de Kerouac, embora ele achasse estranho estar visitando a sepultura de alguém que ele jamais conhecera pessoalmente. Quando o funcionário lhe mostrou um mapa com o caminho para o túmulo, ele entendeu que uma caravana de admiradores havia estado lá antes dele, vinda em alguns casos de muito longe para ver o "lugar sagrado e santificar a memória de Jack".

Antonelli descreve esse momento:

> Será que estou preparado para isso? O que vou fazer quando chegar lá? Rezar? Fiquei por ali me sentindo hipócrita, mas continuei andando. A lápide era uma pedra simples. Aquilo não tinha nada a ver com o meu filme. Eu estava tentando visualizar algumas das loucas excitações que Kerouac tinha captado nos seus escritos. Um túmulo banal, localizado num campo entre tantos outros, poderia ter alguma coisa a ver com o quê? Segui em frente, pensando que nunca deveria ter ido até lá, e dei talvez quatro ou cinco passos. Alguma coisa em mim estava em luta com o *hipster* que eu trabalhei tanto para ser, e o *hipster* estava perdendo a parada. Dei meia-volta, deparei-me com a lápide e comecei a estudá-la. Nem sinal, de fato... O que eu poderia dizer a um homem morto havia vinte anos, mesmo que seus escritos tivessem colaborado para a minha formação, antes mesmo de tê-lo lido?
>
> Refiz suas viagens desde Lowell até o Colorado, e do México à Califórnia, porque aqueles eram os lugares da moda para serem visitados nos anos 60. Em toda parte aonde eu ia, de carona, ouvia seu nome. Uma vez me perguntaram: "Você é de Lowell. Como é a cidade de Kerouac?". Eu estava observando uma discussão de um grupo de Dharma Bums sobre livros, que haviam sido envia-

dos, a respeito de uma espécie de despertar Zen num mundo que tinha sido apequenado pelo racismo, pela guerra e pelo capitalismo. Eu conhecia todos os valores que agora estavam debatendo, mas não sabia que eles tinham vindo originalmente de Kerouac. Vindo de Lowell? Como era possível? Como, dessa terra cultural devastada, pode ter surgido essa lufada de ar fresco que atingiu milhões e que esteve nas raízes dos beats e dos hippies? Comecei a ler *Desolation Angels*, *The subterranean* (O subterrâneo), o clássico *On the road* (Pela estrada afora) e a história épica sobre ter crescido em Lowell, *The town and the city* (A vila e a cidade). Era como ler minha própria história, em partes. Havia ali tantos paralelos com a minha vida, apenas com umas duas décadas nos separando. Comecei a entender que a maior parte das minhas experiências com drogas, sexo e *rock-and-roll* foram vividas por Kerouac e seus amigos tanto tempo antes que fez nossas aventuras empalidecerem por comparação. Assim, pensei em fazer um filme a respeito dele, imaginando que até já tivesse sido feito antes, mas de um modo mágico isso não havia acontecido.

Agora eu estava aqui, começando a fazer o filme, e devia tudo isso a ele. Agradeci-lhe. E disse-lhe que tinha feito um bom trabalho. Era isso. Se eu estava a fim de tudo aquilo, devia ter lhe pedido antes, que sorrisse diante do projeto ou, ao menos, que me ajudasse para não ficar a meio caminho. Mas do modo como as coisas aconteceram, não precisei insistir no pedido. De qualquer modo, ele me ajudou. Mas essa é uma outra história.

O CAMINHO DOS ANCESTRAIS

As pessoas perguntam o que você está perseguindo.
Você tem de lhes falar sobre o fio da meada.

William Stafford

Para John Borton, a peregrinação ao passado foi motivada por uma profunda necessidade pessoal de conferir coerência à sua própria família. Ele se descreve mergulhado num "frenesi de pesquisa genealógica", graças ao qual descobriu grande quantidade de fotografias, cartas e recordações. Em dois anos ele viajou para o Texas, para Wisconsin e Michigan, a fim de entrevistar pessoas de sua família. Buscava resposta, na sua pesquisa, para uma sensação surda de dor e para um "não fazer parte — não se integrar", que ele partilhava com duas irmãs e que desejava entender.

A família de Nana Borton, de Fields, me levou a Boston, onde consegui rastrear sua pista no passado até 1650. Finalmente, localizei Lemuel Field, herói da

Guerra Revolucionária, que de fato lutou em Bunker Hill. Encontrei um resumo de toda sua carreira militar microfilmada nos Arquivos Nacionais, ditado por ele próprio. A escolha de frases e palavras feitas por ele ficara marcada na minha memória como parecidas com as de minha avó, e minha linguagem parecia um eco da deles. Houve um reconhecimento imediato, vendo suas palavras, de sua proximidade, carne da nossa carne, apesar da distância de séculos.

De volta a Michigan e à Califórnia, onde continuei minha pesquisa sobre os antepassados Borton, surpreendi-me várias vezes ouvindo vozes familiares dentro de mim dizendo que eu não devia seguir aquela linha. Ainda assim continuei porque sentia que não poderia viver sem completar a viagem até o fim. Minhas irmãs ofereceram apoio moral, mas eu entendia que elas sentiam o mesmo receio de não poder ir até o fim.

Minha irmã mais moça me fez um "quilt" com fotos da família impressas sobre musselina, e decoradas com retalhos e medalhas históricas de Nana Borton. Isso me encorajou bastante. Minha irmã do meio me escreveu algumas cartas, fez pesquisas e me auxiliou a fazer conexões de detalhes importantes encontrados nas cartas e nas fotos que ela havia colecionado. Visitou-me para me ajudar a organizar o imenso volume de material num conjunto coerente cujas linhas gerais começaram a emergir. Sentia-me preparado, então, para fazer as perguntas certas. Aí meu pai começou a escrever para seus parentes, e as peças do jogo passaram a ocupar os lugares certos.

O mais estranho ocorreu quando recebemos confirmação de um dado que minha irmã e eu localizamos num tribunal de Michigan, sugerindo que nosso tetravô Borton fora adotado. De repente, a sensação que carregávamos aqueles anos todos de alguma coisa estranha nesse lado da família confirmou-se plenamente. Por isso o levantamento não tinha revelado outras listas de nomes, por isso a família havia feito um certo segredo. Finalmente uma tia lembrou-se de uma história que tinha ouvido, sobre algo ocorrido durante a Guerra Civil, quando sua mãe saiu para procurar o marido, deixando o bebê com a família Borton, e nunca mais voltou.

Na adolescência, quando meu tetravô Fred Borton soube da verdade, mostrou-se zangado e triste, sentindo-se desamado, abandonado e solto no mundo. Aquele sentimento foi passado de geração em geração durante uns cem anos, e parece ter sido essa a emoção que nos fez iniciar nossa pesquisa. Agora podíamos nos curar com a verdade, bem como à família, voltando a tocar nossas vidas em frente. Os fantasmas do passado descansariam em paz. Sabíamos quem éramos e podíamos olhar o futuro. Minha irmã mais moça podia constituir uma família e ter filhos. Nós todos podíamos respirar e relaxar. O futuro estava claro diante de nós e o passado fora posto no lugar devido. A jornada tinha terminado.

A peregrinação de Borton era tanto interior quanto exterior. Como em todo grande drama, encontrar as peças perdidas daquele mundo era questão de vida ou morte. Sua busca exemplifica a força que pode emergir das profundezas da alma, em um período de nossa vida, despertando o desejo de seguir no rumo da fonte que irá nos rejuvenescer.

As memórias mais remotas do fotógrafo Eric Lawton são recheadas de histórias contadas por sua mãe sobre a infância de Eric em Tietsin, China. Em 1988, ele realizou seu sonho de viajar para a China a fim de encontrar a casa de sua família. Antes de partir, um amigo de infância de sua mãe desenhou um mapa da rua onde existira sua casa, conhecida então como Estrada Woodrow Wilson. Após 75 anos de guerras e terremotos, Lawson não sabia se a morada havia resistido aos rigores do tempo. Levou uma fotografia amarelada de seu avô, tirada em 1920, nos degraus de pedra da casa da família, com um gracioso corrimão de cada lado, encimado por uma torre estreita de madeira. Na Índia, explica Lawton, a confluência dos rios, o lugar onde dois rios se transformam num só, é chamada *sanghama*. Sua peregrinação à China foi a sua *sanghama*: a procura da confluência de sua existência, com seus antepassados.

> Encontrei o hotel Astor, com sua velha dignidade do outro lado do parque onde minha mãe brincou ainda menina. Olhei para o canto onde estaria a casa. Havia só um jardinzinho verde. Meu coração parou. Ela havia sumido. Um profundo sentimento de perda varreu meu coração quando descobri que minha viagem tinha sido em vão. Sentei num banco de madeira, no lugar onde um dia existira minha casa. Pensava que ela ainda podia estar lá. Senti a angústia de ter chegado tarde mais.
>
> Naquela noite telefonei para minha mãe com o coração pesado, e contei a ela que a casa não existia mais. Após um silêncio, ela me perguntou onde havia procurado. Ouvindo minha resposta ela riu, dizendo: "Não, a casa não era defronte do hotel Astor, era mais abaixo, na estrada". Levantei num pulo, disposto a voltar lá, embora já fosse meia-noite. Na primeira luz da manhã voltei ao lugar, com meu intérprete. Encontrei a pessoa mais velha da rua, um velho vendedor de castanhas. Mostramos a ele o mapa, perguntando-lhe se podia lembrar-se daquela rua. Depois de um instante que pareceu uma eternidade, ele apontou numa direção: meus olhos acompanharam a direção do seu dedo, e vi as escadas e o corrimão em curva de que minha mãe havia falado.
>
> Corri depressa para a casa, agarrado ao retrato de meu avô. Setenta e cinco anos depois, ali estava eu no ponto exato onde aquela fotografia fora tirada. Nos degraus de pedra estava sentado um menino chinês, da mesma idade que eu tinha quando mamãe morava lá. Mostramos a ele a foto e contamos minha

história. Ele chamou seu pai, que gentilmente nos convidou a entrar. A sala tinha teto alto e uma única janela... piso de madeira e uma cama ao fundo. Nesse instante andei uns passos e atravessei a sala, absorto naquele passado, sentindo sua presença latente, e observando: quantas vezes minha mãe havia se apoiado naqueles corrimãos, encostada às suas formas delicadas? Que sonhos teria sonhado então? Estava eu entre aqueles sonhos? Teria sonhado de me ter como filho? Afinal, seu filho único, olhando para aquele teto alto? Ouvi passos. Alguém se aproximava. O rosto risonho de uma mulher idosa apareceu. Ela trazia um velho álbum, de couro fino, desgastado pelo manuseio. Sentamo-nos a uma velha mesa. Ela abriu o álbum, e a história de nossa casa emergiu: um terremoto destruiu a cumeeira, uma guerra destruiu o muro da frente, a casa serviu de caserna durante uma ocupação. Essas pessoas haviam vivido lá. Agora, cinco famílias dividiam suas dependências.

Com a permissão dos moradores, fotografei a casa, a família e especialmente o menino, com quem estabeleci uma boa comunicação sem palavras. Tiraram minha fotografia, no mesmo lugar que meu avô, na foto desbotada. Agradeci muito a todos, e já era hora de ir andando. Enquanto descíamos os degraus de pedra, voltei-me para perguntar ao chefe da família qual era o nome da rua. Não era mais Estrada Woodrow Wilson. Seu nome agora era Caminho da Libertação.

REFLETINDO SOBRE A MARAVILHA

Às vezes tenho pena de mim mesmo, e quando isso acontece um vento forte me leva pelo céu.
Citação de Ojibwa

No seu livro *The outermost house* (A casa distante), Henry Beston descreve de que forma, quando ele tinha 36 anos, em 1927, decidiu que precisava encontrar o "essencial". Na tradição dos transcendentalistas, ele ficou só em Cape Cod para ver por si mesmo as "presenças naturais" que viviam lá, e para observar o "cortejo incomparável da natureza e do ano". Embora fizesse planos de ficar apenas por um curto período, uma vez lá compreendeu que tinha necessidade de "partilhar sua vida misteriosa e natural". Solitário, Beston no seu livro torna-se uma testemunha modelo daquilo que a natureza tem a nos ensinar. Havia sempre alguma coisa "poética e misteriosa", como as pegadas dos pássaros nas dunas de areia. Um dia ele contemplou a rebentação e olhou o mar, imaginando o que havia do outro lado — Santiago de Compostela, a "renovação dos peregrinos" — e se lembrou de que quando esteve lá ofereceram-lhe para comprar uma concha de vieira, a chamada concha dos peregrinos, mas "eu não quis saber delas, comprei apenas uma concha comum adquirida de um pescador da Galícia". Esse espírito de ver por si mesmo e encontrar seus próprios talismãs reflete o verdadeiro espírito da peregrinação.

"Pense na maravilha que estamos vendo", escreveu ele no tom tranquilo do viajante contemplativo. "Em algum lugar do oceano, talvez a milhares de quilômetros ou mais desta praia, a palpitação da terra liberta uma certa vibração, uma onda do oceano... Assim seguirá sendo noite e dia, até o coração secreto da terra pulsar pela última vez e a derradeira onda dissolver-se no abandonado litoral." Durante sua permanência, ele notou que a extensão do ano é uma "jornada num calendário de papel", e que se deve tomar "conhecimento da peregrinação do sol no céu", para se ter uma idéia da maravilha do mundo.

Passar um ano com Beston lendo a sua narrativa ajuda-nos a entender a dimensão do que nos é permitido em termos de peregrinação. Ele aborda sua viagem a Cape Cod como a mais sagrada das jornadas; sua reverência pelo santuário que ele criou lá era tão profunda quanto o respeito de um profeta pelos relicários ancestrais. A oferenda que nos faz, sua visão interior e suas observações evocam constantemente a beleza e o mistério que os sufis costumam chamar "os olhos do coração". Como os grandes autores de romances, ele nos revela que qualquer jornada, feita pela multidão ou pelo viajante solitário, pode produzir aquele estado de reverência, de percepção visionária, de contato com o numinoso. Na imobilidade, no ponto imóvel da jornada, está a redenção do tempo que desperdiçamos.

❋ ❋ ❋

Imagine o que está por trás da *presença* nesses lugares de sabedoria e locais de peregrinação. Imagine que essa presença está precisando de você. O chamado que o trouxe até aqui está lhe pedindo maior atenção para a fonte sagrada de sua vida. Depois de toda preparação e da árdua caminhada, a força que o chamou está solicitando alguma coisa vital que somente você pode dar. O que é? O que você pode dar em troca? Já se surpreendeu com a sua própria surpresa?

Pense na maravilha de sua chegada.

A LANTERNA DO VIAJANTE

Nunca se esqueça de que seus dias são abençoados. Você pode saber ou não aproveitá-los, mas eles são abençoados.

Nadia Boulanger

Para Bashô, o brilho da lanterna em cada noite da sua viagem não é somente o modo de iluminar seu pequeno quarto de hospedaria, mas é igualmente o primeiro passo rumo ao ato sagrado de lembrar-se.

"Após acender uma lanterna", ele escreveu a respeito de sua visita à vila de Sarashina, "tomei da pena e da tinta e fechei meus olhos, tentando lembrar-me das visões que tive, e dos poemas que compus durante o dia".

Essa é a prática da atenção. Bashô ritualizava cada ato de sua jornada; ele havia descoberto que não existia essa coisa de fugir de algo, ou o chamado pensamento desinteressado. O próprio ato da peregrinação magnetiza cada estágio da jornada. Assim, a cada fim do árduo passeio diário, ele se perguntava o que tinha visto, e o que havia sentido.

De que forma podemos melhor iluminar nossas próprias experiências? No seu livro *Lugares americanos*, William Zinsser conta como pesquisou a América "real" no final dos anos 80, numa época em que ele duvidava que alguma coisa autêntica restasse. Ele se aventurou em alguns lugares famosos como o parque de Yellowstone, o Kitty Hawk onde os irmãos Wright voaram pela primeira vez, e o sítio da batalha de Gettysburg, escrevendo então: "Gostei de ter estado lá como um peregrino". Sua busca terminou no lago Walden.

Na tarde de sua chegada, passeou pelo lugar pensando na contribuição de Thoreau para a sua própria vida. Na extremidade do lago famoso, ele percebeu um homem que presumiu ser um natural da Índia, em atitude de devaneio. No momento apropriado, Zinsser aproximou-se e perguntou se ele era realmente indiano e, caso afirmativo, por que tinha vindo de tão longe. O homem explicou que fora amigo de Gandhi, o qual "sempre havia planejado uma peregrinação a Concorde". Devido à morte inesperada de Gandhi, o visitante tinha resolvido fazer por ele aquela peregrinação e encontrar por sua conta o que dera serenidade a Thoreau para escrever os livros que haviam inspirado seu amigo a defender a filosofia da desobediência civil.

Zinsser estava muito emocionado com os sentimentos e o gesto desse homem que havia completado a peregrinação do amigo quase quarenta anos após a morte de Gandhi. Há uma grande energia contida numa jornada que se faz com uma finalidade profunda, mas qualquer jornada pode ser aprofundada pela tentativa de alargar sua perspectiva. Se Zinsser tivesse feito a sua peregrinação centrado nos próprios pensamentos, nunca teria visto o Walden do mesmo modo.

Numa viagem comum, planejada como divertimento, ou para se premiar depois de um ano de trabalho duro, não haveria aquele impulso para entabular conversação com um perfeito estranho.

Mas uma peregrinação pede que façamos exatamente isso. A trilha precisa de mais luz. Fazer brilhar a luz da própria curiosidade natural no mundo de outro viajante pode revelar maravilhas. Lembre-se dos mistérios que esqueceu em casa.

O VENTO NAS MURALHAS DE TRÓIA

Nenhum homem é maior do que seu destino.
Ilíada, de Homero

Em 1993, fiz a peregrinação a Tróia. Pela oportunidade, pelos seus sons, pela sensação nas solas dos meus pés tocando o chão, e por tudo o que havia lido sobre aquele lugar desde a infância. A terra de Helena, cuja paixão por Páris inspirou os "dez mil navios" para resgatá-la. A terra de Homero.

Alexandre, o Grande, rendeu homenagens no respeitado túmulo de Aquiles, no seu caminho para a Índia, e Mark Twain parou lá na sua peregrinação à Terra Santa. Agora estava levando um grupo até o local que, sem dúvida, podia desapontar facilmente os que só tiveram as aquarelas de qualidade duvidosa dos livros escolares para imaginar a paisagem da cidadela cercada pelo exército grego de Agamenon e Odisseu, durante nove longos anos. Sei que podia regalar meu grupo com a história das famosas escavações arqueológicas, de Heinrich Schliemann até os recentes grupos da Universidade de Cincinnati. Mas senti que precisava de algo mais para revelar toda a força do lugar, de modo que antes de sair dos Estados Unidos encontrei um trecho da *Ilíada* de Homero e seis das suas diferentes traduções, de Alexander Pope a Richard Lattimore.

Quando chegamos a Hissarlik, o grupo aquietou-se à medida que nos aproximávamos das Portas Escaenas. Expliquei que os cascalhos esféricos do lugar eram restos da rampa onde o Cavalo de Tróia havia deslizado para dentro da cidade sitiada. Procurando nossa passagem entre as ruínas, apontei o lugar onde a famosa Máscara de Agamenon fora encontrada, nos assentos de mármore de um velho anfiteatro, a poucos passos de um templo de Atena.

Ali, sentados diante dos campos onde a grande guerra ocorreu, distribuí fotocópias da cena apaixonante da *Ilíada* em que Heitor, o herói troiano, despede-se de sua esposa e do filho de 22 anos para combater pela cidade sitiada. Um por um, os participantes da excursão leram os versos gloriosos de Homero, cada versão refletindo os diferentes ângulos como as gerações viram a guerra, o heroísmo e os deuses. Cada leitura tocava uma parte de nós que não teria sido atingida sem as palavras que faziam as mudas pedras falarem ao nosso redor.

Lá, enquanto o dia terminava e o vento desfazia meu cabelo, li e senti minha alma crescer, evocando as "palavras com asas" de Homero.

Estou procurando sempre maneiras de ajudar a mim mesmo e aos outros a ver a magia dos lugares, a sentir a ação mágica do santo, do artista ou do herói que viemos de tão longe para encontrar.

Os jardins em Giverny são um supremo exemplo da peregrinação levada para casa, tornada permanente e infusa como um modo de vida. Como isso ocorreu foi sugerido pelo escritor Guy de Maupassant, que os descreveu acompanhando seu amigo Claude Monet "em sua

Os fabulosos portões de Tróia, construídos por volta de 1250 a.C., através dos quais foi transportado, segundo nos conta Homero, o fatídico Cavalo de Tróia. À esquerda estão as pedras de fundação da grande torre da qual o rei Príamo observava Aquiles lutando com Heitor.

busca de impressões. Naqueles momentos ele já não era um pintor, mas um caçador...". No seu prefácio para o catálogo da exposição Monet-Rodin de 1889, o poeta Octave Mirbeau escreveu que Monet "observou que num dia mediano um dado efeito dificilmente dura mais de trinta minutos. Assim, ele tinha de contar a história daqueles trinta minutos, o que queria dizer que numa certa secção da natureza esses minutos expressavam ao mesmo tempo harmonia quanto à luz, e harmonia em relação a movimentos coordenados...".

Isso equivale a dizer que a própria luz era um relicário para Monet, a qual ele buscava quando ia à Catedral de Rheims, à estação de trens em Paris ou aos trigais da Provença. Não apenas o lugar, mas a *visão*, a visão da luz.

Assim ele se deixava comover pelo milagre da luz brincando nos campos, tornando-se sua paixão descobrir, no dia-a-dia, "a vida contida nas coisas".

Alexander Eliot, antigo crítico de arte da revista *Time*, descreve seu próprio ritual quando viaja: "Quando estou de volta no final do dia, tento rever o que vivi, e prestar uma homenagem a isso antes de dormir. Durante anos fiz questão de memorizar pinturas em museus. Sempre digo às pessoas para *simplificar* sua experiência de museu. Encontre um pintor, ou apenas alguns pintores, e preste atenção neles. Se uma obra de arte o excita, *memorize-a com seus olhos e a imaginação* no lugar preciso do museu em que está, e você a terá para sempre. Poderá ser um colecionador desse modo! Se em alguma tarde encantada você vir uma peça de escultura ou uma pintura, agarre-se a ela e segure-a bem. Você não devora o alimento numa grande ceia. Deve primeiro provar dele, sem tomá-lo de qualquer maneira. É o mesmo quando está viajando.

❋ ❋ ❋

Imagine seguindo a luz ao longo de um dia. Procure ver o modo como um pintor o faria, o jogo da luz nos edifícios, o modo como os detalhes determinam o desempenho das sombras durante o curso do dia. Pense nas diferentes maneiras que a luz o afeta e, na ausência dela, a treva.

TAREFAS DE VIAJANTES

Não há dias na vida que sejam tão memoráveis quanto aqueles que vibram sob algum impacto da imaginação.

Ralph Waldo Emerson

Uma vez chegado a seu destino, escolha uma hospedaria para o seu pernoite e descanse do peso da bagagem. Abra a sacola e pegue seu caderno de notas e o mapa. A menos que se sinta exausto ou doente, tente não descansar logo, ou isso pode afetar seu ritmo nos próximos dias. Em vez disso, dê uma pequena caminhada. Esse é um modo de se aclimatar imediatamente. Que lhe dará um tempo extra para sua alma "se encontrar", auxiliando-o a compreender-se e aliviando a excitação experimentada pelos viajantes quando tentam dormir sem sequer saberem onde estão.

Ande e fique fora de casa até sua hora habitual de dormir. Enquanto caminha, renove seu propósito de fazer dessa jornada uma peregrinação sagrada. Recorde primeiro por que está fazendo essa viagem. Com freqüência, os grandes dragões da dúvida costumam aparecer aí, espalhando maus pensamentos sobre dinheiro gasto, tempo desperdiçado e obrigações esquecidas de cumprir em casa. O grande nômade Bruce Chatwin com freqüência se perguntava, quando chegava a um lugar desconhecido: *Que é que estou fazendo aqui?* Como um peregrino, você quer se perguntar coisa semelhante, e então responder, recapitulando no seu diário, num postal dirigido a alguém ou numa oração feita na igreja de sua escolha.

Para mim, a chegada também significa a apresentação da pedra de toque. Num lugar novo, o teste começa com o encontro do centro, seja ele uma pequena cidade de pescadores num recanto do Mediterrâneo, ou uma febril metrópole espanhola. Minha primeira tarefa é sempre caminhar até o ponto central da cidade como num labirinto, e esse acaba sendo em geral um antigo café, uma taberna, um *pub*, um restaurante, a escadaria de uma biblioteca ou um banco defronte de uma livraria. Preciso sentir o tom da conversa local, a alegria de uma risada, o fervilhar de idéias, para saber que de fato cheguei. Andar ao longo das calçadas, se você está num país latino, pode resolver esse problema.

Durante muito tempo considerados abrigos de pastores, os *clocháins*, ou "colméias", tais como essa do século IX ou X, uma das quais Inishmore, nas Ilhas Aran, na Irlanda, acredita-se que tenha funcionado como "abrigo de peregrinos".

A principal tarefa é sentir a emoção de completar sua peregrinação. Lembremo-nos, por exemplo, de que a palavra *thrill*, emoção em inglês, refere-se mais à vibração que a flecha produz quando atinge seu alvo, do que ao prazer que parece significar. Há alegria em se chegar, momento a momento.

"A finalidade é permanecer no momento presente e saborear cada passo que se dá", diz o monge budista Thich Nhat Hanh. "Assim, jogue fora as preocupações e ansiedades, não pensando no futuro, não pensando no passado, mas só aproveitando o momento presente." Cumprimente os outros com afeto e respeito, "não importa a forma que tenham, porque em todos o Buda está presente... De repente, o Buda em cada um de nós pode brilhar, e eis que estamos em contato com o presente".

Para estar de acordo com essa prática, para manter em foco a finalidade de sua viagem, recorde a cada manhã antes de se levantar, no seu quarto, do bom conselho do explorador que aprendeu, depois de ter percorrido o mundo, que se deve *ignorar tudo aquilo que não se ama*.

Xilogravura de fonte pública e lugar de reunião na Lisboa do século XVIII, em Portugal.

Ao cair da noite do primeiro dia de minha visita a Marrakech, no Marrocos, resisti à tentação de ficar no hotel, jantar e cair na cama, apesar do cansaço decorrente da excitação de estar num lugar novo. Em vez disso, saí para andar em meio à variedade de perfumes e sons da praça do mercado.

Minutos depois, parei perto de um grupo de músicos e contadores de histórias que estavam sentados junto de seus tambores, cercados da agitação dos feirantes. Um deles desenhou um círculo na terra em torno de si mesmo e convidou os que o cercavam a entrarem no círculo por uma pequena abertura deixada por ele.

Logo que alguns de nós, curiosos, estavam dentro do círculo mágico, ele o fechou e começou a sua música. Quando a noite chegou ele se transformara num mágico contador de histórias, ignorando todo mundo fora do círculo. Cantores, tocadores de tambor, dançarinos, mágicos, todos iam e vinham, misturando sua alegria com o ar quente do deserto.

Nove horas depois ele nos deixou sair. Vaguei de volta ao meu hotel, sentindo que já poderia voar para casa depois de apenas uma noite. Sentia-me vivo mas sobrenatural, e meus ouvidos zumbiam com os tambores do deserto. Estava saciado, convencido de que não tinha de viajar mais, de que já havia chegado ao lugar onde era preciso ir. Como era possível estar mais feliz?

A OFERENDA

Deus quer o coração.
Talmude

Em Tróia, senti vontade de homenagear os deuses do lugar. Aquelas divindades que nos abençoavam em nossa jornada esperavam por oferendas em cada destino sagrado, fosse orando, fazendo uma curvatura, ajoelhando-nos no chão ou recitando um texto sagrado. Em Bali, alimentos são deixados nos templos; na Irlanda, tiras de tecido são penduradas nas árvores próximas e dinheiro é doado aos sacerdotes; no Tibete, os peregrinos podem deixar como presente manteiga de iaque para o mosteiro que estão visitando. Sempre uma oferenda, uma santificação.

Há uma grande quantidade de maneiras de cultivar um sentimento de gratidão. Sua jornada é o resultado de seu esforço reunido a muitos outros. Em Bali, o presente ritual é dado em flores ou frutos. Andar rua abaixo em Denpasar, ou em qualquer vilarejo, é ver um desfile sem fim de pessoas andando em ambas as direções perto dos templos, com presentes para os deuses. Deixar uma pequena doação é outro ritual comum. Algumas moedas numa caixa de esmolas é um modo não somente de ajudar, como de dizer obrigado pelo dom de ter chegado são e salvo até ali. Penso nas flores da casa de Mary, em Éfeso, na Turquia; nas garrafas de vinho e nas velas em frente ao oratório dedicado a John Lennon em Praga; nas fitas brancas nos arbustos sagrados em redor do Poço do Cálice em Glastonbury, na Inglaterra.

Um monge adivinha o significado das varetas do I ching que ele jogou a pedido de um jovem peregrino no terraço de Bayon, em Angkor Thom, no Camboja.

Um pequeno brinde de reconhecimento tem seu lugar mesmo numa peregrinação a um santuário da literatura. A poetisa Tess Gallagher contou-me que o túmulo de seu marido, o escritor Raymond Carver, tornou-se um relicário. Cada vez que visita o lugar, perto de Port Townsend, Washington, ela o encontra adornado de flores ou de poemas.

✿ ✿ ✿

Imagine o que uma agradável chegada significa para você. Naquela noite, leia um texto sagrado escrito nesse mesmo lugar onde você está agora. Escreva alguma coisa pela qual gostaria de ser lembrado por seu neto. Deponha uma oferenda. Deixe sua alegria se manifestar. Saboreie o instante. Demore-se um pouco amadurecendo a idéia de que já não é um estranho nesse mundo. Maravilhe-se com a graça salvadora que vem ao seu encontro. Lembre-se de que lugares sagrados são aqueles em que a eternidade brilha intensamente, como o Sol atravessando um vitral.

No verão de 1984 fui guia, com outros, de uma excursão literária à Irlanda em que estavam também o narrador Gióia Timpanelli e o poeta Robert Bly. Vimos coisas e ouvimos sons maravilhosos enquanto rodávamos pelo país, porém o mais memorável da história foi nosso encontro com aquilo que se chama serendipidade. Na noite final da excursão, retornamos a Dublin, onde Bly nos encantou com a novidade de que havia convencido o poeta irlandês Seamus Heaney a viajar até Belfast a fim de se juntar a nós no Shellbourne Hotel, para uma palestra.

Uma imagem grafitada de John Lennon transformada em sacrário popular, com oferendas de incensos e velas, perto da ponte Carlos, em Praga, República Checa.

Num café perto da Catedral de Bath, na Inglaterra, o veterano viajante Trevor Green, de Sheffield, Inglaterra, passa uma lânguida tarde escrevendo notas no seu diário e desenhando.

O que se seguiu foi uma noite de evocação dos duelos bárdicos dos antigos celtas, conduzida com muito bom humor. Lembro-me de Bly sorridente, apresentando Heaney com orgulho, e dizendo: "Seamus, dê-nos um pouco de Yeats". Heaney cruzou as pernas, sorriu e recitou de memória poema após poema. Voltando-se para Bly, desafiou o americano a fazer o mesmo com poetas que sabia de cor. Bly declamou poemas de Rilke e de Akmatova.

Encontrei recentemente alguns versos escritos naquela noite, que permaneceram durante quatorze anos dentro de um pequeno volume de poesias de Yeats. Com o coração disparado, fui transportado para uma terra amada, por estas simples imagens de Heaney:

> Ele passa seus longos dedos entre as mechas de cabelo branco
> seu olhar correndo ao encontro da casa de pedra em Sligo,
> enquanto invoca a presença de Yeats,
> seu segundo pai.
>
> Ele continua sentado, quieto, como se na borda de pedra
> das ilhas Aran, contido pelo vento,
> enraizado nas velhas rochas,
> um peregrino contemplando
>
> como coisas estranhas e maravilhosas
> acontecem àquele que viaja até
> o assento do desejo feito
> de salgados cascalhos do mar.

VII
Renovando a Bênção

Como é longa a estrada. Mas pelo
tempo que já dura a jornada, você precisou
de cada segundo para aprender por
onde ela passou.

Dag Hammarskjöld, *Marcos na estrada*

"Era uma vez", contava um velho morador da Groenlândia ao explorador dinamarquês Knut Rasmussen, "um homem que morava mais ao norte do último povoado. Ele caçava ursos toda primavera, com um trenó puxado por cães.

"Uma ocasião, durante uma caçada, ele encontrou trilhas de trenó na neve, e se perguntou quem as teria feito. Assim, quando saiu para caçar ursos no ano seguinte, cuidou de ir mais cedo do que costumava fazer. No terceiro dia, encontrou casas diferentes daquelas a que estava acostumado. Mas não viu gente por lá; trilhas recentes, no entanto, mostravam que a construção fora abandonada há pouco.

"Quando o caçador de ursos partiu no ano seguinte, levou madeira consigo, para dar de presente aos estranhos; porque imaginou que eles deviam estar com problema de falta de madeira, uma vez que usavam pele de narval para cobrir as casas.

"Mas ele também não encontrou os estranhos naquela sua segunda visita. O fato é que as trilhas na neve pareciam mais recentes do que na última vez, mas ele não ousou segui-las, e assim aumentou o caminho para chegar à sua própria cidade. Contentou-se em enterrar a madeira que havia levado consigo, na neve perto das casas, e aí, tendo deixado os presentes, foi para a sua casa.

"No terceiro ano ele saiu com a melhor matilha que jamais tivera e, mais cedo que de costume, viajou para o norte atrás dos ursos e dos estranhos na região. Quando afinal chegou ao vilarejo, estava tudo como nos anos anteriores; os habitantes haviam partido; mas na neve onde havia deixado sua madeira eles tinham guardado um grande fardo com dentes de morsas e dentro, na entrada da casa, uma cadela magnífica estava lá com seus filhotes. Aqueles eram presentes que os estranhos haviam deixado para ele.

"Colocou tudo no trenó e seguiu de volta para casa; mas as pessoas que viviam mais ao norte de todos os outros homens, ele nunca chegou a encontrar."

Essa deliciosa lenda das "trilhas de trenó no extremo norte" é uma admirável parábola para viajantes de toda parte. Estamos aqui no território do mito, ouvindo a sábia crônica de uma fonte inesperada. A beleza da história é que ela nos encoraja a perguntar quem são as pessoas que nos presenteiam nas nossas jornadas, e a seguir nos diz que está tudo bem se não soubermos a resposta, seja ela qual for — destino, presentes dos deuses ou de "desconhecidos que vivem no norte distante".

Alguém pode estranhar o fim da história do caçador. Como pode ele voltar sem saber a origem dos presentes? Para o velho groenlandês, "Muito além de tudo existe o mistério".

❊ ❊ ❊

Imagine sua volta de uma viagem como último ato de uma história épica. Que instantes brilharão na sua memória, hão de parecer um hiato, vão desafiar todas as suas crenças anteriores ou reconfirmar sua fé no poder que está no centro de tudo? Qual o sentido disso? Foi resultado de um planejamento ou uma sucessão de acasos felizes que alguns chamam de serendipidade? Sentiu uma estranha sensação de gratuita alegria? Pode repeti-la agora que se está de volta em casa?

As epifanias às vezes brilham e cintilam na vida dos peregrinos, mas há também fulgores rápidos de descobertas na sua viagem, vistos pelo seu canto de olho. Pequenas alegrias, experiências humildes como os raios de luz que caem nas colunas da catedral de Amiens enquanto o coro está ensaiando; as acrobacias dos palhaços e a risada das crianças nos cafés próximos da Mesquita Azul; a mulher que atravessa a rua sob a chuva para dar-lhe o endereço do apartamento da poetisa Anna Akmatova em São Petersburgo, depois de você ter andado em círculos durante três horas, completamente perdido.

Você sabia daqueles detalhes sobre pessoas e lugares antes de sair de casa, mas agora os esqueceu. Essa viagem faz você se lembrar dos ritmos sagrados. Como se lembrará de lembrar-se, quando estiver de novo em casa?

❊ ❊ ❊

De acordo com a crença popular, a função das agulhas na torre dos minaretes, como essas da Mesquita Azul em Istambul, na Turquia, é apontar o céu de maneira que as preces dos crentes possam subir mais depressa até o alto.

O mestre chinês Quingiam Weixin descreveu o paradoxo vivo que percorre as histórias de viagens inspiradas. Quando nossos olhos começam a pesar e nos sentimos entediados, é chegado o momento de fazer uma jornada mais difícil para aprender as verdades essenciais da vida que estão diante dos nossos olhos.

> Quando ainda não tinha começado a estudar o zen, há trinta anos, pensava que as montanhas eram montanhas e o mar era o mar. Mais tarde, quando estudei a personalidade humana com meu mestre, percebi e compreendi que as monta-

nhas não eram montanhas, e o mar não era mar. Agora que sigo o caminho dos que não buscam nada, vejo como via antes, que as montanhas são só montanhas, e o mar é só o mar.

A notável parábola de René Daumal, *Mount analogue*, é uma história sem fim sobre uma aventura num iate chamado *Impossível*, até uma ilha misteriosa com uma montanha lendária. Os que buscam a salvação sobem a montanha guiados pelos misteriosos poderes dos ilhéus, e na subida vão aprendendo o significado oculto da sua ascensão. Como Marcel Proust, eles estão procurando o "momento privilegiado", a epifania da revelação, embora perplexos com as dificuldades do começo, como até mesmo acampar antes de iniciar a subida da montanha. Há obstáculos por toda parte. Como escreve Daumal: "Para encontrar a fonte que se busca, há que viajar na direção oposta".

Os personagens de Daumal não se contentam em aprender nos livros. Como todos os peregrinos do espírito, precisam orientar-se lendo a respeito da montanha lendária, mas precisam também caminhar nela. A glória e o heroísmo da subida até o cume não são o principal da história. No coração da narrativa está clara a compreensão de que a subida não é completa sem a descida. Perto do final da história, há um detalhe precioso que podemos chamar "A Lei do Peregrino":

> Um viajante inspirado reabastece o acampamento antes de partir, pensando naqueles que virão depois dele, e assim você deve partilhar qualquer sabedoria com que foi presenteado em sua jornada, com aqueles que estão por sua vez às vésperas de viajar.

A parábola de Daumal toca em outro elemento sagrado da jornada, com um profundo propósito: a necessidade de refletir sobre seu significado, e então regressar para casa e lembrar-se de viver com redobrada coragem.

> No processo de pôr tanta pressão na linguagem, o pensamento deixa de se satisfazer com o suporte das palavras; ele rompe com ela de maneira a procurar se satisfazer em outro lugar. Esse "outro lugar" não deve ser entendido como um reino transcendente, um misterioso domínio metafísico.
>
> Esse "outro lugar" é "aqui", nas imediações da vida real. É daqui que nossos pensamentos saem, e é para aqui que eles devem voltar. Mas depois de que

viagens? Viva primeiro, depois volte-se para a filosofia; mas em terceiro lugar, viva de novo. Assim, o homem na caverna de Platão tem que sair para contemplar a luz do sol; então, fortalecido pela sua luz que ele guarda na memória, deve retornar à caverna. A filosofia verbal é apenas um estágio necessário na sua viagem.

Após nossa grande rodada de viagens, ao longo do tempo e do espaço, da arte e da literatura, da busca religiosa e da exploração da natureza, eis aqui o tema fundamental da peregrinação. Como disse Fiodor Dostoiévski: "Deve-se amar mais a vida do que o sentido da vida".

Como os alpinistas do Monte Analogue, o peregrino sente um chamado diferente e é transformado pela jornada. A mais profunda dessas mudanças é a necessidade de partilhar o ouro, a sabedoria, a alegria da viagem. Mas a verdade mais amarga a respeito de voltar para casa após uma longa jornada é que cedo aprendemos o quanto o mistério de um homem pode ser a superstição de outro. Como descrever o indizível?

Contava-se em Veneza que, depois da sua volta, Marco Polo e seu pai não foram nem reconhecidos devido aos seus andrajos. Mas dentro de suas roupas esfarrapadas eles escondiam diamantes e jóias que trouxeram do Oriente. Seria aquilo a prova de tudo o que contavam sobre sua inacreditável jornada?

Nossos "diamantes e jóias" não são nossos verdadeiros diamantes e jóias. Ostentação, fanfarronice e jactância acabam certamente gerando hostilidade.

No seu popular livro de ensaios *Myths to live by* (Mitos para se viver), Joseph Campbell descreve alguma coisa ligada às viagens sagradas deste nosso tempo: "A meta final da busca, se se pretende retornar, não deve ser a libertação nem o êxtase em si, mas a sabedoria e o poder de servir aos outros".

Agora não posso ouvir uma história de viagem, ver um filme ou ler um livro sem me perguntar: "O que foi trazido de volta? Onde está a *dádiva*? Mostre-me as jóias costuradas no forro do seu casaco. Onde está a bênção?".

A antiga sabedoria ensinava que o prêmio escondido nos sofrimentos do mundo é a dádiva de um crescente autoconhecimento. A idéia do antropólogo Lewis Hyde, no seu livro *The gift* (O prêmio), é de que nos velhos tempos o prêmio real era "um agente de mudança". Uma pessoa não pode amparar por muito tempo uma outra, porque isso seria o equivalente do velho dragão grisalho "protegendo o tesouro".

No seu ensaio *A witness for poetry* (Um testemunho da poesia), o poeta William Stafford, do Oregon, descreve como fez certa ocasião uma conferência temendo ser tratado como uma relíquia, ou interrogado assim: "Como era no passado, em 1948?".

Em vez disso fizeram-lhe perguntas sobre um assunto do seu agrado — o processo pelo qual alguém passa para escrever poesia. "É estranho", ele termina o ensaio, "pensar que há questões que pessoas daqui a cem anos vão continuar interessadas em entender. Porque nós nos esquecemos de contar".

Essa percepção é uma bênção dos poetas e andarilhos de toda parte. É uma chave para a poesia da peregrinação: a história que trazemos das nossas jornadas é a bênção. É o dom da graça que passou por nós no ponto mais alto da nossa viagem. Talvez isso tenha acontecido na forma de um entendimento profundo da vida espiritual, um percebimento das tradições de uma cultura totalmente distinta da nossa, um instante de compaixão, uma ampliação do conhecimento. Tudo isso deve agora ser transmitido. A bênção — em Delfos, em Elefanta, em Angkor, num santuário local, no túmulo de seu pai, no hospital onde você nasceu — é a presença da alma do mundo que pode ser sentida, honrada e levada para casa no seu coração.

❁ ❁ ❁

Imagine alguma resistência, descrença ou ciúme que possa encontrar na volta de sua viagem, em alguém que se comporte como uma espécie de guardião do lugar. O costume exige que você faça um tipo de oferenda de paz àquele guardião do lar.

Rememorar sua jornada incontáveis vezes enquanto volta para casa pode ser um consolo para a dor de cruzar a reta de chegada. Os familiares e amigos que o acompanharam na partida podem estar agora ocupados com as suas próprias vidas e talvez desapareçam misteriosamente quando você quiser partilhar as histórias, os slides e os espantos da viagem.

Um encantador de serpente e contador de histórias encanta a multidão na velha praça do mercado Djemaa el Fna, em Marrakesh, no Marrocos.

    Prepare-se para isso. Será mais difícil do que imagina encontrar uma audiência para as suas histórias. Se tiver oportunidade, expresse gratidão em vez de fazer comentários banais. As verdadeiras jóias são as histórias-tesouro guardadas pelos viajantes, e que muita gente em toda parte e em todos os tempos ansiou por ouvir — histórias da verdadeira Shangri-lá, lendas sobre o que a alma suportou, e não o ego.

    Conte o que aprendeu na sua jornada.

    A mais antiga e mais notável de todas as bênçãos é a sabedoria conquistada a duras penas.

QUANTO AO MARAVILHOSO

> *Não tenho certeza de nada, a não ser dos*
> *afetos do coração e da verdade da*
> *imaginação — o que a imaginação capta*
> *como beleza deve ser verdade*
> *— quer ela existisse antes disso ou não.*
>
> John Keats, 1817

Fico emocionado cada vez que leio de novo o guia de viagens do século XII, *As maravilhas de Roma*. Esse livro foi o primeiro do seu gênero numa época em que a busca de relíquias mobilizava peregrinos, e viajantes começavam a procurar em toda parte a arquitetura e a história dos antigos. Nele pela primeira vez aparece uma tentativa de organizar o passado, as criações do homem comum, como é sugerido aqui nessas adoráveis linhas:

> Esses e outros templos e palácios de imperadores, senadores e prefeitos ficavam dentro da cidade de Roma ao tempo do paganismo, como lemos em antigas crônicas, vimos com nossos olhos e ouvimos contado por homens mais velhos. Anotando isso, tentamos da melhor maneira que pudemos trazer de volta à memória humana a grandeza daquela maravilha esculpida em ouro, prata, metal, marfim e pedras antigas.

Desse modo, com a arte de recordar, a habilidade de "trazer de volta à memória humana quão grandiosa era a sua beleza", nós reconstruímos a todo instante as nossas próprias vidas. As recordações são a disciplina básica do peregrino-poeta-viajante, que reúne com o auxílio da memória os votos que fez antes de partir, reverenciando a idéia de que uma vez que tenhamos sido abençoados com o dom da jornada, precisamos também abençoar. Podemos sempre relembrar a beleza com o auxílio da memória, em atos diários de imaginação que se apoderam das emoções que uma vez tomaram nosso coração.

E o estranho é que, quando você faz isso, pode descobrir, como aconteceu com Carl Sandburg, que

> Se não há mais nada à sua frente, então você chegou ao fim.
> Se atrás de você não há mais nada, então à sua frente está o princípio.

DE VOLTA AO PRINCÍPIO

É algo estranho voltar para casa.
Quando ainda a caminho, mal se pode
imaginar quão estranho será.
Selma Lagerlöf (1858-1940)

Para Trish O'Rielly, voltar para casa significa abrir mão por algum tempo das viagens, para abrir um novo espaço. Ela precisa de tempo para avaliar tudo por que passou. "Essa parte felizmente não acaba nunca", diz ela rindo. "É estranho e difícil, claro, porque seu mundo em casa prende você. Mas você tem que, antes de tudo, respeitar sua memória. Penso na tarefa como o 'restabelecimento do *ponto de partida*', porque se está de volta ao lugar de onde se partiu e é preciso perceber que um círculo foi completado. Sinto o chamado forte de um recomeço, como se fosse uma seqüência, o próximo passo a ser dado. Se não sabemos onde estivemos, como saber o que faremos em seguida?"

Parar um pouco quando se retorna a casa, ela acredita, ajuda no processo de recomeçar. De outro modo, como outros viajantes acabam descobrindo com desânimo, uma viagem começa a se confundir com a outra, e a ansiedade passa a sufocar o desejo de fazer novas peregrinações.

Michael Guillén aprecia o antigo costume maia de fazer uma peregrinação solitária até o mar, da qual os jovens trazem conchas, frutas e pedras negras para decorar os altares em casa, como símbolos de fertilidade. Isso inspirou um rito pessoal de criar altares na volta das peregrinações, que Guillén recomenda aos outros como exercício.

"Traga para casa alguma coisa de cada viagem, para um altar doméstico", diz ele. "Integre o que trouxer a esse altar. O que é importante para mim é esse aspecto da vida latina em família; nossos altares protegem nossa casa. Assim, traga alguma coisa consigo a fim de enfeitar seu altar — um mineral delicado, uma pedra de toque. Essa é uma parte importante da peregrinação, a recriação de *rituais da memória* para ajudar a lembrar pessoas que perdemos. Outro modo para mim é lembrar dos outros e de *mim mesmo de modo honesto*."

Na parede de um café localizado à sombra da Acrópole em Atenas, vê-se pendurada uma "caixa de memória" ou coleção de detalhes de esculturas, que o dono do café colecionou das ruínas próximas e de suas viagens à Grécia — um exemplo imaginativo que qualquer peregrino pode criar após o seu retorno.

Para Joan Marler, a bênção maior está na gratidão que sentimos até pelos fardos que nos cabem na peregrinação. Ela chama essas transformações de "momentos mágicos", e sente que eles despertam a "história da jornada". Seu exemplo mais dramático é o encerramento ritual que ela quis fazer numa excursão à Ilha de Malta, quando o grupo gastou quatro horas num antigo templo. Um imprevisto foi a oferenda, uma vez que as autoridades locais fecharam o templo aos demais visitantes logo que escureceu, temendo o vandalismo dos caçadores de relíquias locais. "Foi um momento especial, ao pôr-do-sol, já escuro, com as estrelas e a lua no céu, velas acesas e a cerimônia, numa ilha que já foi inteiramente sagrada."

Como a maioria de nós, Joan enfrenta o mesmo dilema quando volta para casa: "Como manter vivas as lembranças sagradas? Vejo o momento da volta como um tempo de reintegração, um tempo para recordar tanto quanto possível a viagem, para ouvir os sonhos e criar alguma coisa nova *de maneira que o despertar continue*. Isso se torna importante precisamente porque você já mudou. Alguma coisa se alterou e emergiu em sua consciência. Agora você sabe que o sagrado está em toda parte. Agora sabe que um modelo em pequena escala está em algum lugar dentro de você. E uma vez mais, o ato de contar histórias deixa que as coisas "aflorem"; confie na sua própria sabedoria. É preciso que nos lembremos disso: a viagem é uma miniatura daquela outra viagem muito maior que é a vida. Ela contém tudo em si mesma. Você encontra a essência das coisas se consegue encontrar o momento que contém tudo em si próprio.

Para Pohsuan Zaide, uma terapeuta de Vancouver, na Colúmbia britânica, o desafio central de suas viagens é aprender a prestar a mais minuciosa atenção à sua própria vida, quando está de volta, em casa. "Minhas viagens pelo Mediterrâneo há alguns anos", ela recorda, "mantiveram-me alerta durante um período difícil. Se eu perdesse contato com aquilo, minha vida iria tornar-se terrível". Segundo ela, suas peregrinações feitas a lugares como Epidauro, na Grécia, e a Éfeso, na Turquia, confirmaram a seus olhos que não era bastante viver na superfície da vida.

"O segredo que os antigos gregos conheciam era que tudo está contido aqui e agora, e que é a criatividade a meu redor que me mantém vivo, se a percebo. Houve momentos nas excursões, como aquele sob uma oliveira na Ilha de Paros, que foram como resplendores que ajudavam a abrir espaços mais profundos em mim mesma, e me fizeram aspirar por mais criatividade em minha vida, quando voltei para casa. Essa foi minha lição de vida, recebida dos antigos gregos: a de que posso atravessar o inferno de Dante, se posso me lembrar da magia de minha peregrinação, e de que é possível criar uma vida de peregrino para mim mesma aqui, numa vida sentida em toda profundidade e plenitude. Posso entender agora que a verdadeira peregrinação, seja ela para Epidauro ou para uma clínica no centro da cidade, é um caminho que leva você para mais perto de Deus. Esses lugares são ambos o centro do mundo. Agora entendo que a Colúmbia britânica pode também ser vista como o coração do mundo, como Henry Miller disse de Epidauro. Somos todos criaturas em busca de sentido. Às vezes é preciso uma jornada para nos recordar disso."

❁ ❁ ❁

A colagem da artista de Michigan, Mary Rezmerski, em memória de sua peregrinação ao Mediterrâneo é um exemplo inspirado de como os viajantes podem manter vivas suas jornadas — e inspirar a de outros.

Imagine ser um peregrino que vai ao Templo do Tempo na Via Bórgia da Roma medieval. O edifício decorado abriga e exibe um mecanismo que marca o tempo na cidade. Nunca alguém antes havia testemunhado a progressão do tique-taque, nem tinha presenciado o tempo se esvaindo diante de seus olhos fascinados e aterrados, como aqueles peregrinos que viajavam milhares de quilômetros para ver pessoalmente o espetáculo. Um viajante moderno que retorna ao lar pode ver o tempo como alguma coisa que oscila entre o fascinante e o aterrador.

"O tempo e o datilógrafo", um arranjo na vitrine de uma papelaria de Paris. Um exemplo comum de uma extraordinária parábola visual para homenagear o tempo, escrevendo a respeito dele.

Como podemos capturar o tempo quando voltamos para casa? Complete seu diário de viagem. Dê um acabamento nos seus desenhos. Crie um estilo original de álbum fotográfico que mostre seu itinerário da maneira preferida. Um amigo meu fez colagens com fotografias, recortes de jornais e folhas de vegetação dos locais onde esteve. Uma mulher que conheço juntou talismãs, tais como pedras, folhas e antigos cartões-postais, no que chamou de "caixas da memória", que ela pendurou em suas paredes para se recordar sempre das viagens que fez. Vários amigos reviveram a tradição dos altares.

O que pensa que John Bunyan quis dizer quando escreveu no final do seu *O progresso dos peregrinos*:

> As coisas antigas já se foram, todas se tornaram novas.
> Estranho! Ele é um outro homem, posso até jurar...

Pergunte a si próprio se sente que hoje é uma pessoa diferente. Caso afirmativo, de que maneira? As ruas em torno de sua casa parecem alteradas, o gosto da comida diferente, seus pensamentos comuns foram influenciados pelo que encontrou nas viagens? Muitos podem parecer mudados, mas o desafio agora é usar essas percepções interiores tidas na estrada para olhar sua vida comum como um peregrino. A respeito disso escreve Thich Nhat Hanh: "A trilha em torno da nossa casa também é o terreno do despertar".

Lembre-se sempre de que a verdadeira peregrinação é feita por dentro, na terra ainda não descoberta da sua própria imaginação, e você pode não ter ainda explorado nenhum palmo dessas terras, levando a gratidão na sua mochila e compaixão por tudo o que vê como sua pedra de toque.

Recorde a voz que falou a Tolstoi num sonho, no fim de sua vida: "Cuide para se lembrar". Essa é uma frase que ficaria bem, impressa nos nossos passaportes.

COMEMORE COMIGO EM CASA

Se um homem sair de casa em viagem e continuar seguindo
sem parar, ele um dia retornará à sua porta da frente.
Sir John Mandeville, século XIV

Nosso velho mundo parece modificado e estranho, à proporção que nos modificamos em nossa própria jornada. Se de fato essa é uma viagem inspirada, nossa vida antiga pode parecer irreconhecível. Velhos amigos podem estar verdadeiramente interessados nas parábolas e não apenas nos clichês da nossa viagem, que podem despertar inveja, ciúme ou ressentimento.

Acima de tudo, *celebre* sua peregrinação com uma festa ritual. Reúna a família e os amigos numa cerimônia que seja um ritual de tempo e de passagem. Refeições sagradas são um modo de agradecer e de expressar alegria, sinais de uma vida bem vivida e de uma jornada completa e inspirada.

"A verdadeira peregrinação muda as vidas", diz Martin Palmer em *Sacred journeys* (Jornadas sagradas), "seja quando vamos até o outro lado do mundo, seja quando viajamos por nosso interior". O que importa é se vamos para *dentro* do mesmo modo que vamos para fora. O naturalista John Muir evoca a essência da peregrinação em sua descrição de um simples dia passeando no ermo: "Saí só para um passeio, e então resolvi ficar por lá até o pôr-do-sol, porque, afinal, em vez de sair eu entrei em mim mesmo".

O desafio consiste em aprender a levar os benefícios da jornada para o nosso cotidiano. A arte da peregrinação é o instrumento que nos ensina a levar a sério o tempo, de forma elegante. O que todo viajante enfrenta, cedo ou tarde, é a descoberta de que o modo como usamos cada dia da nossa viagem... é o modo como passamos nossas vidas. Inspirados por nossa jornada talvez possamos aprender que a "verdadeira vida" que estivemos procurando é *aqui*, onde nossas viagens e nosso lar se sobrepõem.

Por que somente então saberemos que o fim das nossas explorações, como T. S. Eliot escreveu:

é chegar onde começamos
e conhecer o lugar pela primeira vez.

CAMINHANDO, CAMINHANDO

Pergunte o que há no vento, pergunte o que é sagrado.
Margaret Atwood

No inverno de 1975 fui convidado por Steve Birkett, um amigo com quem havia trabalhado numa plantação de abacate num kibutz em Israel, a passar o Natal na casa dele, no vilarejo de Liversedge, Yorkshire, no norte da Inglaterra. No primeiro dia, Steve me levou num estimulante passeio através de uma charneca, e no segundo dia a uma partida de futebol num estádio das proximidades de Leeds. Tantos anos passados, já não me lembro quem ganhou, quem marcou os gols e como estava o tempo, então. O que não me esqueci foi do final da partida. Sessenta mil torcedores largaram suas canecas e seus programas e, braços dados, cantaram o hino do clube, "Você jamais caminhará sozinho". Fiquei espantado com a escolha da velha canção da Broadway, intensificada pela paixão do público, e também surpreso com a minha emoção ao aderir a ela.

Um tranqüilo viajante indo para casa na vila de Patcham, perto de Brighton, na Inglaterra.

Após o jantar, Steve foi meu guia numa clássica via-sacra por *pubs* típicos de interior daquela região, que terminou num distante *pub* do século XVI, em algum lugar próximo de uns pântanos cobertos de neblina. Precisamente às dez horas e cinqüenta minutos, hora em que tudo fecha na região, os freqüentadores locais baixaram seus copos. Mais uma vez eles se deram os braços e cantaram em unísssono o hino do clube. De um certo modo, lá fora nos pântanos aquilo deve ter soado diferente, como o eco de tempos antigos quando um estranho era alguém a ser identificado. De um lado da porta, o estranho era uma pessoa da qual se desconfiava; do outro, era alguém em busca de calor, de comida, de alimento, de um amigo, de uma história para ouvir naquela noite.

Se você alguma vez se sentiu ameaçado no labirinto mais escuro da dúvida, do desespero e da solidão em meio a uma peregrinação com uma atitude de gratidão e de solidariedade com os viajantes anteriores, você também deve conhecer o desconcertante êxtase, o "aperto no coração" que senti naquela noite.

É por instantes como esses que você deixa sua casa — para não mais se sentir como um estranho no mundo, para testar seu ânimo contra a força do destino, para encontrar amigos desconhecidos, e ouvir que não importa quão longe você vá vagando como um peregrino, "Você jamais caminhará sozinho".

PEREGRINOS PARA ANGKOR, DOBRAR À DIREITA

Aviso para viajantes, fora de um conjunto de edifícios em Angkor, nos anos 20.

Em nosso último dia em Angkor, meu irmão e eu vagamos pela antiga estrada atrás dos estreitos caminhos de pedra do templo de Ta Prohm. Na margem da rodovia encontra-se o recém-descoberto Abrigo dos Peregrinos. Em meu pequeno e primitivo guia de viagem, comprado por cinqüenta centavos do vendedor de um só braço que encontrei na entrada, li que os principais templos haviam sido descobertos pelos exploradores franceses por volta de 1840, mas aquela construção simples passou despercebida, ali perto da estrada, até 1994.

Durante séculos, peregrinos estiveram lá depois de andar centenas de quilômetros vindos de todo o sul da Ásia, a fim de ver o céu na terra, um paraíso de pedra e água, e os santuários apinhados com dez mil estátuas do Buda. Os peregrinos eram vítimas de ladrões, bandidos e salteadores, assim como de animais selvagens e doenças. Mas tinham todos uma meta. Senti uma grande afinidade com eles.

O Abrigo dos Peregrinos, em Angkor Wat, Camboja.

Ao longo de toda a minha vida adulta tenho me encantado com essas ruínas, como se estivesse vivendo nas imagens daquele livro que meu pai me deu por razões que nunca pude entender. Sentia-me inconsolavelmente solitário, até que me lembrei do velho caçador da Groenlândia que teve a simplicidade de aceitar um presente dado por desconhecidos, recebendo a beleza do mistério.

Tarde naquele dia, andando pelos longos corredores do assombrado templo de Bayon, com seus 54 rostos colossais do bodisatva Avalokiteshvara me fitando com seu sorriso enigmático, lembrei da última conversa que tive com meu pai. Ele me perguntou o que me parecia ser bem óbvio: "Meu amor pelos livros influenciou você?".

As palavras queimaram como um ferro em brasa, enquanto eu acendia uma vela e bastonetes de incenso em intenção dele, nos corredores vazios de Bayon, e fazia uma oração silenciosa pedindo que seu espírito pudesse encontrar a paz.

A noite começava a cair. Meu irmão e eu corremos de volta para Angkor Wat e subimos os degraus íngremes para o terraço mais alto para ver o pôr-do-sol no horizonte de florestas. Projetados para tornar o peregrino consciente da subida até um nível mais alto, não apenas de altitude, mas de consciência, os degraus tinham sulcos laterais provenientes do desgaste produzido por dez séculos de peregrinos subindo e descendo. Somente no alto pudemos descansar.

Sentados lá, suando profusamente com o calor da floresta, com monges à direita e à esquerda, pensei no belo trecho de Albert Camus que nos lembra ser a vida do homem nada mais do que redescoberta, ao longo dos volteios da arte, de uma ou duas imagens que pela primeira vez abriram o seu coração.

Meu irmão Paul Cousineau faz uma pausa na escalada íngreme do principal santuário de Angkor Wat, para contemplar os degraus que deixou para trás.

Como explicar que eu estivesse tão completamente emocionado com aquele lugar? Simpatizava muito com as idéias budistas e hinduístas, mas nunca as praticara. Era um leitor ávido de arqueologia, mas tinha somente um conhecimento rudimentar da arte característica do sul da Ásia. E ainda assim me sentia, de um modo que desafia a compreensão, como se estivesse chegando em casa.

O sol ardente sumiu depressa atrás do horizonte. A noite chegou, povoada de insetos e dos estranhos sons da floresta que nos cercava. Nas sombras das vilas próximas, lâmpadas de gás começavam a brilhar. Um a um, os monges e um punhado de viajantes desceram rapidamente os degraus para o longo corredor que levava à calçada, distante um quilômetro e meio da estrada principal.

Inclinei-me contra os pilares de pedra desgastados pelo tempo e olhei em silêncio o sol que se punha. Da nossa maneira familiar, meu irmão e eu simplesmente balançamos a cabeça um para o outro e sorrimos, ambos sabendo que estávamos pensando em nosso pai.

Antes de começar a descer, vi o brilho trêmulo de uma chama votiva no fundo do corredor, junto à Sala dos Budas. Em cada um dos quatro planos da descida, olhei para trás e para cima, e, por um milagre de arquitetura, a pequena chama continuava visível. Como a chama do espírito de meu pai em mim, pensei, enquanto ao mesmo tempo olhava para trás na minha vida e via a pequena e constante luz do seu amor, ainda lá, bruxuleante, espalhando fé e indicando direção na minha trilha.

Ao perceber isso, senti que alguma coisa em mim se completava. Só uma jornada como aquela podia encerrar o círculo de minha vida, e tocar em algo sagrado que podia revitalizá-la.

Andando na escura noite cambojana, minhas sandálias soando nas velhas pedras do longo calçamento, um pensamento, surgido num tempo distante, emergia na minha mente. *Talvez a gente morra duas vezes. Uma, quando o coração pára. Outra, quando os que nos sobrevivem deixam de contar histórias sobre nós.*

Naquele momento, meu coração vibrou de alegria. Minha peregrinação estava completa, a jornada com meu pai havia terminado. Outra se iniciava no momento em que me afastei da pequena chama e nada vi senão a escuridão da floresta que cercava o antigo templo, e já nada ouvia senão o som de um pequeno sino batendo num templo distante.

A oferenda fora recebida.

Possam as estrelas iluminar seu caminho,
e você encontrar a estrada interior.
Avante!

despedida irlandesa tradicional

AGRADECIMENTOS

Por terem orientado este viajante perdido, gostaria de expressar minha gratidão ao seguinte grupo de peregrinos que partilharam conosco sua sabedoria sobre a arte de peregrinar: Histon Smith, Jay Fikes, Alan Jones, Alexander Eliot, Lauren Artress, Gary Rhine, Mort Rosenblum, Anthony Lawlor, John Nance, Ed Bernbaum e Robert A. Johnson.

Sou também grato a Goody Cable, Haydn Reiss, David Darling, Joan Marler, Trish O'Rielly, Bob Cooper, James van Harper, John Borton, Valerie Andrews e Eric Lawton por seus conselhos acerca de viagens, inclusive histórias pessoais, relação de livros, advertências, remédios de emergência e amizade.

Também levanto um brinde de agradecimento a Steve, do Café Greco, em North Beach, por seus deliciosos capuchinos nas minhas viagens. Obrigado a Gail Evenari pela permissão de fazer citações da obra *The wayfarers*, e a Jeannette Hermann por seus dons ambientais inspirados em nossas viagens de arte e literatura, a Michael Guillén por sua orientação na viagem à Guatemala, e a Raymond e Louise Guy de Sudbury, Ontário, pelo convite para participar da viagem de canoa de minha família, em 1995. Um *labas* de coração a Sarunas Marciulionis por sua generosa acolhida em Vilna, e um ressoante *merci* a Jean-François Pasquilini pela sua recente e graciosa hospitalidade em Paris, onde os primeiros esboços deste trabalho foram feitos.

Muitos agradecimentos, também, a todos os guias de peregrinos da Conari Press: meus editores Will Glennon e Mary Jane Ryan, a infatigável Brenda Knight, Ame Beanland, Martha Newton Furman e Suzanne Albertson do departamento de *design* que tocaram esse projeto e lhe asseguraram sua beleza e, finalmente, uma mesura e um agradecimento de coração à minha editora Marianne Dresser, que abençoou este manuscrito com seu verdadeiro espírito peregrino.

Mais do que tudo, minha plena gratidão ao meu filho Jack, de dois anos, que me revelou a alegria de ver o mundo pelos olhos sempre novos de uma criança; e à minha companheira de muitas antigas estradas, Jo Beaton, que entretém minha alma peregrina em casa.

AUTORIZAÇÕES

O autor agradece aos autores e editores a permissão que lhe foi dada para transcrever trechos das seguintes obras:

Trecho do "Staff", de Antler, extraído do *Last words*, publicado pela Ballantine Books. Copyright © 1986. Transcrição permitida pelo autor.

"My father and I shopped", de Richard Beban, extraído do *Fried eggs with lace: a family poem*, publicado pela Canned Spaghetti Press. Copyright © 1996. Transcrição permitida pelo autor.

Trecho do "Liberation way", de Eric Lawton, extraído do *Travels through sacred China*. Copyright © 1998. Transcrição permitida pelo autor.

Leituras Recomendadas

ANTLER. *Last words*. Nova York, Ballantine Books, 1986.
ARTRESS, Lauren. *Walking a sacred path: rediscovering the labyrinth as a spiritual tool*. Nova York, Riverhead Books, 1995.
BARNSTONE, Tony e PING, Chou (tradutores). *The art of writing: teachings of the Chinese masters*. Shambhala, Boston e Londres, 1996.
BEBAN, Richard. *Fried eggs with lace: a family poem*. Veneza, CA, Canned Spaghetti Press, 1996.
BELLOC, Hilarie. *The path to Rome*. Washington D. C., Gateway Editions, 1987.
BERNBAUM, Edwin. *Sacred mountains of the world*. São Francisco, Sierra Club Books, 1990.
BERENSON, Bernard. *The passionate sightseer: from the diaries 1947-1956*. Nova York, Thames & Hudson, 1960.
BESTON, Henry. *The outenmost house: a year of life on the great beach of cape cod*. Nova York, Henry Holt & Co., 1988.
BRITTEN, Dorothy (tradutor). *A haiku journey: basho's narrow road to a far province*. Tóquio, Nova York e São Francisco, Kodansha International, 1980.
BROOKS, Svevo. *The art of good living: simple steps to regaining health and the joy of life*. Nova York, Houghton Mifflin, 1986.
CHATWIN, Bruce. *The songlines*. Nova York, Penguin, 1987.
CLIF, Jean Dalby e CLIF, Wallace B. *The archetype of pilgrimage: outer action with inner meaning*. Nova York, Paulist Press, 1996.
COCKER, Mark. *Loneliness and time: the story of British travel writing*. Nova York, Pantheon Books, 1992.
COLEMAN, Sinom e ELSNER, John. *Pilgrimage: past and present in the world religions*. Cambridge, MA, Harvard University Press, 1995.
COUSINEAU, Phil (editor). *The hero's journey: Joseph Campbell on his life and work*. São Francisco, HarperSanFrancisco, 1990.
_____. *Soul: an archaeology: readings from Socrates To Ray Charles*. São Francisco, HarperSanFrancisco, 1994.
_____. *The soul of the world: a modern book of hours*. Fotografias de Eric Lawton. São Francisco, HarperSanFrancisco, 1992.
CSIKSZENTMIHALY, Mihaly. *Finding flow: the psychology of engagement with everyday life*. Nova York, Basic Books, 1997.
DAUMAL, René. *Mount analogue*. Londres, Penguin Books, 1959.
DAUMAL, René. *Rasa: or knowledge of the self*. Nova York, New Directions, 1982.

ELIADE, Mircea. *The sacred and the profane: the nature of religion*. Traduzido do francês por Willard R. Trask. Nova York, Harcourt, Brace & World, 1957.

ELIOT, Alexander. *Earth, air and water*. Nova York, Simon & Schuster, 1962.

ELIOT, T. S. *Four quartets*. Nova York, Harcourt Brace and Jovanovich, 1971.

EPICTETUS. *A manual for living*. Uma interpretação de Sharon Lebell. São Francisco, HarperSanFrancisco, 1994.

FITZGERALD, Astrid. *An artist's book of inspiration*. Hudson, Nova York, Lindisfarne Press, 1996.

FREUCHEN, Peter. *I sailed with rasmussen*. Nova York, Viking Press, 1958.

GALLAND, China. *Longing for darkness: tara and the black madonna*. Nova York, Penguin Books, 1990.

GRUDIN, Robert. *Time and the art of living*. Nova York, Ticknor & Fields, 1988.

HALIFAX, Joan. *The fruitful darkness*. São Francisco, HarperSanFrancisco, 1993.

HARRISON, Peter. *Pilgrimage in Ireland*. Syracuse, Nova York, University of Syracuse Press, 1992.

HARVEY, Andrew e BARING, Anne (compiladores). *The mystic vision: daily encounters with divine*. São Francisco, HarperSanFrancisco, 1995.

HEDIN, Sven. *My life as an explorer*. Tradução de Alfhild Huebsch. Nova York, Kodansha International, 1996.

HINCHMAN, Hannah. *A trail through leaves: the journal as a path to place*. Nova York, W. W. Norton & Company, 1997.

HUNG-TAO, Yuan. *Pilgrim of the clouds: poems and essays from Ming China*. Tradução de Jonathan Chaves. Nova York e Tóquio, Inklings Press, 1978.

HUXLEY, Francis. *The way of the sacred*. Nova York, Dell Publishing Inc., 1974.

JONES, Alan. *Passion for pilgrimage: notes for the journey home*. São Francisco, HarperSanFrancisco, 1989.

KABAT-ZINN, Jon. *Wherever you go, there you are: mindfulness meditation in everyday life*. Nova York, Hyperion, 1994.

KAYE, Evelyn. *Amazing traveler: Isabella Bird*. Boulder, CO, Blue Penguin Publications, 1994.

KNIGHT, Brenda. *Women of the beat generation*. Berkeley, CA, Conari Presss, 1996.

KERNOHAN, R. D. *The road to Zion: travellers to Palestine and the land of Israel*. Edinburgh, The Handsel Press, 1995.

LAWLOR, Anthony. *The temple in the house*. Nova York, J. P. Tarcher, 1994.

LEED, Eric J. *The mind of the traveler: from Gilgamesh to global tourism*. Nova York, Basic Books, 1991.

LEVI, Jan Heller (editor). *A Muriel Rukeyser reader*. Com introdução de Adrienne Rich. Nova York, W. W. Norton & Company, 1995.

LEVOY, Grey. *Callings: finding and following an authentic life*. Nova York, Harmony Books, 1996.

LEVY, Juliette de Bairacli. *Traveler's joy: a personal guide to the and pleasures of gypsy and nomad living*. New Canaan, CT, Keats Publishing, Inc., 1979.

LÖSCHBURG, Winfried. *History of travel*. Leipzig, Alemanha, Hippocrene Books, Inc., 1982.

MACAULEY, Rose. *The pleasure of ruins*. Fotografias de Roloff Beny. Nova York, Holt, Rinehart & Winston, 1972.

MANN, A. T. *Sacred architecture*. Shaftesbury, Element Books Ltd., 1993.

MÁRQUEZ, Gabriel Garcia. *Strange pilgrims*. Tradução de Edith Grossman. Nova York, Alfred A. Knopf, 1993.

MAY, Rollo. *The courage to create*. Nova York, W. W. Norton and Company, 1975.

_____. *My quest for beauty*. São Francisco, Saybrook Publishing Company, 1985.

MELECZER, William (tradução, introdução, comentários e notas). *The pilgrim's guide to Santiago de Compostela*. Nova York, Italica Press, 1993.

MILLER, Henry. *The colossus of Maroussi*. Nova York e Londres, Penguin Books, 1941.

MILOSZ, Czeslaw (editor e autor da introdução). *A book of luminous things: an international anthology of poetry*. Orlando, Flórida, Harcourt Brace & Company, 1996.

MORRIS, Mary (editor e autor da introdução). *Maiden voyages: writings of women travelers*. Colaborou Larry O'Connor. Nova York, Vintage Books, 1993.

MORROW, Susan Brind. *The names of things: a passage in the Egyptian desert*. Nova York, Riverhead Books, 1997.

MUNRO, Eleanor. *On glory roads: a pilgrim's book about pilgrimage*. Londres, Thames & Hudson, 1987.

NEEDLEMAN, Jacob. *Time and the soul*. Nova York, Currency/Doubleday, 1998.

NICHOLS, Francis Morgan (tradutor e editor). *The marvels of Rome*. Nova York, Italica Press, 1986.

O'REILLY, Sean, O'REILLY, James e O'REILLY, Tim (editores). *The road within: the stories of transformation*. São Francisco, Travelers Tales, Inc., 1997.

PENDLETON-JULLIAN, Ann M. *The road that is not a road: and the open city, ritoque, Chile*. Chicago, Graham Foundation for Advanced Study in the Fine Arts, 1996.

PICKLES, Sheila (editor). *The grand tour*. Nova York, Harmony House, 1990.

PILGRIM, Peace. *Peace pilgrim: her life and work in her own words*. Santa Mônica, CA, Ocean Tree, 1994.

PITT-KENTHLEY, Fione (autor da introdução). *Classic travel stories*. Londres, Leopard Press, 1996.

POST, Laurens van Der. *Yet being someone other*. Nova York, Penguin Books, 1984.

POWELL, E. Alexander. *The last home of mystery*. Nova York, The Sun Dial Press, 1939.

RILKE, Rainer Maria. *Letters to a young poet*. Traduzido por M. D. Herter Norton, Nova York, W. W. Norton & Company, 1962.

ROBINSON, Martin. *Sacred places, pilgrim paths: an anthology of pilgrimage*. Nova York, HarperCollins, 1995.

RUGOFF, Milton (editor). *The great travelers*. Nova York, Simon & Schuster, 1960.

SELBY, Bettina. *Pilgrim's road: a journey to Santiago de Compostela*. Londres, Abacus Books, 1994.
SPANGLER, David. *The call*. Nova York, Riverhead Books, 1997.
STARK, Freya. *Alexander's path: a travel memoir*. Londres, J. Nurray, 1958.
STATLER, Oliver. *Japanese pilgrimage*. Londres, Picador Books, 1984.
_____. *Steamus heaney: selected poems, 1966-1987*. Nova York, Noonday Press, 1990.
STEINDL-RAST, Brother David. *Gratefulness, the heart of prayer*. Ramsey, Nova Jersey, Paulist Press, 1984.
_____. *A listening heart: the art of contemplative living*. Nova York, Crossroads, 1992.
TORRANCE, Robert M. *The spiritual quest*. Berkeley, CA, University of California Press, 1994.
THOREAU, Henry David. *Walden*. J. Roslyn, Nova York, Black, Inc., 1942.
_____. *Walking*. São Francisco, HarperSanFancisco, 1995.
TREGASKIS, Hugh. *Beyond the grand tour*. Londres, Ascent Books, 1979.
VEST, Douglas C. *On pilgrimage*. Cambridge, Cowley Publications, 1998.
WESTWOOD, Jennifer. *Sacred journeys*. Nova York, Henry Holt, 1997.
WILSON, Colin. *The atlas of holy places and sacred sites*. Londres, Dorling Kindersley Ltd., 1996.
WITHEY, Lynne. *Grand tours and cook's tours: a history of leisure travel: 1750-1915*. Nova York, William Morrow and Company Inc., 1996.
WOLFE, Michael (editor). *One thousand roads to Mecca*. Nova York, Grove Press, 1997.
WRIGHT, James. *The journey of light*. Nova York, White Pine Press, 1972.
YAPP, Peter (editor). *The traveler's dictionary of quotations: who said what, about where?*. Londres, Rutledge & Kegan Paul, 1983.
ZINSSER, Willian. *American places*. Nova York, HarperCollins, 1992.

ÍNDICE DAS ILUSTRAÇÕES

Frontispício: "Quatro macacos", Angkor Wat, Camboja. Fotografia de Phil Cousineau, 1996.

p. 16: "Cameleiro". Giza, Egito. Fotografia de Phil Cousineau, 1974.
p. 17: "Siga em paz e com segurança: paz, amor, coragem". Inscrição feita por Ahmet, em árabe, num maço de cigarro, e oferecida ao autor em Londres, 1974.
p. 19: "Esfinge e pirâmides". Giza, Egito. Fotografia de Phil Cousineau, 1974.
p. 30: "O calçamento de Angkor Wat". Angkor Wat, Camboja. Fotografia de Phil Cousineau, 1996.
p. 33: "Monja budista em Bayon". Angkor Thom, Camboja. Fotografia de Phil Cousineau, 1996.
p. 37: "O terraço do Rei Leproso". Angkor Wat, Camboja. Fotografia de Phil Cousineau, 1996.
p. 40: A mesquita de Meca. Arquivo Bettman.
p. 42: Passaporte e selos. Coleção pessoal do autor.
p. 44: "Andarilho na Boêmia". Cartão-postal. Coleção pessoal do autor.
p. 45: "O peregrino espiritual". Adaptado de uma gravura alemã do século XVI.
p. 47: George Whitman, Paris, França. Fotografia de Phil Cousineau, 1997.
p. 48: Ruínas da Abadia de Glastonbury, Glastonbury, Inglaterra. Fotografia de Phil Cousineau, 1985.
p. 59: "Quedas de Tahquamenon". Fotografia de Phil Cousineau, 1970.
p. 61: "Barcos de madeira". Praga, República Checa. Fotografia de Phil Cousineau, 1995.
p. 62: "O anfiteatro". Éfeso, Turquia. Fotografia de Phil Cousineau, 1990.
p. 65: "A prática da atenção". Sukhothai, Tailândia. Fotografia de Phil Cousineau, 1983.
p. 69: "A Reflexão". Atenas, Grécia. Fotografia de Phil Cousineau, 1992.
p. 72: À direita: "Silhueta das cruzes". Siauliai, Lituânia. Acima: "A oferenda", Siauliai. Lituânia. Fotografias de Phil Cousineau, 1996.
p. 76: "Poetas". Fotografia de Phil Cousineau, 1985.
p. 78: "Contemplação". Chichen Itza, Iucatã, México. Fotografia de Phil Cousineau, 1994.
p. 82: "A torre de Samarra". Samarra, Iraque. Fotografia do dr. E. M. Bruins.

p. 84: "O filósofo". Fotografia de Phil Cousineau, 1996.
p. 86: "Os viajantes". Fotografia de Phil Cousineau, 1995.
p. 89: "A casa dos ancestrais". Canion de Chelly, Arizona. Fotografia de Phil Cousineau, 1993.
p. 92: "Pegadas de pedra do Buda". Da obra *Outlines of chinese symbolism and art motives*, 1932.
p. 97: "O peregrino irlandês". Donegal, Irlanda. Fotografia de Phil Cousineau, 1985.
p. 105: Três desenhos dos diários de viagem do autor, 1985.
p. 110: "A velha sentinela". Guernsey. Ilhas do Canal. Fotografia de Phil Cousineau, 1980.
p. 112: Ilustração de T. Wright's, *Louthiana*, 1748.
p. 115: "A Via Ápia". Roma, Itália. Fotografia de Phil Cousineau, 1995.
p. 117: "A imagem da Virgem". Vilna, Lituânia. Fotografia de Phil Cousineau, 1996.
p. 126: "O prazer do caçador de ruínas". Donegal, Irlanda. Fotografia de Phil Cousineau, 1985.
p. 130: "O andarilho alpino". Baviera, Alemanha. Fotografia de Phil Cousineau, 1974.
p. 136: "Saudando o sol nascente". México. Fotografia de Phil Cousineau, 1993.
p. 139: "Iluminando o caminho". Fotografia de Phil Cousineau, 1996.
p. 141: "O mais antigo estádio dos sonhos". Birmingham, Alabama. Fotografia de Phil Cousineau, 1996.
p. 142: "Borobudur". Java, Indonésia. Fotografia de Phil Cousineau, 1993.
p. 146: "Gato em muro de pedra frio", em St. Davis, Gales. Fotografia de Jo Beaton, 1985.
p. 151: "O labirinto". Catedral de Chartres, França. De um cartão-postal da coleção pessoal do autor.
p. 158: "Perdido". São Francisco, Califórnia. Fotografia de Jo Beaton, 1988.
p. 161: "A pomba da paz". Base Greenham Common da RAF, Inglaterra. Fotografia de Jo Beaton, 1985.
p. 164: "A última canção". Cemitério de Pére-Lachaise, Paris, França/ Fotografia de Phil Cousineau,1987.
p. 168: "O templo do Sol". Tikal, Guatemala. Fotografia de Phil Cousineau, 1993.
p. 171: "A torre". Catedral da Graça, São Francisco. Fotografia de Phil Cousineau, 1996.
p. 179: "O templo de Apolo". Delfos, Grécia. Fotografia de Phil Cousineau, 1995.
p. 184: "A pulsação do mundo". Epidauro, Grécia. Fotografia de Jo Beaton. 1992.
p. 189: "Relíquias". Museu Topkapi, Istambul, Turquia. Fotografia de Phil Cousineau, 1990.
p. 193: "Dois viajantes". Detalhe de uma gravura original *ukiyo-e*, de artista anônimo de Shizuoka, Japão, de uma coleção particular de Stanley H. Cousineau.
p. 195: "O peregrino". Gravura tradicional, artista anônimo. Citada em *Japanese pilgrimage*, de Oliver Statler.

p. 197: "Silêncio". Abadia Le Thoronet, Provença, França. Fotografia de Phil Cousineau, 1997.
p. 214: "Portões". Tróia, Turquia. Fotografia de Phil Cousineau, 1992.
p. 217: "Isolamento esplêndido". Inishmore, Ilhas Aran, Irlanda. Fotografia de Phil Cousineau, 1980.
p. 218: "A fonte". Lisboa, Portugal. Da coleção particular do autor.
p. 220: "Lendo o futuro". Angkor Thom, Camboja. Fotografia de Phil Cousineau, 1996.
p. 221: "Santuário de John Lennon". Praga, República Tcheca. Fotografia de Phil Cousineau, 1995.
p. 222: "O escritor do Café Peripatético". Bath, Inglaterra. Fotografia de Phil Cousineau, 1996.
p. 225: "O grande relógio". Museu D'Orsay, Paris, França. Fotografia de Phil Cousineau, 1989.
p. 228: "A mesquita azul". Istambul, Turquia. Fotografia de Phil Cousineau, 1992.
p. 232: "O contador de histórias" Marrakesh, Marrocos. Fotografia de Phil Cousineau, 1989.
p. 235: "A caixa de memória". Atenas, Grécia. Fotografia de Phil Cousineau, 1994.
p. 237: "Portais". Colagem de Mary Rezmerski. Coleção pessoal do autor.
p. 238: "O tempo e o datilógrafo". Paris, França. Fotografia de Phil Cousineau, 1989.
p. 241: Gravura de Charles G. Harper, da obra *The Brighton road*.
p. 243: "Abrigo dos peregrinos". Angkor Wat, Camboja. Fotografia de Phil Cousineau, 1996.
p. 245: "A trilha do peregrino". Angkor Wat, Camboja. Fotografia de Phil Cousineau, 1996.
p. 247: "A espiral de pedra". Oxford, Inglaterra. Fotografia de Phil Cousineau, 1980.

Nascido em 1952, na Carolina do Sul, Phil Cousineau cresceu em Wayne, Michigan. Enquanto mantinha um segundo emprego numa fábrica de peças de automóveis, estudou jornalismo na Universidade de Detroit. Sua vida perambulante levou-o a trabalhar como comentarista esportivo, jogador de basquete na Europa, agricultor num kibutz de Israel, pintor de 44 casas vitorianas em São Francisco e guia de aventurosas excursões turísticas ao redor do mundo.

Cousineau é escritor, editor, fotógrafo, guia de viagens, professor e diretor de documentários cinematográficos. Seu fascínio por arte, literatura, história e cultura fez com que participasse de jornadas pelo mundo inteiro. Suas conferências abrangem uma gama variada de temas, da mitologia ao cinema, projetos de preservação do meio ambiente, trabalhos comunitários, criatividade, organização e espiritualidade.

Entre seus vários livros publicados, destacam-se: *Soul, an archaelogy: readings from Socrates to Ray Charles*; *The soul of the world: a modern book of hours* e *A jornada do herói: o trabalho e a vida de Joseph Campbell*, de quem foi discípulo e amigo.

Seus roteiros e documentários são premiadíssimos e um deles, *Forever activists: stories from the Abraham Lincoln Brigade*, foi indicado para o Oscar em 1991.

Phil Cousineau vive na Califórnia com a esposa e o filho.

Impresso pelo Depto Gráfico do
CENTRO DE ESTUDOS
VIDA E CONSCIÊNCIA EDITORA LTDA
R. Santo Irineu, 170 / F.: 549-8344

------- dobre aqui -------

ISR 40-2146/83
UP AC CENTRAL
DR/São Paulo

CARTA RESPOSTA
NÃO É NECESSÁRIO SELAR

O selo será pago por

SUMMUS EDITORIAL

05999-999 São Paulo-SP

------- dobre aqui -------

A ARTE DA PEREGRINAÇÃO

CADASTRO PARA MALA-DIRETA

Recorte ou reproduza esta ficha de cadastro, envie completamente preenchida por correio ou fax, e receba informações atualizadas sobre nossos livros.

Nome: _____ Empresa: _____
Endereço: ☐ Res. ☐ Coml. _____ Bairro: _____
CEP: _____ - _____ Cidade: _____ Estado: _____ Tel.: (____) _____
Fax: (____) _____ E-mail: _____ Data de nascimento: _____
Profissão: _____ Professor? ☐ Sim ☐ Não Disciplina: _____

1. Você compra livros:
☐ Livrarias ☐ Feiras ☐ Outros. Especificar: _____
☐ Telefone ☐ Correios
☐ Internet ☐ Outros. Especificar: _____

2. Onde você comprou este livro? _____

3. Você busca informações para adquirir livros:
☐ Jornais ☐ Amigos ☐ Outros. Especificar: _____
☐ Revistas ☐ Internet
☐ Professores

4. Áreas de interesse:
☐ Psicologia ☐ Comportamento
☐ Crescimento Interior ☐ Saúde
☐ Astrologia ☐ Vivências, Depoimentos

5. Nestas áreas, alguma sugestão para novos títulos? _____

6. Gostaria de receber o catálogo da editora? ☐ Sim ☐ Não

7. Gostaria de receber o Ágora Notícias? ☐ Sim ☐ Não

Indique um amigo que gostaria de receber a nossa mala-direta

Nome: _____ Empresa: _____
Endereço: ☐ Res. ☐ Coml. _____ Bairro: _____
CEP: _____ - _____ Cidade: _____ Estado: _____ Tel.: (____) _____
Fax: (____) _____ E-mail: _____ Data de nascimento: _____
Profissão: _____ Professor? ☐ Sim ☐ Não Disciplina: _____

Editora Ágora
Rua Itapicuru, 613 Conj. 82 05006-000 São Paulo - SP Brasil Tel (011) 3871 4569 Fax (011) 3872 1691
Internet: http://www.editoraagora.com.br e-mail: agora@editoraagora.com.br